AF272866

Xenophon

Anabasis

Der Zug der Zehntausend

Übersetzt von Max Oberbreyer

Xenophon: Anabasis. Der Zug der Zehntausend

Übersetzt von Max Oberbreyer.

Entstanden um 370 v. Chr. Erste deutsche Übersetzung 1540. Hier in
der Übersetzung von Max Oberbreyer, Leipzig, 1878 im Rahmen der
Reclam Universal-Bibliothek Nr. 1185 und 1186.

Neuausgabe
Herausgegeben von Karl-Maria Guth
Berlin 2016

Umschlaggestaltung von Thomas Schultz-Overhage unter Verwendung
des Bildes: Adrien Guignet, Die Schlacht bei Kunaxa

Gesetzt aus der Minion Pro, 11 pt

Verlag: Henricus - Edition Deutsche Klassik GmbH
Mörchinger Str. 33, 14169 Berlin, info@henricus-verlag.de
Druck: Libri Plureos GmbH, Friedensallee 273, 22763 Hamburg

ISBN 978-3-8619-9591-3

Bibliografische Information der Deutschen Nationalbibliothek

Die Deutsche Nationalbibliothek verzeichnet diese Publikation in der
Deutschen Nationalbibliografie; detaillierte bibliografische Daten sind
im Internet über www.dnb.de abrufbar.

Inhalt

Erstes Buch

1. Ursachen, Vorbereitungen und Rüstungen zum Feldzuge

Von *Darius* und *Parysatis* stammen zwei Söhne; der Ältere hieß *Artaxerxes*,[1] der Jüngere *Cyrus*. Darius wurde krank, und als er nun seinem Lebensende entgegensah, wünschte er seine beiden Söhne bei sich zu haben. Der Ältere war gerade anwesend; den Cyrus aber ließ er von der Satrapie abrufen, die er ihm nebst dem Commando über die Truppen, die sich in der Ebene bei Kastolos[2] zu sammeln pflegen, übertragen hatte. Cyrus reiste also hin, begleitet von Tissaphernes, seinem vermeintlichen Freunde, von dreihundert griechischen Hopliten[3] und ihrem Anführer Xenias aus Parrhasia. Darius starb, und als Artaxerxes den Thron bestiegen hatte, brachte Tissaphernes den Cyrus bei ihm in Verdacht, als ob er gefährliche Anschläge gegen ihn hegte. Der König ließ sich überreden, und den Bruder, um ihn hinzurichten, festsetzen. Die Mutter aber bat ihn los, und so kam er wieder in seine Satrapie. Die Gefahr, die ihm gedroht hatte, und der erlittene Schimpf veranlaßte ihn nun zu dem Plane, sich der Herrschaft seines Bruders zu entziehen, und wenn möglich, an dessen Stelle König zu werden. Parysatis unterstützte ihn heimlich, denn sie liebte ihn mehr als den regierenden Artaxerxes. Alle, die der König an ihn abschickte, behandelte er so, daß er sich ihre Ergebenheit in höherem Grade erwarb, als sie der König besaß; seine Untertanen suchte er zu guten Soldaten zu bilden und sich ihre Liebe zu verschaffen. Er zog ferner ein griechisches Heer so heimlich als möglich zusammen, um den König ganz unerwartet anzugreifen, und führte dieses auf folgende Art aus.

Den Befehlshabern aller der Besatzungen, die er in den Städten hatte, gab er den Auftrag, eine Menge der tapfersten Peloponnesier, so groß

---

1   Bekannt unter dem historischen Namen Artaxerxes II. Mnemon der Gedächtnisstarke.

2   Musterungsplatz in Lydien.

3   Schwerbewaffnete mit Panzer, Schild, Schwert und Speer.

als nur tunlich anzuwerben, weil Tissaphernes mit dem Plane umginge, sich jene Plätze zu unterwerfen. Über die ionischen Städte hatte nämlich der König Anfangs den Tissaphernes gestellt, damals aber waren sie alle, Milet[4] ausgenommen, zum Cyrus übergetreten. Als Tissaphernes merkte, daß man es in Milet darauf anlegte, dasselbe zu tun, ließ er einige Bürger hinrichten, und andere wurden verwiesen. Cyrus nahm die Vertriebenen auf, zog ein Heer zusammen, belagerte Milet zu Wasser und zu Lande, und suchte die Vertriebenen wieder einzuführen. Dies verschaffte ihm also einen zweiten Vorwand, Truppen zu sammeln. Den König ließ er durch einen Gesandten ersuchen, doch lieber ihm, seinem Bruder, als dem Tissaphernes diese Städte zu überlassen. Die Mutter half die Sache mit betreiben, so daß der König die Schlingen nicht sah, die ihm gelegt wurden, sondern glaubte, die Zurüstungen seines Bruders seien blos Maßregeln gegen Tissaphernes, und daraus machte er sich eben nichts, denn Cyrus lieferte ihm den gehörigen Tribut von den Städten, die sonst Tissaphernes gehabt hatte. Ein anderes Heer sammelte dieser sich im Chersones, Abydus gegenüber, auf folgende Art. Er wurde mit Klearch, einem vertriebenen Lacedämonier bekannt, gewann Achtung für ihn und gab ihm zehntausend Dareiken.[5] Klearch warb für diese Summe ein Heer, womit er vom Chersones aus die jenseit des Hellesponts wohnenden Thracier bekriegte und dadurch den Griechen Vorteile verschaffte, so daß die Städte am Hellespont zur Unterhaltung der Truppen freiwillige Beiträge schickten. So wurde nun auch dieses Heer heimlich für Cyrus unterhalten. Sein Gastfreund Aristipp aus Thessalien[6] wurde von der Gegenpartei in seinem Vaterlande bedrängt, kam deswegen zu ihm und bat um zweitausend Mann Söldner, und auf drei Monate Sold, womit er über seine Feinde das Übergewicht zu erlangen hoffte. Cyrus gab ihm viertausend Mann und auf sechs Monate Sold, und machte sich zugleich bei ihm aus, daß er sich nicht eher mit seinem Gegner vergleichen solle, bis er mit ihm darüber würde

4 Karische, von Griechen bewohnte Seestadt. – Es kann im Folgenden nicht unsere Aufgabe sein, jede der zahlreichen genannten Städte näher geographisch zu bestimmen, da hierüber jeder Atlas der alten Welt (z. B. der treffliche Kiepert) bessere Auskunft gibt. Eine gute kleine Specialkarte des Zuges findet sich in Rehdantz' Ausgabe. 4. A. Berlin.

5 Persische Goldmünze.

6 Ein Aleuade aus Larissa.

beratschlagt haben. So wurden nun auch in Thessalien heimlich für ihn Truppen geworben. Seinem Freunde Proxenus, einem Böotier, gab er den Auftrag, mit einer möglichst zahlreichen Mannschaft zu ihm zu stoßen, um seinem Vorgeben nach die Pisidier, die sein Gebiet beunruhigten, angreifen zu können. Dem Stymphalier Sophänet und dem Achäer Sokrates, die auch seine Gastfreunde waren, trug er dasselbe auf, unter dem Vorwande, gemeinschaftlich mit den vertriebenen Milesiern den Tissaphernes bekriegen zu wollen, und diese befriedigten auch seinen Wunsch.

2. Zug von Sardes nach Tarsos

Cyrus jetzt im Begriff, den Marsch nach Oberasien anzutreten, brauchte nunmehr dazu den Vorwand, die Pisidier aus seinem Gebiete vertreiben zu wollen. Unter diesem Vorwand zog er daselbst die griechischen und barbarischen Truppen zusammen, ließ den Klearch auffordern, mit seinem ganzen Heere zu ihm zu stoßen; den Aristipp, sich mit seinen Gegnern zu setzen und ihm das Truppencorps zu schicken; dem Arkadier Xenias, der ihm das Commando über die Mietsoldaten in den Städten führte, befahl er, in den Festungen eine hinreichende Besatzung zu lassen, und mit der übrigen Mannschaft zu ihm zu stoßen. Er zog auch das Belagerungsheer von Milet an sich, munterte die Vertriebenen auf, den Feldzug mit ihm zu machen und versprach, wenn der Krieg gut abliefe, nicht eher zu ruhen, bis er ihr Exil geendigt hätte. Diese, voll Zutrauens auf ihn, nahmen seinen Vorschlag mit Vergnügen an, ergriffen die Waffen und gingen nach Sardes.[7] Dahin kam auch Xenias mit viertausend Hopliten, die er aus den Städten gezogen hatte; Proxenus ferner mit fünfzehnhundert Hopliten und fünfhundert Gymneten;[8] Sophänet aus Stymphalus mit eintausend Hopliten; Sokrates aus Achaja führte fünfhundert und Pasion aus Megara siebenhundert Mann eben dahin. Die beiden Letzteren waren mit bei der Belagerung Milet's gewesen.

7   Das heutige Sart, in Trümmern.
8   Leichtbewaffnete; wörtlich: Nackte, weil ihnen die wesentliche Bedeckung, der Schild, fehlte.

Alle diese kamen nun zum Cyrus nach Sardes. Tissaphernes aber, der aufmerksam war und wohl einsah, daß diese Zurüstungen für einen Krieg gegen die Pisidier zu groß wären, eilte, so sehr er konnte, mit fünfhundert Reitern zum Könige. Auf die Nachricht von den Bewegungen seines Bruders setzte sich dieser sogleich in Gegenwehr. Cyrus brach nun mit den vorgenannten Truppen von Sardes auf und rückte durch Lydien in drei Märschen zweiundzwanzig Parasangen[9] bis an den Mäander vor. Dieser zwei Plethren[10] breite Fluß trug eine aus sieben Fahrzeugen zusammengesetzte Brücke. Cyrus zog hinüber und rückte in Phrygien acht Parasangen vorwärts bis nach Kolossä, einer großen wohlhabenden Stadt. Hier blieb er sieben Tage, und Menon, aus Thessalien, stieß zu ihm mit tausend Hopliten und fünfhundert Peltasten, die aus Dolopern, Änianen und Olynthiern bestanden. Von hier aus machte er drei Märsche, zusammen zwanzig Parasangen, bis Celänä, einer großen reichen Stadt in Phrygien. Hier hatte Cyrus ein Schloß und einen großen Garten voll wilder Tiere, auf die er zu Pferde Jagd machte, wenn er sich und seine Rosse üben wollte. Mitten durch den Garten fließt der Mäander, dessen Quellen im Schlosse entspringen; auch Celänä wird von ihm durchschnitten. In dieser Stadt hat auch der Großkönig[11] ein festes Schloß, an den Quellen des Marsyas, unter der Festung; auch dieser Fluß fließt durch die Stadt und ergießt sich in den Mäander, seine Breite beträgt fünfundzwanzig Fuß. Hier soll Apoll dem Marsyas, den er im Wettstreit auf der Flöte überwand, die Haut abgezogen und sie in der Höhle, wo die Quellen entspringen, ausgebreitet haben, und davon führt der Fluß den Namen Marsyas. Das Schloß und die Festung in Celänä erbaute der Erzählung nach Xerxes, als er aus Griechenland flüchtete. Cyrus verweilte hier dreißig Tage. Unterdessen stieß Klearch, der vertriebene Lacedämonier, mit tausend Hopliten, achthundert thracischen Peltasten und zweihundert kretischen Bogenschützen zu ihm. Zugleich mit diesem kam auch der Syrakusier Sosias mit dreihundert und der Arkadier Sophänet mit tausend Hopliten. Cyrus musterte die Griechen im Tiergarten, und ihre Zahl belief sich auf elftausend Hopliten und zweitausend Peltasten.

9   Bei den heutigen Persern: Firsank, = ¾ einer geographischen Meile.

10   Zweihundert geometrische Fuß.

11   So heißt der Perserschah immer: König der Könige. Vgl. Großfürst, Großsultan.

Von hier marschirte er in zwei Märschen zehn Parasangen bis Peltä, einer volkreichen Stadt, wo er drei Tage verweilte. Unterdessen feierte der Arkadier Xenias die Lycäen mit Opfern und Kampfspielen, und setzte goldene Striegel als Preis aus. Cyrus selbst gab dabei einen Zuschauer ab. Hierauf marschirte er in zwei Märschen zwölf Parasangen bis nach Cerami, einem Orte an der äußersten Grenze Mysiens. Von hier rückte er in drei Märschen dreißig Parasangen bis in die Ebene bei Cestrus vor. Fünf Tage verweilte er hier. Die Soldaten, denen er den Sold von drei Monaten und darüber schuldig war, kamen oft vor sein Quartier, um ihre Bezahlung zu fordern. Er aber hielt sie mit Versprechungen hin und war in sichtbarer Verlegenheit, denn es lag nicht in seinem Charakter, etwas Versprochenes, wenn er es geben konnte, zurückzuhalten.

Unterdessen kam Epyaxa, des Syennesis, Königs in Cilicien, Gemahlin zu ihm und brachte zu ihm, wie man sagte, große Geldsummen; worauf er dem Heere den Sold von vier Monaten auszahlen ließ. Die cilicische Königin hatte eine Bedeckung von Ciliciern und Aspendiern bei sich; Cyrus hat sie, wie es hieß,[12] begattet.

Die folgenden zwei Märsche betrugen zehn Parasangen bis Thymbrion. Hier war neben der Straße die sogenannte Quelle des Midas, Königs in Phrygien, die dieser mit Wein vermischt und den Silen bei ihr gefangen haben soll. Von hier zog er in zwei Märschen zehn Parasangen bis Tyriäus und blieb daselbst drei Tage. Die cilicische Königin ersuchte den Cyrus, wie man erzählt, ihr das Heer in Parade zu zeigen. Er bewilligte es ihr und hielt auf der Ebene über die Griechen und Perser Musterung ab. Den Ersteren befahl er, sich nach ihrer Sitte in Schlachtordnung zu stellen, und jedem Anführer, seine Leute zu ordnen. Sie stellten sich vier Mann hoch, auf dem rechten Flügel commandirte Menon, auf dem linken Klearch, und im Centrum standen die übrigen Heerführer. Zuerst besah Cyrus die barbarischen Truppen, die in Schwadronen und Rotten geordnet aufmarschirten. Dann musterte er das griechische Heer, vor dessen Front er auf einem offenen Wagen in Gesellschaft der cilicischen Königin, die in einem bedeckten Wagen saß, vorüberfuhr. Die

12   Diese drei eingeschobenen Worte verraten, wie ein Erklärer meint, das Bedenken des anständigen Mannes – Xenophon war bekanntlich, wie schon in der Einleitung angedeutet, äußerst keusch und schamhaft – aber Cyrus selbst hatte solche Bedenken nicht. Vgl. Kap. 10.

ganze griechische Armee hatte eherne Helme, purpurrote Röcke, Beinharnische und blanke Schilde. Nachdem er an ihr völlig heruntergefahren war, hielt er im Wagen vor der Front und ließ durch den Dolmetscher Pigres den Anführern der Griechen sagen: Das ganze Heer solle mit vorgehaltenen Schilden anrücken. Diese machten es den Soldaten bekannt, die Trompete gab als Zeichen, und nun ging es in der befohlenen Stellung vorwärts. Als hierauf ihr Marsch, den sie mit Feldgeschrei begleiteten, stärker wurde, ging er von selbst in vollen Lauf über und zog sich gegen das Lager der Perser. Viele von diesen erschraken darüber, die cilicische Königin fuhr davon, die Marktleute ließen ihre Wagen im Stich und flohen, und die Griechen kehrten lachend zum Lager zurück. Die Königin bewunderte den Glanz und die Ordnung des Heeres; Cyrus aber freute sich bei dem Anblick des Schreckens, in den die Barbaren bei dem Anlaufe der Griechen gerieten.

Von hier aus marschirte er in drei Märschen zwanzig Parasangen bis Ikonium, einer Grenzstadt Phrygiens und rastete daselbst drei Tage. Dann machte er durch Lykaonien fünf Märsche, zusammen dreißig Parasangen. Diese Landschaft erlaubte er den Griechen zu plündern, da sie feindlich war. Von hier aus ließ Cyrus die Königin auf dem kürzesten Wege nach Cilicien bringen und gab ihr den Thessalier Menon und dessen Truppen zur Bedeckung mit. Mit dem übrigen Heere marschirte er durch Kappadocien in vier Märschen fünfundzwanzig Parasangen bis Dana,[13] einer großen wohlhabenden Stadt und blieb drei Tage da. Inzwischen ließ er den Perser Megaphernes, einen königlichen Vasallen, dem die Purpurkleidung zukam, nebst einem anderen Obersatrapen, die er der Verräterei gegen sich beschuldigte, hinrichten.

Von hier aus versuchte er in Cilicien einzudringen. Der Paß war aber nur für einen Wagen breit genug, außerordentlich steil, und wenn er verteidigt wurde, der Armee unzugänglich; auch war, wie man sagte, Syennesis auf den Höhen, um den Paß zu decken; deswegen blieb er einen Tag auf der Ebene. Am folgenden Tage brachte ein Kundschafter die Nachricht, daß Syennesis, bewogen durch die Wahrnehmung, daß Menons Corps sich in Cilicien, innerhalb der Berge befinde und durch die Nachricht, daß eine teils den Lacedämoniern, teils dem Cyrus gehörige Flotte unter Tamos' Commando von Ionien nach Cilicien segele, von den Höhen herabgezogen sei. Cyrus marschirte also ohne Hindernis

13 Wohl Tyana?

auf die Berge, sah das Lager, wo die Cilicier Wache hielten und zog nun in die Ebene herab. Sie ist groß, schön und wasserreich, und von Bäumen aller Art und Weinstöcken voll; auch trägt sie viel Sesamkraut, Buchweizen, Hirse, Weizen und Gerste. Ein steiles und hohes Gebirge umschließt sie allenthalben von der einen Grenze am Meere bis zur anderen. Durch diese Ebene marschirte er in vier Märschen fünfundzwanzig Parasangen bis Tarsus, einer großen und wohlhabenden Stadt in Cilicien. Hier hatte Syennesis, Ciliciens König, seine Residenz. Mitten durch die Stadt fließt der Cydnus, dessen Breite zwei Plethren beträgt. Die Einwohner verließen die Stadt und flohen mit ihrem Könige in einen festen Ort auf dem Gebirge, die Gastwirte ausgenommen und die, welche nahe am Meere in Soli und Issi wohnten. Epyaxa, des Syennesis Gemahlin, war fünf Tage eher als Cyrus nach Tarsus gekommen. Als diese mit ihrer Bedeckung die Berge gegen die Ebene zu bestieg, gingen zwei Compagnien von Menons Truppen verloren. Sie wurden, nach Einigen, beim Plündern von den Ciliciern niedergehauen, nach Andern waren sie zurückgeblieben, konnten weder ihr Corps, noch den Weg mehr finden und kamen so in der Irre um; es waren hundert Hopliten. Die übrigen Truppen kamen nach Tarsus und plünderten, aufgebracht über den Tod ihrer Waffenbrüder, die Stadt und das Schloß. Als Cyrus in die Stadt gekommen war, ließ er den Syennesis zu sich rufen. Allein dieser versicherte, er habe sich noch nie einem Mächtigern in die Hände geliefert und werde auch jetzt nicht zum Cyrus kommen. Doch auf Zureden seiner Gemahlin, und weil Cyrus ihm Sicherheit zusagte, kamen sie endlich zusammen. Syennesis schenkte dem Cyrus eine große Summe für sein Heer und erhielt dafür Gegengeschenke, die bei Königen in großem Werte stehen: ein goldgezäumtes Pferd, eine goldene Halskette, Armbänder, einen goldenen Säbel, ein persisches Kleid; ferner gab ihm Cyrus die Versicherung, sein Land nicht mehr plündern zu wollen, und endlich die Erlaubnis, wenn er irgendwo ihm geraubte Sklaven antreffen sollte, sie wieder zurückzunehmen.

3. Das griechische Heer wird zum Weiterzuge

überredet

Hier blieb Cyrus mit dem Heere zwanzig Tage; denn die Soldaten wei-
gerten sich, den Marsch fortzusetzen, weil sie bereits argwöhnten, daß
er gegen den König ging und in dieser Absicht, sagten sie, sind wir
nicht in Sold getreten. Anfänglich wollte Klearch seine Leute zum
Marschiren zwingen, allein, als er auszurücken anfing, warfen sie ihn
und seine Packpferde mit Steinen und mit genauer Not entrann er der
Steinigung. Am folgenden Tage, da er die Unmöglichkeit, mit Gewalt
etwas auszurichten, sah, ließ er seine Leute zusammen kommen und
stand erst lange weinend vor ihnen; sie erstaunten darüber und
schwiegen, und dann begann er so: »Wundert euch nicht, Soldaten, daß
die jetzigen Umstände einen solchen Eindruck auf mich machen. Cyrus
wurde mein Gastfreund; mich, den aus dem Vaterland Vertriebenen,
behandelte er mit Achtung und gab mir überdies zehntausend Dareiken,
die ich nicht als mein Eigentum ansah, nicht meinem Vergnügen auf-
opferte, sondern auf euch verwendete. Zuerst bekriegte ich die Thracier
und rächte mich mit euch an ihnen, dadurch, daß ich sie, welche die
Griechen verdrängen wollten, selbst aus dem Chersones vertrieb. Jetzt
rief mich Cyrus, und ich trat mit euch den Marsch an, um für die er-
wiesenen Gefälligkeiten ihm, wozu er meiner bedürfte, nützlich zu
werden. Da ihr euch aber nun weigert, mir zu folgen, so bin ich genötigt,
entweder euch zu verlassen und Cyrus' Freundschaft vorzuziehen, oder
treulos gegen ihn, bei euch zu bleiben; ob ich in beiden Fällen recht
handle, lass' ich unentschieden. Ich wähle daher das Letztere und will
mit euch Alles erdulden, und Niemand soll je sagen, daß ich die Griechen, die mir ins Ausland folgten, verlassen habe, um die Freundschaft
der Fremden zu erhalten. Vielmehr will ich, da ihr mir nicht nachgeben
und folgen wollt, euch folgen und jedes Schicksal mit ertragen; denn
ihr seid mir Vaterland, Freunde und Kriegsgenossen, und ich bin stolz
darauf, wo es auch sei, bei euch zu sein, aber, verlassen von euch,
glaube ich weder dem Freunde helfen, noch dem Feinde widerstehen
zu können. Seid also überzeugt, daß ich euch, wohin es auch sei, folgen
werde.«

So sprach er. Seine Soldaten und das übrige Heer lobten seinen Entschluß, nicht gegen den König zu ziehen, und von Xenias und Pasions Truppen gingen an zweitausend Mann mit Waffen und Gepäck unter die Fahne Klearchs.

Cyrus, der jetzt verlegen und besorgt war, ließ den Klearch zu sich rufen. Dieser wollte nun zwar nicht kommen, aber heimlich schickte er einen Boten zu ihm, der ihn zufrieden stellen und ihm sagen mußte, es würde noch Alles ganz gut gehen; er möchte ihn nur wieder rufen lassen, obgleich er nicht kommen würde. Hierauf ließ er seine Leute nebst den Soldaten, die sich erst unter sein Commando begeben hatten und Andern, die sich einfinden wollten, zusammen kommen und redete sie so an:

»Soldaten! Offenbar steht Cyrus jetzt zu uns in demselben Verhältnis, wie wir zu ihm. Denn da wir ihm nicht mehr dienen, so sind wir nicht mehr seine Söldner und er ist nicht mehr unser Soldherr. – Daß er sich aber von uns beleidigt glaubt, weiß ich; daher will ich auch, wenn er mich rufen läßt, nicht zu ihm gehen, vorzüglich deswegen, weil ich mich des Bewußtseins, ihn gänzlich hintergangen zu haben, schäme, aber auch aus dem Grunde, weil ich fürchte, über das, wodurch er sich von mir beleidigt glaubt, von ihm zur Rechenschaft gezogen zu werden. Nach meinem Erachten also ist es nicht Zeit, zu schlafen und sorglos dahin zu leben, sondern Maßregeln für die Folge zu nehmen. Wollen wir nun hier bleiben, so halte ich die Sorge für nötig, wie wir unserm Aufenthalte die möglichste Sicherheit verschaffen. Beschließen wir aber abzuziehen, wie wir unsern Abzug am sichersten anstellen, und woher wir Lebensmittel nehmen; denn ohne diese kann weder Feldherr noch Soldat das Seinige tun. Cyrus ist ein unschätzbarer Freund für seine Freunde, aber auch der heftigste Feind gegen seine Feinde. Überdies ist er mächtig an Fußvolk, Reiterei und Schiffen, wie wir Alle wissen und sehen, denn wir sind ja, glaube ich, nahe genug bei ihm; es ist also Zeit, daß Jeder den Rat gibt, der ihm der beste zu sein scheint.«

Sogleich traten Einige freiwillig auf, um ihre Meinung zu sagen; Andere, von Klearch aufgerufen, zeigten, wie schwierig es sei, sowol zu bleiben, als abzuziehen, ohne von Cyrus Erlaubnis zu haben. Einer unter ihnen, der sich sehr eilfertig stellte, nach Griechenland umzukehren, sagte: »Wenn Klearch nicht den Rückzug commandiren wollte, so müßte man schleunigst andere Anführer erwählen, Lebensmittel einzukaufen, (der Markt war aber im persischen Lager), und sich zum Abzuge anschicken. Dann sollte man den Cyrus um Schiffe zur Abfahrt bitten, und wenn er diese verweigerte, um einen Wegweiser, unter dessen Leitung sie unbefehdet wieder in ihr Vaterland zögen. Gäbe er auch diesen nicht, dann sollte man sich schnellstens kampfbereit machen und durch einige Truppen zuvor die Höhen einnehmen lassen, damit nicht Cyrus und die Cilicier, von denen so Viele Sklaven und Beute bei sich führten, ihnen hierin zuvorkämen.«

Nach ihm sprach Klearch: »Keiner von euch mache den Vorschlag, mir das Commando dieses Rückmarsches zu übertragen; denn verschiedene Gründe bestimmen mich, es nicht anzunehmen: aber dem, den ihr dazu erwählen werdet, will ich den pünktlichsten Gehorsam leisten, damit ihr seht, daß ich so gut, wie irgend ein Mensch, mir befehlen zu lassen gelernt habe.«

Jetzt trat ein Anderer auf, der das Törichte in dem Vorschlag, um Schiffe zu bitten, zeigte, gerade als wenn Cyrus keinen Feldzug unternehmen würde; er zeigte ferner, wie töricht es wäre, sich einen Wegweiser von dem auszubitten, dessen Unternehmen sie vereitelt hätten. »Wenn wir uns«, fuhr er fort, »einem Wegweiser, den Cyrus uns gibt, anvertrauen wollen, so sehe ich nicht ein, warum wir nicht auch den Cyrus ersuchen, für uns die Höhen zu besetzen. Ich wenigstens möchte seine Schiffe nicht besteigen, aus Furcht, daß er uns sammt den Schiffen versenken ließe. Auch dem Wegweiser, den er gegeben hätte, würde ich mich fürchten zu folgen, weil er uns wol so führen könnte, daß wir keinen Ausweg mehr wüßten. Das Beste wäre, ohne Wissen und Willen des Cyrus abzuziehen. Da dies aber nicht möglich ist, so halte ich alle diese Vorschläge für unnütz. Nach meiner Meinung also sende man mit dem Klearch einige geeignete Männer zum Cyrus, um ihn zu fragen, zu welcher Unternehmung er uns zu brauchen gedenke: ist sie von der Art, wie die vorige, wozu er sich der Mietstruppen bediente, so laßt uns ihm folgen, und Jenen, die ihn vor uns auf seinen Zügen nach Oberasien begleiteten, an Mannssinn nichts nachgeben; finden wir sie aber größer, mühevoller und gefährlicher, so laßt uns ihn ersuchen, entweder für unsere Dienste annehmliche Bedingungen uns einzuräumen oder einen friedlichen Abzug zu bewilligen; denn so werden wir im ersteren Falle mit Ergebenheit und Diensteifer ihm folgen, im andern einen sichern Rückzug erhalten. Den Bericht von seiner Antwort hierauf statte man hier wieder ab, und dann können wir unsre Maßregeln danach nehmen.«

Dieser Vorschlag fand Beifall. Man wählte Männer aus und schickte sie mit Klearch zum Cyrus, um seine Antwort auf den Entschluß der Truppen zu hören. Diese lautete: er habe vernommen, daß sein Feind Abrokomas am Euphrat, zwölf Märsche von ihm, stehe; auf diesen gehe er los, um ihn, wenn er ihn da anträfe, zu züchtigen; wäre er aber geflohen, so wolle er sich mit ihnen dort darüber besprechen. Diese Antwort brachten die Abgeordneten den Truppen zurück, die sich, trotz des Argwohns, er führe sie doch gegen den König, ihm zu folgen entschlossen. Als sie hierauf um die Erhöhung ihres Soldes anhielten, versprach Cyrus, ihn um die Hälfte zu vermehren, so daß nun der Soldat monatlich, statt eines Dareiken, einen und einen halben bekam. Daß der Marsch aber dem Könige gelte, davon hörte man damals noch nicht öffentlich sprechen.

4. Marsch durch die kilikischen Pässe und Syrien.

Euphratübergang

Von hier ging Cyrus in zwei Märschen zehn Parasangen bis zum Sarus vor, dessen Breite drei Plethren betrug; dann marschirte er fünf Parasangen bis zum Pyramus, der ein Stadium breit war. Von hier legte er in zwei Märschen fünfzehn Parasangen zurück und kam nach Issi, der äußersten Stadt Ciliciens; sie liegt am Meere und ist groß und blühend. Hier blieb er drei Tage. Unterdessen langten fünfunddreißig Schiffe aus dem Peloponnes, die der Lacedämonier Pythagoras commandirte, bei ihm an. Der Ägyptier Tamos hatte sie, nebst noch einer andern Flotte des Cyrus, die fünfundzwanzig Segel stark war, und mit welcher er das mit dem Tissaphernes – gegen den er gemeinschaftlich mit Cyrus kämpfte, – verbundene Milet belagert hatte, von Ephesus aus angeführt. Auf dieser Flotte befand sich auch der Lacedämonier Cherisophus, den Cyrus hatte kommen lassen; er führte siebenhundert Hopliten, die er beim Cyrus commandirte. Die Schiffe legten beim Zelte des Letzteren an. Hier kamen vierhundert griechische Hopliten, die vom Abrokomas, dessen Söldner sie gewesen waren, abfielen, zum Cyrus und folgten seiner Fahne gegen den König.

Dann machte er einen Marsch von fünf Parasangen bis zu den Pässen Ciliciens und Syriens. Dies waren zwei Castelle; das eine, diesseits gegen

Cilicien, hatte Syennesis mit den Ciliciern besetzt; das andere, jenseits gegen Syrien, wurde, wie es hieß, von königlichen Truppen beschützt. Mitten hindurch fließt der Karsus, ein Plethrum breit. Der ganze Zwischenraum dieser Castelle betrug drei Stadien. Mit Gewalt durchzudringen, war nicht möglich; denn der Durchgang war enge, und die Castelle erstreckten sich bis ans Meer, oberhalb waren unersteigliche Felsen, und in beiden Castellen standen die Tore des Passes. Dieser Gebirgsenge wegen hatte Cyrus die Schiffe kommen lassen, um innerhalb und außerhalb der Tore Hopliten auszusetzen, die den Feind, wenn er etwa den syrischen Paß besetzt hielte, vertreiben und so den Durchmarsch eröffnen sollten. Denn Cyrus glaubte, Abrokomas, der ein starkes Heer hatte, würde dies tun. Allein dieser verließ auf die Nachricht, daß Cyrus in Cilicien sei, Phönicien, und marschirte zum Könige mit einem Heere, wie es hieß, von dreimalhunderttausend Mann. Von hier machte er durch Syrien einen Marsch von fünf Parasangen bis Myriandrus, einer von Phöniziern bewohnten Seestadt, einem Stapelplatz, wo damals viele Frachtschiffe vor Anker lagen. Das Heer blieb daselbst sieben Tage.

Unterdessen bestiegen die Heerführer Xenias aus Arkadien und Pasion aus Megara ein Schiff und fuhren mit Sachen von großem Werte ab. Die meisten schrieben es ihrem gekränkten Ehrgeize zu, daß Cyrus die Soldaten, die von ihnen, um nach Hause und nicht gegen den König zu ziehen, zum Klearch übergingen, unter dem Commando desselben gelassen hätte. Da man sie nun vermißte, hieß es, Cyrus verfolge sie mit seinen Galeeren: Einige wünschten, er möge diese Treulosen einholen; Andere wollten aus Mitleiden sie lieber entkommen lassen. Cyrus aber ließ die Anführer versammeln und sprach zu ihnen: »Xenias und Pasion haben uns verlassen: sie sollten aber doch wol einsehen, daß ihre Flucht weder verborgen noch unaufhaltsam ist, denn ich kenne ihren Weg und habe Galeeren genug, um ihr Fahrzeug aufzufangen; aber bei den Göttern, ich will sie nicht verfolgen, und Niemand soll sagen können, daß ich mich, so lange Jemand bei mir bleibt, seiner bediene, aber wenn er abgehen will, ihn auffange, übel behandle und seiner Güter beraube. Sie mögen reisen, von dem Bewußtsein begleitet, gegen uns schlechter, als wir gegen sie gehandelt zu haben. Denn ich will ihnen auch ihre Weiber und Kinder, die ich in Tralles in meiner Verwahrung habe, nicht vorenthalten, sondern sie ihnen für ihre sonstigen geleisteten Dienste ausliefern.« So sprach er, und war Jemand unter den Griechen, der zu diesem Feldzuge noch nicht Lust gehabt hatte, so trat er jetzt, durch Cyrus Großmut gerührt, mit Vergnügen und Eifer den Zug an. Hierauf marschirte Cyrus in vier Märschen zwanzig Parasangen bis zum Chalus, dessen Breite ein Plethrum betrug. Er ist voll großer und zahmer Fische, die bei den Syrern göttliche Ehre und gleich den Tauben das Recht der Unverletzbarkeit genießen. Die Dörfer, worin das Heer im Quartier lag, waren der Parysatis für ihren Gürtel angewiesen.[14] Von hier rückte er in fünf Märschen dreißig Parasangen fort bis zu den Quellen des Daradax, dessen Breite ein Plethrum betrug. Hier war das Schloß des Belesis, Statthalters in Syrien, und ein sehr großer und schöner Garten, der die Früchte aller Jahreszeiten darbot. Cyrus ließ ihn zerstören und das Schloß verbrennen. Von hier marschirte er in drei Märschen fünfzehn Parasangen bis zum Euphrat, der vier Stadien breit war. Zu Thapsakus, einer großen und wohlhabenden Stadt, bei der man hier anlangte, blieb das Heer fünf Tage. Jetzt versammelte Cyrus die griechischen Anführer und sagte ihnen: der Marsch ginge gegen den Großkönig nach Babylon; das sollten sie den Soldaten anzeigen und sie dazu bereitwillig machen. Diese machten es dem versammelten Heere bekannt. Die Soldaten, aufgebracht über ihre Offiziere, beschuldigten sie, daß sie dies schon längst gewußt und ihnen verschwiegen hätten. »Und wir gehen nicht weiter«, fuhren sie fort, »wenn wir nicht eben den Sold erhalten, den Jene bekamen, die den Cyrus zu seinem Vater begleiteten; zumal, da Cyrus diese blos zu seinem Vater, der ihn zu sich kommen ließ und nicht in die Schlacht führte.« Dies berichteten die Feldherrn zurück. Cyrus versprach, sobald sie nach Babylon kommen würden, so sollten sie Mann für Mann fünf Minen Silber und überdies den vollen Sold erhalten, bis er sie wieder nach Ionien gebracht hätte. Dadurch wurde nun schon ein großer Teil der Griechen auf seine Seite gebracht. Menon aber ließ, da es noch nicht entschieden war, wozu sich das übrige Heer entschließen würde, seine Leute besonders zusammenkommen und redete sie folgendermaßen an: »Soldaten! Wenn ihr meinen Vorschlag befolgt, so werdet ihr euch ohne Gefahr, ohne Mühe dafür zu übernehmen, unter euren Waffenbrüdern die ausgezeichnetste Ehre beim Cyrus erwerben. Wie? Das sollt ihr hören. Cyrus verlangt von den Griechen, mit ihm gegen den König zu ziehen: nach

---

14 Es war persische Sitte, die Revenüen der fürstlichen Personen, dem Namen nach, zu einem gewissen Gebrauch zu bestimmen. Vgl. unser »Nadelgeld« der Frauen, das meist zu ganz anderen Zwecken verwendet wird.

meinem Rate also geht ihr, ehe noch die übrigen Griechen ihren Entschluß dem Cyrus bekannt machen, über den Euphrat. Entschließen sie sich, ihm zu folgen, so werdet ihr für die Urheber dessen angesehn werden, weil ihr den Anfang machtet, hinüberzugehen, und Cyrus wird sich gegen euch, als die Bereitwilligsten, mündlich und tätig dankbar beweisen, denn von ihm läßt sich dies mehr, als von irgend einem Andern erwarten. Entschließt sich aber das Heer nicht dazu, so kehren wir zwar Alle wieder mit um: aber Cyrus wird dann, weil ihr allein bereitwillig waret, euch als zuverlässigen Leuten, Commandanten- und Hauptmannsstellen anvertrauen, und auch in jedem andern Falle werdet ihr euch, das weiß ich, mit Erfolg an ihn wenden können.«

Die Soldaten ließen sich das gefallen und gingen über den Fluß, ehe sich noch die Anderen erklärt hatten. Cyrus freuete sich bei diesem Anblick, und sein Dolmetscher Glus mußte den Truppen im Namen desselben sagen: »Jetzt, brave Krieger, habt ihr euch meinen Beifall erworben: aber ich will mir auch den eurigen erwerben, oder nicht mehr Cyrus heißen.« Die Soldaten, voll angenehmer Erwartung, wünschten ihm Glück und Heil. Menon erhielt auch, wie man erzählt, große Geschenke von ihm. Hierauf setzte er über den Fluß, und das ganze übrige Heer folgte ihm nach. Das Wasser ging Keinem bis über die Brust. Zu Fuß, sagten die Thapsakener, habe man noch nie über diesen Fluß gesetzt, sondern auf Fahrzeugen: diese aber hatte Abrokomas, als er voraus marschirte, verbrannt, um dem Cyrus die Überfahrt zu verwehren. Man hielt das für einen göttlichen Wink und glaubte, der Fluß sei augenscheinlich vor dem Cyrus, als künftigem Könige, zurückgewichen. Von hier rückte er durch Syrien und legte bis zum Araxes in neun Märschen fünfzig Parasangen zurück. Hier waren viele Flecken voll Eßwaren und Wein. Das Heer blieb daselbst drei Tage und versorgte sich mit Lebensmitteln.

5. Marsch durch die syrisch-arabische Wüste

Von hier marschirte er, den Euphrat zur Rechten, durch Arabien und legte in fünf Märschen durch wüste Landstriche, fünfunddreißig Parasangen zurück. In dieser Gegend war der Boden, gleich dem Meere, rings umher eben und voll Wermutkraut; andre Pflanzen, als Sträuche oder Rohrgewächse, die er etwa noch trug, hatten alle einen gewürzhaften Geruch; Bäume aber fand man gar nicht. Was die Tiere anbelangt, so traf man hier wilde Esel, deren Anzahl sehr groß war, eine Menge großer Strauße, auch Trappen und Rehe an. Auf diese Tiere machten die Reiter bisweilen Jagd. Die wilden Esel liefen, wenn sie verfolgt wurden, weit voraus, hielten dann still – denn sie liefen weit schneller, als ein Pferd – und wenn das Pferd nahe kam, machten sie es wieder so; man konnte sie also nicht fangen, wenn sich die Reiter nicht so postirten, daß sie sich die Tiere einander entgegen trieben. Ihr Fleisch ist dem Hirschfleische ähnlich, nur zarter. Strauße fing man gar nicht, die Reiter, die auf sie Jagd machten, hielten bald inne, denn sie flohen im Fluge davon, wobei sie die Schnelligkeit ihrer Füße und den Schwung ihrer Flügel, die sie wie Segel gebrauchten, vereinigten. Die Trappen aber konnte man durch plötzliches Aufjagen fangen, denn ihr Flug war nur kurz, und sie wurden bald müde; ihr Fleisch ist sehr süßlich.

Durch dies Gefilde marschirte das Heer und kam zum Flusse Maska, dessen Breite ein Plethrum hielt. Hier lag Korsóte, eine verödete große Stadt, die vom Maska rings umflossen wird. Das Heer blieb drei Tage da und versorgte sich mit Lebensmitteln. Dann marschirte es, den Euphrat zur Rechten, durch wüste Gegenden, in dreizehn Märschen neunzig Parasangen bis Pylä. Auf diesem Marsche raffte der Hunger viel Zugvieh weg; denn man traf weder Weide noch Bäume an, sondern die ganze Gegend war kahl. Die Einwohner fristen ihr Leben dadurch, daß sie am Flusse Steine ausgraben, sie zu Mühlsteinen verarbeiten, nach Babylon zum Verkauf bringen und Lebensmittel dafür einhandeln. Dem Heere gebrach es an Proviant und nirgend war solcher zu bekommen, als auf dem lydischen Marktplatze im persischen Lager des Cyrus, wo die Kapithe Weizen- oder Gerstenmehl vier Siglus zu stehen kam. Ein Siglus gilt 7½ attische Obolen;[15] die Kapithe enthält zwei attische

---

15   Nach unserem Geld ist ein Siglus = 65 Pfennige.

Chönix.[16] Die Soldaten behalfen sich also mit Fleisch. Einige der letztern Märsche waren sehr stark, weil Cyrus manchmal so weit fortrücken wollte, bis er Wasser oder Weide antreffen konnte. Einmal konnten die Wagen, als sie auf einen Engpaß und schlammigen Boden stießen, nicht fortkommen; sogleich hielt Cyrus mit den vornehmsten und reichsten Persern, die in seinem Gefolge waren, still und befahl dem Glus und Pigres, mit Hilfe persischer Soldaten den Wagen fortzuhelfen. Da sie ihm aber nicht hurtig genug waren, befahl er etwas unwillig den vornehmsten Persern aus seinem Gefolge, selbst mit Hand anzulegen. Hier sah man in der Tat kein geringes Beispiel von Unterwürfigkeit, denn Jeder warf da, wo er eben stand, sein purpurnes Gewand ab und lief, wie um die Wette, die sehr steile Anhöhe in seinem kostbaren Untergewand und den bunten Beinkleidern hinab; Einige von ihnen waren noch mit Halsketten und Armbändern geschmückt. In diesem Schmuck also sprangen sie unverzüglich in den Schlamm und hoben, ehe man es vermutete, die Wagen heraus. Überhaupt sah man, daß Cyrus den ganzen Marsch beschleunigte und nirgends verweilte, als wo er des Proviants oder eines anderen Bedürfnisses wegen sich aufhielt; denn er glaubte, den König um so ungerüsteter anzutreffen, je mehr er eilte, im Gegenteil aber ein um so stärkeres Heer vor sich zu finden, je mehr er zögerte. Und wer die Sache genau erwog, sah wohl ein, daß die persische Monarchie die Stärke, die sie durch den weiten Umfang ihrer Länder und ihre Volksmenge gewinnt, durch die Länge der Wege und die weitläufige Verteilung der Truppen wieder verliert, sobald ein Feind den Krieg rasch zu führen versteht.

Jenseits des Euphrat, nach der wüsten Gegend zu, durch welche das Heer marschirt war, lag Charmande, eine blühende, große Stadt. Aus dieser holten die Soldaten ihre Lebensmittel. Die Fahrzeuge, auf denen sie übersetzten, verfertigten sie folgendermaßen: sie stopften die Felle, die sie zu Decken brauchten, mit Heu aus, zogen und nähten sie dann zusammen, daß das Wasser nicht durchdringen konnte; auf diesen fuhren sie über und holten sich Lebensmittel, nämlich Palmwein und Buchweizenbrod, womit diese Gegend reichlich versehen war.

Als sich daselbst ein paar Soldaten, von Menons und Klearchs Truppen über etwas zankten, schlug Klearch den Soldaten Menons, den er für den Schuldigen hielt; dieser kam zu seinen Kameraden und er-

16   $^{1}/_{3}$ Berliner Metze.

zählte ihnen den Vorfall; darüber aufgebracht, warfen sie auf Klearch einen heftigen Haß. An demselben Tage noch kam Klearch zur Überfahrt, und nachdem er den Markt besehen hatte, ritt er mit einem kleinen Gefolge durch Menons Truppen wieder nach seinem Zelte zurück. Cyrus war noch nicht da, sondern erst im Anmarsch. Als nun einer von Menons Leuten, der eben Holz spaltete, den Klearch vorbei reiten sah, warf er die Axt nach ihm, verfehlte ihn aber, ein zweiter und dritter warf ihn mit Steinen, und endlich, als Lärm entstand, taten es Viele. Er floh in sein Lager und ließ sogleich zu den Waffen greifen. Den Hopliten befahl er, da zu bleiben, und die Schilde bei Fuß zu stellen. Er selbst ging mit den Thraciern und der Reiterei, die zu seinen Truppen gehörte, und aus mehr als vierzig Mann, größtenteils Thraciern bestand, auf Menons Leute los. Diese und Menon erschraken darüber, ein Teil ergriff die Waffen, der andere stand und wußte sich nicht zu helfen. Proxenus aber, der mit seinem Corps Hopliten zufällig ankam, ließ dasselbe sogleich zwischen beide Parteien marschiren, sich zum Schlagen fertig halten, und bat indeß den Klearch, von seinem Vorhaben abzustehen. Dieser wurde unwillig, daß, da er ja beinahe gesteinigt wäre, diese Beleidigung von jenem so gleichgiltig betrachtet würde, und befahl ihm, wegzumarschiren. Cyrus aber, der unterdessen angekommen war, ergriff, sobald er den Vorfall hörte, seine Waffen, ritt mit den anwesenden Vertrauten dazwischen und sprach: »Klearch und Proxenus und ihr übrigen anwesenden Griechen, ihr bedenkt nicht, was ihr tut. Denn wenn ihr euch unter einander bekriegen wollt, so wißt, daß ich noch an eben dem Tage, – und bald nach mir, trifft auch euch dies Schicksal, – niedergehauen werde. Denn alle diese Barbaren, die ihr seht, werden uns, wenn wir in mißlichen Umständen sind, gefährlicher sein, als die Soldaten des Königs.« Als Klearch dies hörte, ging er in sich; beiderseits gab man nach und legte die Waffen ab.

6. Eintritt in Babylonien. Orontes' Verrat

Als das Heer von hier aus weiter rückte, fand sich Hufschlag und Mist, dem Anschein nach von etwa zweitausend Pferden; dieses Cavalleriecorps ritt voraus und verbrannte Futter und Alles, was Cyrus Truppen hätten gebrauchen können. Orontes, ein Perser und Verwandter des Königs und unter seinen Landsleuten, wie man sagte, einer der besten Krieger, stellte dem Cyrus, gegen den er schon vorher gefochten hatte, nach. Jetzt, da er wieder mit ihm ausgesöhnt war, versprach er, wenn ihm das Commando über tausend Pferde gegeben würde, die feindliche Reiterei, die vor ihnen her solche Verheerung anrichtete, entweder aus einem Hinterhalte niederzuhauen, oder eine Menge lebendig zu fangen, den verheerenden Streifereien Einhalt zu tun und einen, der Cyrus' Truppen einmal gesehen hätte, dem Könige die Nachricht davon bringen zu lassen. Cyrus fand diesen Vorschlag nützlich und bevollmächtigte den Orontes, sich von jedem General eine Anzahl Reiter geben zu lassen. Dieser glaubte nun schon, das Cavalleriecorps in seiner Gewalt zu haben und schrieb deshalb an den König, er würde mit einer möglichst zahlreichen Reiterei zu ihm stoßen, er sollte deshalb nur seiner Cavallerie Befehl geben, ihn als Freund aufzunehmen; dabei erinnerte er ihn auch an seine frühere Ergebenheit und Treue. Diesen Brief gab er einem, seiner Meinung nach, treuen Manne, der ihn aber dem Cyrus brachte. Nach Durchlesung desselben ließ dieser den Orontes gefangen nehmen und beorderte sieben der vornehmsten Perser aus seinem Gefolge, in sein Zelt zu kommen; den griechischen Feldherrn aber trug er auf, mit den gerüsteten Hopliten das Zelt zu umgeben. Sie kamen mit dreitausend Mann. Den Klearch ließ er, um ihn mit zu Rate zu ziehen, auch hereinkommen, weil er ihm und andern Persern unter den Griechen im vorzüglichsten Ansehen zu stehen schien. Als dieser wieder heraus gekommen war, erzählte er seinen Freunden das Verhör über Orontes, denn es wurde jetzt aus der Sache kein Geheimnis gemacht. Cyrus, sagte er, begann so: »Ich habe euch, meine Freunde, rufen lassen, um mit euch zu beratschlagen, wie ich auf die vor Göttern und Menschen gerechteste Art mit diesem Orontes verfahren soll. Anfangs hat ihn mein Vater mir untergeben; hierauf ergriff er auf Anstiften meines Bruders, wie er selbst bekannt hat, die Waffen gegen mich und nahm die Festung in Sardes ein; ich trieb ihn aber so in die Enge, daß er es für gut befand, die Waffen gegen mich niederzulegen, und durch wechselseitigen Handschlag den Frieden zu bekräftigen. Wodurch, fuhr er fragend fort, Orontes, habe ich dich nun nachher beleidigt?« Orontes: »Durch nichts.« Cyrus: »Hast du nicht, als du zu den Mysiern übergingst, ohne von mir, wie du selbst gestehst, beleidigt zu sein, mein Gebiet auf alle Art feindlich behandelt?« Orontes: »Ja, das habe ich.« Cyrus: »Hast du nicht, als du deine Ohnmacht wieder erkanntest, bei der Artemis Altar[17] dein Vergehn, wie es schien, reuig zugestanden, und mich, den Handschlag mit dir zu wechseln, bewogen?« Auch dies bejahte Orontes. Cyrus: »Womit also habe ich dich beleidigt, daß du nun schon zum dritten Mal an mir zum Verräter geworden bist?« Orontes: »Du hast mich mit nichts beleidigt.« Cyrus: »Also gestehst du zu, unrecht gegen mich gehandelt zu haben?« Orontes: »Ich muß es freilich.« Cyrus: »Würdest du also jetzt wol noch gegen meinen Bruder mir treu sein?« Orontes: »Wenn ich es auch wäre, Cyrus, so würdest du mir doch nie mehr glauben.«

Hierauf sprach Cyrus zur Versammlung: »Dieser Mann hat also Alles, was er getan hat, bekannt. Du, Klearch, sage nun zuerst deine Meinung hierüber.« Klearch sagte: »Mein Rat ist, den Mann so schnell als möglich aus dem Wege zu räumen, um die Sorgfalt, sich vor ihm zu hüten, lieber darauf zu verwenden, wie wir denen, die aus Neigung unsere Freunde sind, gefällig sein können.« Dieser Meinung stimmten, wie Klearch erzählte, auch die Anderen bei. Hierauf standen Alle, auch des Orontes Verwandten, auf, und faßten ihn, auf Cyrus Befehl, zum Zeichen des Todes beim Gürtel, und die, denen es aufgetragen war, führten ihn hinaus. Als ihn seine früheren Verehrer erblickten, fielen sie auch da noch vor ihm nieder, obgleich sie sahen, daß er zum Tode geführt wurde. Nachdem man ihn in das Zelt des Artapates, der unter den Zepterträgern[18] des Cyrus Vertrautester war, gebracht hatte, wurde er nachher nie mehr, weder lebend noch tot gesehen, und die Art seines Todes, worüber die Meinungen verschieden waren, blieb eben so unbekannt, wie sein Grab.[19]

17   Die Freistatt, zu der kleine und große Verbrecher flüchteten.

18   Eunuchen von der Leibwache, welche Zepter als Symbole der Herrschaft dem Feldherrn vorauf trugen; sie ähneln den römischen Lictoren.

19   Wahrscheinlich wurde Orontes im Zelte des Artapates lebendig begraben, eine nicht seltene Todesart; vgl. Herodot 7, 14.

7. Vorbereitungen zur Schlacht

Von hier rückte Cyrus durch Babylonien in drei Märschen zwölf Parasangen. Nach dem dritten Marsche musterte er die Griechen und Perser auf der Ebene mitten in der Nacht – denn er glaubte, der König würde mit anbrechender Morgenröte, um eine Schlacht zu liefern, anrücken, – und befahl dem Klearch, den rechten, und dem Menon, den linken Flügel zu führen; seine Leute stellte er selbst in Schlachtordnung. Nach der Musterung kamen mit Anbruch des Tages Überläufer vom Großkönige und brachten dem Cyrus Nachrichten vom feindlichen Heere. Cyrus ließ die Ober- und Unterbefehlshaber der Griechen zu sich kommen, beratschlagte mit ihnen über die Anordnung der Schlacht und munterte sie durch folgende Rede auf: »Hellenische Freunde, nicht aus Mangel an einheimischen Leuten habe ich euch zu meinen Bundesgenossen gewählt, sondern weil ich euch vor der Menge der Barbaren den Vorzug zuerkannte. Zeigt euch nun würdig der Freiheit, die ihr besitzt, und deretwillen ich euch glücklich preise. Denn seid überzeugt, ich würde sie statt aller der vielen und mannichfaltigen Güter gewählt haben. Um euch aber von dem Kampfe, der euch bevorsteht, einen Begriff zu geben, so wißt, ein zahlreiches Heer wird euch mit vielem Geschrei angreifen; aber haltet nur dies aus, was das Übrige betrifft, so schäme ich mich recht bei der Vorstellung, wie ihr unsere inländischen Truppen finden werdet. Wenn ihr nun Männer seid, wenn ihr mit angestammtem Mute kämpft, so will ich den, der in seine Heimat zurückkehren will, mit solchen Vorteilen entlassen, daß ihn seine Mitbürger beneiden sollen. Ich hoffe es aber dahin zu bringen, daß viele die Verbindung mit mir den Verbindungen in ihrer Heimat vorziehen sollen.«

Hierauf trat Gaulites, ein Vertriebener aus Samos und treuer Anhänger des Cyrus, hervor und sprach: »Aber, mein Cyrus, es sagen Einige, deine jetzigen großen Versprechungen würden blos durch den kritischen Zeitpunkt der herannahenden Gefahr, in dem du dich befindest, veranlaßt; aber nach etwaigem glücklichen Erfolge würdest du nicht mehr daran denken. Andere sind der Meinung, daß es dir, wenn auch nicht an Erinnerung und gutem Willen, doch an dem Vermögen fehlen würde, Alles zu erfüllen, was du versprichst.« Cyrus erwiderte hierauf: »Mein väterliches Reich, ihr Männer, erstreckt sich gegen Mittag bis dahin, wo die Hitze den Menschen die Wohnungen versagt; gegen

Mitternacht aber, wo es die Kälte tut, Alles, was in der Mitte liegt, wird von den Satrapen, die meinem Bruder treu sind, beherrscht. Wenn wir den Sieg erlangen, so muß ich meine Getreuen über diese Länder setzen. Daher fürchte ich nicht, wenn uns das Glück begünstigt, für all meine Freunde nicht Vermögen genug, aber wol, für alle mein Vermögen nicht Freunde genug zu haben. Jedem aber unter euch Griechen will ich noch eine goldene Krone schenken.«

Als sie das hörten, wurden sie durch dies Versprechen noch viel bereitwilliger und machten es ihren Waffenbrüdern bekannt. Es waren nämlich, außer den Anführern, noch einige andere Griechen zu ihm gekommen, um zu erfahren, was sie zu hoffen hätten, wenn sie den Sieg erhielten; Cyrus nun machte es Allen nach Wunsche und entließ sie. Alle, die sich mit ihm unterredeten, ermahnten ihn, nicht selbst zu fechten, sondern sich hinter die Front zu stellen. Klearch fragte ihn bei dieser Gelegenheit, ob er denn glaube, daß sein Bruder mit ihm streiten werde? »Bei den Göttern«, antwortete Cyrus, »da er des Darius und der Parysatis Sohn und mein Bruder ist, so werde ich mich dieser Länder nicht ohne Kampf bemächtigen.«

Hierauf wurde die Armee, während sie sich rüstete, gezählt. Das griechische Heer bestand aus[20] zehntausendvierhundert Hopliten und aus zweitausendvierhundert Peltasten; die persischen Truppen unter Cyrus' Commando waren hunderttausend Mann stark und hatten ungefähr zwanzig Sichelwagen. Die Zahl der Feinde hingegen belief sich, wie man sagte, auf 1.200.000 Mann mit 200 Sichelwagen. Hierzu kamen noch ein Corps von sechstausend Mann Cavallerie, das unter Artagerses' Befehle stand und in Schlachtordnung seinen Stand vor dem Könige hatte. Über das königliche Heer commandirten vier Oberbefehlshaber, Abrokomas, Tissaphernes, Gobryas und Arbaces, von denen jeder dreihunderttausend Mann anführte. Von dieser Kriegsmacht kamen neunhunderttausend Mann und hundertfünfzig Sichelwagen ins Treffen; denn Abrokomas langte von seinem Marsche aus Phönicien erst fünf Tage nach der Schlacht an. Davon benachrichtigten den Cyrus die Überläufer von der Armee des großen Königs vor der Schlacht, und nach der Schlacht erfuhr man es auch von den Gefangenen, die man gemacht hatte.

20 Man meint, daß Xenophon hier nur die Zahl Derer angebe welche unmittelbaren Anteil am Treffen nahmen.

Von hier aus machte Cyrus einen Marsch von drei Parasangen und ließ das ganze Heer, Griechen und Perser, in Schlachtordnung fortrücken, weil er glaubte, daß der König noch an demselben Tage schlagen würde; denn auf der Hälfte dieses Marsches stieß man auf einen tiefen Graben, der an Breite fünf und an Tiefe drei Klaftern betrug. Er lief landeinwärts über die Ebene zwölf Parasangen lang bis zur medischen Mauer.[21] Hier nun fangen die Kanäle an, die aus dem Tigris fließen; es sind ihrer vier, ein Plethrum breit, sehr tief und von Getreideschiffen befahren. Sie ergießen sich in den Euphrat, stehen von einander eine Parasange weit ab und sind mit Brücken versehen.

Am Euphrat war ein schmaler Durchgang zwischen dem Flusse und dem Graben, gegen zwanzig Fuß breit. Diesen Graben hatte der Großkönig auf die Nachricht von Cyrus' Anzuge anlegen lassen, um sich desselben als einer Schutzwehr zu bedienen; durch den Paß nun zog Cyrus mit seinem Heere und ließ den Graben hinter sich. An diesem Tage ließ sich der König in kein Treffen ein und man sah an den zahlreichen Fußtapfen von Pferden und Menschen, daß er sich zurückzog. Jetzt ließ Cyrus den Wahrsager Silanus aus Ambracia zu sich kommen und gab ihm dreitausend Dareiken, weil ihm derselbe elf Tage vorher beim Opfer gesagt hatte, der König würde binnen zehn Tagen noch keine Schlacht liefern. Cyrus hatte ihm erwidert: »Entweder in zehn Tagen schlagen wir uns oder gar nicht; für den Fall, daß deine Weissagung eintrifft, verspreche ich dir zehn Talente.« Diese Summe zahlte er ihm jetzt, denn die zehn Tage waren verflossen. Da der König das Heer des Cyrus nicht verhindert hatte, über den Graben zu gehen, so glaubten Cyrus und Alle, er suche eine Schlacht zu vermeiden. Dies hatte zur Folge. daß Cyrus den Tag darauf mit größerer Sorglosigkeit marschirte. Am dritten Tage ließ er sich gar auf dem Marsche fahren, und nur wenige Mannschaft zog gerüstet vor ihm her; der größte Teil marschirte ungeordnet und viele Soldaten legten ihre Waffen ab auf Wagen und Lasttiere.

---

21 Schutzmauer zwischen Euphrat und Tigris, von den Babyloniern gegen
    die Einfälle der Meder errichtet.

8. Schlacht bei Kunaxa. Cyrus' Tod

Schon war es um die Mittagszeit, und der Lagerplatz, wo man Halt machen wollte, nahe, als Patagyas, ein Perser und Vertrauter des Cyrus, im stärksten Galopp auf schweißtriefendem Pferde heransprengte und Allen, auf die er stieß, auf persisch und griechisch zurief: der König rücke mit einem großen Heere in Schlachtordnung an. Da entstand ein gewaltiger Aufruhr, denn Griechen und Perser erwarteten sogleich, noch ungerüstet von ihm angegriffen zu werden. Cyrus sprang vom Wagen, legte sich den Harnisch an, ergriff die Wurfspieße und befahl, Jeder solle sich rüsten und auf seinen Posten stellen. Dies geschah mit großer Geschwindigkeit. Klearch nahm seinen Posten auf dem rechten Flügel am Euphrat ein, ihm schloß sich Proxenus und diesem die übrigen Anführer an; Menon aber bildete mit seinem Corps den linken Flügel des griechischen Heeres. Von den persischen Truppen standen tausend paphlagonische Reiter auf dem rechten Flügel beim Klearch, wohin sich auch die griechischen Peltasten gestellt hatten. Den linken Flügel bildete Ariäus, Unterbefehlshaber des Cyrus mit den andern barbarischen Truppen. Im Mitteltreffen befand sich Cyrus mit sechshundert Reitern, die alle mit großen Panzern, Beinharnischen und Helmen bewehrt waren. Cyrus allein machte eine Ausnahme, denn er erwartete den Kampf, ohne den Kopf mit einem Helme zu beschützen, wie überhaupt die Perser meist mit unbewehrtem Haupte ins Treffen gehen sollen.[22] Alle Pferde bei der Armee des Cyrus hatten Stirn- und Brustschilde, und die Reiter führten auch griechische Schwerter. Schon war es Mittag, und der Feind hatte sich noch nicht sehen lassen. Nachmittags aber erblickte man Staub, der einer weißen Wolke glich, nicht lange darauf sich in ein gewisses Dunkel verwandelte und die ganze Fläche einnahm. Man näherte sich noch mehr, und sogleich leuchtete das Metall hervor, und man erkannte deutlich die Wurfspieße und die Abteilungen des Feindes. Auf dem linken Flügel desselben rückte Reiterei an, mit weißen Harnischen gerüstet und wurde, wie es hieß, von Tissaphernes commandirt; an diese schlossen sich Truppen mit geflochtenen Schilden; ihnen zur Seite marschirte schwergerüstetes Fußvolk mit hölzernen Schilden,

---

22 D. h. sie tragen, wie hier Cyrus, statt des Helmes die Tiara. Ganz unbedeckten Hauptes ist der Orientale nie.

die bis an die Füße reichten, dem Vernehmen nach Ägypter; noch andere Truppen, teils Reiterei, teils Bogenschützen, folgten diesen. Das gesammte Kriegsheer war nach Völkerschaften abgeteilt, die in geschlossenen Vierecken einzeln aufmarschirten. Vor der Front fuhren Sichelwagen, durch große Zwischenräume von einander getrennt. Die Sicheln gingen quer von den Achsen aus und waren erdwärts gebogen, um Alles, was sie erreichten, zu zerschneiden. Man hatte die Absicht, mittelst derselben die Reihen der Griechen zu trennen.

Was Cyrus in der Aufmunterungsrede an die Griechen gesagt hatte, die Feinde würden ein Geschrei erheben, wodurch sie sich nicht sollten aus der Fassung bringen lassen, erfolgte nicht: denn sie rückten in der möglichsten Stille, ruhig, mit gleichem und langsamem Schritte an. Jetzt ritt Cyrus mit dem Dolmetscher Pigres und drei oder vier Andern vorüber und rief dem Klearch zu: er solle das Heer gegen das Mitteltreffen des Feindes führen, weil sich daselbst der König befände. »Haben wir dieses überwunden«, setzte er hinzu, »so ist der Sieg für uns entschieden.« Klearch sah nun zwar das feindliche Cavalleriecorps im Mittelpunkte und hörte auch von Cyrus, daß der König weit außerhalb des griechischen linken Flügels stehe, denn Artaxerxes war dem Cyrus an Menge so überlegen, daß er im Mittelpunkt seiner Armee schon die linke Flanke desselben überflügelte, – Klearch, sage ich, wollte aber dessen ungeachtet den rechten Flügel nicht vom Flusse abziehen, aus Besorgnis, von beiden Seiten eingeschlossen zu werden; indessen versprach er dem Cyrus, dafür zu sorgen, daß Alles gut ginge.

Inzwischen marschirte das feindliche Heer in gerader Linie heran; das griechische aber stand und seine Abteilungen stellten sich, so wie sie nach einander anrückten, in Schlachtordnung. Cyrus, der in einer ziemlichen Entfernung von seiner Linie herausgeritten kam, betrachtete abwechselnd beide Heere. Als ihn unter den Griechen Xenophon, der Athener, erblickte, ritt er zu ihm heran und fragte, ob er noch etwas zu befehlen hätte. Cyrus hielt und gab ihm den Auftrag, Allen anzukündigen, daß die Opfer einen glücklichen Erfolg versprächen. Indessen hörte er ein Gemurmel, das durch die Reihen lief, und fragte nach der Ursache desselben. Xenophon sagte ihm, die Losung würde zum zweiten

Male ausgegeben.[23] Cyrus, dem es unbekannt war, wer sie auszuteilen pflegte, wunderte sich darüber und fragte, wie sie hieße? »Zeus, der Retter und Sieg!« war die Antwort. »Wohlan, sagte Cyrus, dies sei die Losung!« und ritt auf seinen Posten zurück. Kaum drei oder vier Stadien waren nun beide Heere von einander entfernt, als die Griechen ihren Schlachtgesang anstimmten und auf den Feind losgingen. Durch das schnelle Vordringen eines Teils ihrer Linie bekam diese eine Beugung, so daß die Andern laufen mußten, um keine Lücke zu machen. Während dieses allgemeinen Laufens erhoben Alle ein Geschrei, wie es bei der Anrufung des Ares gewöhnlich ist und schlugen zugleich, wie Einige erzählen, Schild und Lanze zusammen, um die Pferde scheu zu machen. Eh' es aber noch zum Pfeilschuß kam, wendete sich die feindliche Cavallerie und floh. Die Griechen verfolgten sie aus allen Kräften und schrieen einander die Warnung zu, nicht durch den schnellen Marsch die Linie zu brechen. Die Sichelwagen aber, ihrer Führer beraubt, gingen teils selbst durch das feindliche Heer, teils durch die Griechen. Diese, die es voraus bedacht hatten, öffneten jetzt ihre Reihen; Mancher wurde zwar dabei, wie auf der Rennbahn, gestreift und von seinem Platze gedrängt, doch hat man nicht gehört, daß Einer dabei verletzt wäre. Überhaupt litt kein Grieche etwas in diesem Treffen, einen Einzigen auf dem linken Flügel ausgenommen, der, wie man erzählte, einen Pfeilschuß erhielt.

Cyrus bemerkte mit Vergnügen die Fortschritte der Griechen und die Flucht ihrer Feinde und wurde von seinen Begleitern schon als König begrüßt. Indessen fand er es doch nicht für gut, selbst zu verfolgen, sondern hielt sein Begleitungscorps von sechshundert Reitern zusammen und erwartete die Bewegungen des Königs, der, wie ihm bekannt war, das Centrum der persischen Armee führte. Auch die übrigen persischen Generale commandirten in der Mitte ihres Treffens, aus dem doppelten Grunde, weil sie den Standort, wo sie auf beiden Seiten von ihren Truppen gedeckt waren, für den sichersten hielten, und weil ihr Corps von da aus die nötigen Befehle in kürzester Zeit erhalten konnte. Da nun der König, der, wie gesagt, mit dem Centrum seiner Armee die linke Flanke des Cyrus überflügelte, keinen Feind vor sich fand, der

---

23   Die griechischen und römischen Feldherren wechselten der Sicherheit wegen oft mit der Parole; besonders unmittelbar vor der Schlacht, wo sie jedes Mal in einem glückverheißenden Ausdruck bestand.

ihn oder das vor ihm postirte Corps angriff, so machte er eine Schwenkung, um den Feind einzuschließen. Cyrus, der jetzt besorgte, daß der König durch einen Angriff im Rücken das griechische Heer über den Haufen werfen möchte, ging ihm entgegen, griff mit seinem Gardecorps von sechshundert Mann die sechstausend Mann starke Reiterei, die vor dem Könige stand, an und schlug sie in die Flucht; den Anführer Artagerses tötete er, der Erzählung nach, mit eigner Hand. Seine Cavallerie indessen zerstreute sich durch die hitzige Verfolgung, und nur sehr wenige Freunde, die man seine Tischgenossen nannte, blieben bei ihm. Da erblickte er den König unter seiner Bedeckung, und nun hielt ihn nichts mehr, sondern mit den Worten: »*Ich sehe ihn!*« sprengte er auf ihn los und verwundete ihn mit einem Stoße auf die Brust durch den Harnisch, wie der Arzt Ktesias, der die Wunde, seiner Aussage nach, geheilt hat, versichert. Während dem warf ein Anderer dem Cyrus mit großer Gewalt einen Wurfspieß unter das Auge. Wie viele bei diesem Kampfe der Brüder und ihrer beiderseitigen Bedeckung von königlicher Seite geblieben sind, berichtet Ktesias, der sich bei dem Könige befand. Diesseits fiel Cyrus, und über ihn wurden acht seiner tapfersten Begleiter hingestreckt. Artapates aber, sein treuster Diener unter den Zepterträgern, sprang, wie man erzählt, bei dem Anblick von Cyrus' Sturz vom Pferde und warf sich über ihn hin. Hier wurde er, wie Einige behaupten, auf Befehl des Königs von Jemandem erstochen; nach Andern nahm er sich selbst das Leben. Er trug ein goldnes Schwert, eine Halskette, Armbänder und dergleichen Schmuck, wie die vornehmsten Perser, denn bei Cyrus hatte er wegen seiner Anhänglichkeit und Treue in hoher Gunst gestanden.

9. Cyrus' Charakteristik

So starb Cyrus, ein Mann, der, nach den einstimmigen Zeugnissen Aller, die ihn genauer kannten, unter den Persern, die seit dem ältern Cyrus lebten, am fähigsten und würdigsten war, ein Diadem zu tragen. Schon in seiner frühen Jugend, als er mit seinem Bruder und andern Knaben unterrichtet wurde, zeichnete er sich in jeder Rücksicht unter Allen am Meisten aus. Denn die Kinder der persischen Großen werden alle am Hofe erzogen, wo sie viele Gelegenheit haben, ihren sittlichen Charakter zu bilden, und keine unanständigen Reden oder Handlungen lernen.

Die Knaben bemerken es eben so wol, wenn der König gegen Manche Verachtung äußert, als wenn er Andern seine Hochachtung zu erkennen gibt: sie lernen also schon frühzeitig die Kunst zu befehlen und zu gehorchen. Hier zeichnete sich Cyrus vor allen seinen Gespielen durch sein bescheidenes und schamhaftes Betragen aus, und bewies gegen ältere Personen mehr Folgsamkeit als Andere, die unter seinem Stande waren. Mit Pferden beschäftigte er sich sehr gern, und in ihrer Behandlung besaß er die größte Fertigkeit; auch in den kriegerischen Künsten: den Bogen zu führen und den Wurfspieß zu werfen, erklärte man ihn für den gelehrigsten und fleißigsten Knaben. Als er in die Jünglingsjahre getreten, wurde er ein leidenschaftlicher Liebhaber der Jagd und bewies dabei den kühnsten Mut. Einst, als ein Bär auf ihn loskam, erwartete er ihn, und obgleich dieser ihn vom Pferde riß und ihm einige Wunden versetzte, machte er ihn doch endlich nieder. Den, welcher ihm zuerst zur Hilfe gekommen war, beschenkte er dafür sehr reichlich.

Als er von seinem Vater als Satrap von Lydien, Großphrygien und Kappadocien und als Oberbefehlshaber aller der Truppen, die sich in der Ebene bei Kastolos zur Musterung versammeln müssen, abgeschickt war, zeigte er zuvörderst, daß er für die heiligste Pflicht hielte, Bündnisse, Verträge und Zusagen genau zu erfüllen. Daher besaß er auch das Zutrauen der ihm anvertrauten Städte und einzelner Menschen, ja sogar Feinde besorgten nichts von ihm, wenn er einmal den Vertrag geschlossen hatte. In dem Kriege gegen Tissaphernes traten deswegen alle Städte auf Cyrus' Seite, die Milesier ausgenommen; denn diese fürchteten sich vor ihm, weil er die Sache der Vertriebenen nicht aufgeben wollte. Hier erklärte er und bestätigte es mit der Tat, daß er sie, da er nun einmal ihr Freund sei, nie verlassen würde, und wenn ihre Anzahl auch noch geringer und ihre Lage noch schlimmer wäre. Sowol dem, der ihm Gutes erwiesen, als dem, der ihn beleidigt hatte, suchte er es, wie man deutlich sehen konnte, zuvorzutun; und er äußerte einmal, wie man erzählt, den Wunsch, so lange zu leben, bis er Freunde und Feinde durch Wiedervergelung übertroffen hätte. In unserer Zeit ist er daher auch wol der einzige Mann, dem so viele Menschen Schätze, Städte und ihre eignen Personen anvertrauten. Doch ließ er auch im Gegenteil, wie Jeder eingestehen muß, von schlechten und ungerechten Leuten seiner nicht spotten, sondern ahndete ihre Vergehungen aufs Schärfste. An den Landstraßen hatte man daher oft den Anblick von Menschen, die der Hände, der Füße oder der Augen beraubt waren:[24] dies bewirkte aber auch eine solche Sicherheit in seinem Gebiete, daß Jeder, Grieche oder Nichtgrieche, wenn er selbst nichts Böses tat, mit Hab' und Gut ohne Furcht reisen konnte, wohin er wollte. Männer von Tapferkeit zeichnete er, wie ja auch allgemein bekannt, ganz vorzüglich aus. Sein erster Feldzug ging gegen die Pisidier und Mysier, und da er ihm persönlich beiwohnte und somit Gelegenheit hatte, diejenigen, die zu kühnen Unternehmungen Mut zeigten, zu bemerken, so machte er diese entweder zu Statthaltern über die eroberten Landschaften oder zeichnete sie durch andere Gnadenbezeigungen aus. Das Glück nun, welches tapfere Männer so bei ihm machten, und die Geringschätzung, mit der Feige ihnen untergeordnet wurden, ließen es ihm nie an einer Menge von Leuten fehlen, die sich da, wo sie vom Cyrus bemerkt zu werden glaubten, gefahrvollen Unternehmungen willig unterzogen. Lernte er einen Mann kennen, der sich durch Handlungen der Gerechtigkeit hervorzutun strebte, so war es sein angelegentliches Geschäft, ihn in Rücksicht des Vermögens über diejenigen zu erheben, die sich durch ungerechte Mittel zu bereichern suchten. Deshalb hatte er außer dem Vorteile, daß viele andere Personen, mit denen er in Beziehungen stand, ihre Pflichten gegen ihn rechtschaffen erfüllten, auch noch den, eine Armee zu besitzen, auf die er sich verlassen konnte. Denn hohe und niedere Offiziere kamen zu ihm, um in seine Dienste zu treten, nicht sowol des Geldes wegen, als weil sie die Gelegenheit, dem Cyrus mit Ehre zu dienen, für einen größern Vorteil hielten, als den monatlichen Sold. Doch er ließ auch den Diensteifer, den man bei Ausführung seiner Befehle bewies, gewiß nie unbelohnt, und hatte daher, wie man sagt, zu jedem Geschäfte die willigsten und tätigsten Leute. Wenn er bemerkte, daß Jemand durch rechtmäßige Mittel seinen Wohlstand vermehrte und das Gebiet, über das er gesetzt war, durch gute Anstalten einträglicher machte, so war er so weit entfernt, ihm etwas zu entziehen, daß er ihm vielmehr noch neue Vorteile zuwandte. Dies machte Lust zur Arbeit, mit Zuversicht verbesserte man seinen Erwerb und dachte gar nicht daran, ihn vor dem Cyrus zu verbergen: denn man sah, daß er, ohne Neid gegen die offenherzigen Reichen, nur denjenigen die Flügel zu beschneiden suchte, die ihren Reichtum verbargen. Personen,

24 Dergleichen Verstümmelungen wurden besonders an Räubern vollzogen; im Mittelalter geschah dies auch in Deutschland.

die er zu seinen Freunden wählte, und die mit dem Wohlwollen gegen ihn auch Talente verbanden, die er zu seinen etwaigen Unternehmungen benutzen zu können glaubte, suchte er, wie man einmütig zugibt, auf alle mögliche Art gefällig zu werden. Denn aus eben dem Grunde, aus dem er selbst Freunde zu bedürfen glaubte, nämlich um Gehilfen zu haben, suchte er auch seinen Freunden zur Befriedigung der Wünsche, die er bei ihnen bemerkte, auf alle Art behilflich zu sein.

Geschenke bekam wol, wie ich glaube, Niemand so viel, als er, wozu der Veranlassungen gar viele waren; doch er verteilte sie alle meist unter seine Freunde und nahm dabei auf den Charakter und das Bedürfnis eines Jeden Rücksicht. Bekam er ein Geschenk, das zum Waffenschmuck oder Kleiderputz dienen sollte, so äußerte er darüber: die schönen Sachen da könnte er doch nicht alle zu seiner Zierde allein brauchen; der größte Schmuck eines Mannes sei, seine Freunde zu schmücken. Das Bewunderungswürdige dabei lag nicht sowol in der Größe der Wohltaten, die er seinen Freunden erwies, denn er war unter ihnen der Mächtigere; als darin, daß er sie, in Rücksicht der Sorgfalt für sie und des Eifers, ihnen gefällig zu sein, übertraf. Denn oft schickte er ihnen halbe Fäßchen Wein, wenn er eine besonders feine Sorte bekommen hatte; mit der Bemerkung, seit langer Zeit habe er keinen so lieblichen Wein erhalten, verband er die Bitte an den Empfänger, denselben heute mit seinen besten Freunden auszutrinken. Oft schickte er auch eine halbe Gans, ein halbes Brod und dergleichen, wobei er durch den Überbringer sagen ließ: »Dein Cyrus, dem es wohl geschmeckt hat, wünscht den Genuß mit dir zu teilen.« Wenn ein starker Mangel an Futter eintrat, was bei ihm selbst wegen seiner vorsichtigen Sorgfalt und wegen der Menge von Leuten, die er hatte, nie der Fall war, so schickte er seinen Freunden einiges Futter für ihre Reitpferde, damit diese, wie er hinzusetzte, bei dem Geschäfte, seine Freunde zu tragen, nicht zu hungern brauchten. Auf Reisen, wo er erwarten konnte, von Vielen beobachtet zu werden, rief er seine Freunde herbei und ließ sich mit ihnen in ernsthafte Unterredungen ein, um seine Hochachtung für sie öffentlich zu zeigen. Demzufolge, was ich gehört habe, glaube ich, daß Niemand, weder unter Griechen noch Barbaren, die Liebe so Vieler besessen, als er. Einen Beweis dafür gibt auch folgender Umstand. Von ihm, als er noch Vasall war, fiel Keiner zum Könige ab, – man müßte uns denn hier den Versuch des Orontes entgegen stellen; doch selbst dieser, den der König schon für seinen Anhänger hielt, äußerte bald genug, daß er dem Cyrus gewogener sei, als ihm. Von dem Könige aber gingen Viele und zwar gerade die Lieblinge desselben, als die Feindseligkeiten unter Beiden ausbrachen, zum Cyrus über, in der Hoffnung, von ihm für ihr Wohlverhalten würdiger belohnt zu werden, als vom Könige. Daß er, selbst ein Mann von gutem Charakter, auch sehr wohl zu beurteilen wußte, wer unter seinen Leuten ihm treu und ergeben war, dafür spricht das, was sich bei seinem Tode zutrug, laut genug. Denn, als er fiel, wurden alle seine Freunde und Tischgenossen im Kampfe über ihn hingestreckt, Ariäus ausgenommen. Dieser commandirte die Reiterei auf dem linken Flügel und erfuhr nicht sobald den Fall des Cyrus als er mit der ganzen Armee, die er führte, die Flucht ergriff.

10. Abermaliger Sieg der Griechen

Hierauf wurden dem Cyrus der Kopf und die rechte Hand abgehauen. Der König stieß mit seinen Truppen im Nachsetzen auf das Lager des Cyrus; Ariäus aber hielt mit seinem Heere nicht mehr Stand, sondern floh durch das Lager dem Standorte zu, von wo er ausmarschirt war, einen Weg, der Beschreibung nach, von vier Parasangen. Der König bemächtigte sich nebst vieler andrer Beute, die seine Truppen machten, auch einer Beischläferin des Cyrus, einer Phocäerin, eines schönen und klugen Weibes. Eine andere jüngere Maitresse aus Milet, entfloh den Persern, die sie schon gefangen genommen hatten, ganz nackt, unter dem Schutze der Griechen, die das Gepäck deckten. Diese griffen nämlich den Feind während der Plünderung an, und töteten ihm viele Leute; und obgleich sie selbst einigen Verlust litten, so wichen sie doch nicht, sondern retteten dies Frauenzimmer und alles Andere, was sich in ihrem Bezirke befand, teils Sachen, teils Personen. Der Abstand zwischen dem Könige und dem griechischen Heere betrug hier dreißig Stadien: denn dieses verfolgte die Feinde, die vor ihm waren, als wenn es Alle besiegt hätte, und die Truppen bei dem Könige plünderten, als wenn ihr Sieg schon vollständig wäre.

Endlich wurden die Griechen gewahr, daß der König das Lager plünderte, und der König erhielt vom Tissaphernes die Nachricht, daß die Griechen über den linken Flügel siegten und die Verfolgung desselben immer weiter trieben. Sofort sammelte der König seine Leute und stellte sie in Schlachtordnung; Klearch aber ließ den Proxenus, der ihm am nächsten war, rufen und beratschlagte mit ihm, ob man nur mit einer Abteilung, oder mit der ganzen Macht dem Lager zu Hilfe kommen sollte.

Indessen sah man den König wieder anrücken und zwar, wie es schien, gegen das Hintertreffen; man machte also Front gegen ihn und hielt sich fertig, ihn auch auf dieser Seite zu empfangen. Doch der König nahm diese Richtung nicht, sondern auf eben dem Wege, auf welchem er jenseits der linken Flanke des Heeres von Cyrus vorgerückt war, zog er sich wieder zurück, nachdem er vorher diejenigen, die in der Schlacht zu den Griechen übergelaufen waren, nebst dem Tissaphernes mit seinem Corps, an sich gezogen hatte. Denn Tissaphernes war bei dem ersten Angriff nicht geflohen, sondern neben dem Flusse auf die griechischen Peltasten eingedrungen, doch die Griechen verloren dabei keinen Mann; sie öffneten ihre Reihen und griffen den Feind in der Nähe und aus der Ferne mit Wurfspießen an. Episthenes, aus Amphipolis, ein einsichtsvoller Kriegsmann, commandirte sie. Tissaphernes, der sich hierher zurückziehen mußte, kam in das griechische Lager; hier traf er den König an, und so marschirten sie, nachdem sie sich vereinigt hatten, in Schlachtordnung ab. Da ihre Richtung den linken Flügel der Griechen bedrohte, so fürchteten diese, zugleich in der Flanke und im Rücken angegriffen zu werden, und hielten daher für ratsam, diesen Flügel auszudehnen und so aufzustellen, daß er den Fluß im Rücken hätte.

Indem sie so darüber beratschlagten, machte der König schon Front gegen die Griechen, und zwar in derselben Stellung, in welcher er den ersten Angriff getan hatte. Als die Griechen den Feind zum Schlagen fertig und schon in der Nähe sahen, begannen sie wieder den Schlachtgesang und marschirten noch weit mutiger als das erste Mal auf ihn los. Er aber erwartete den Angriff nicht, sondern in noch größerem Abstande, als das erste Mal, ergriff er schon die Flucht; die Griechen verfolgten ihn bis zu einem Dorfe, wo sie Halt machten; denn jenseit des Dorfes war ein Hügel, wo sich die königliche Schar sammelte. Sie bestand aus lauter Reiterei und bedeckte die Anhöhe, so daß man nicht wissen konnte, was hinten vorging. Einige erblickten auch, wie sie versicherten, das königliche Panier, einen goldnen Adler auf einem Schafte.

Als sie endlich auch hier vorrückten, verließ das Cavalleriecorps den Hügel, und zwar nicht geschlossen, sondern zerstreut, so daß er nach und nach ganz von ihnen geräumt wurde. Klearch aber rückte nicht hinauf, sondern ließ unten die Truppen halten und schickte den Syrakusier Lycius nebst einem Andern auf die Anhöhe, um zu sehen, was da hinten vorginge. Lycius brachte die Nachricht herunter, daß sich die Feinde ganz der Flucht überließen. Dies geschah kurz vor Untergang der Sonne.

Nun blieben die Griechen hier stehen, legten die Waffen nieder und ruhten aus. Indessen wunderten sie sich, daß sich weder Cyrus noch irgend Jemand von seiner Begleitung blicken ließ: denn seinen Fall wußte keiner, sondern sie vermuteten, daß er entweder der Verfolgung oder einer andern zufälligen Ursache wegen weiter vorwärts gerückt sei. Ihrerseits überlegten sie also, ob es besser wäre, hier zu bleiben und die Bagage nachkommen zu lassen, oder ins Lager zurückzumarschiren. Sie wählten das Letztere und kamen um die Stunde der Abendmahlzeit zu den Zelten, und so wurde dieser Tag beschlossen. Hier fanden sie nun, außer dem größten Teile der übrigen Bagage, auch alle Eßwaren und Getränke geplündert.

Die Mehl- und Weinwagen, deren Anzahl man auf vierhundert bestimmt, und die Cyrus im Fall eines starken Mangels im Lager zusammengebracht hatte, um sie unter die Griechen zu verteilen, waren sämmtlich den Königlichen in die Hände gefallen. Die meisten Griechen, die überhaupt noch nicht zu Mittag gegessen hatten, weil sich der König schon vorher sehen ließ, mußten also diese Nacht auch ohne Abendbrod zubringen.

Zweites Buch

1. Klearch verweigert dem König die

Waffenauslieferung

Wie Cyrus, im Begriff seinen Bruder Artaxerxes zu bekriegen, das griechische Heer zusammenzog, die Geschichte des Marsches, die Begebenheiten der Schlacht, der Fall des Cyrus, wie ferner die Griechen, in dem Wahne, der Sieg sei allgemein und Cyrus noch am Leben, nach ihrem Rückmarsch ins Lager ausruhten, dies Alles bildete den Inhalt des vorigen Buches.

Als nun mit Tagesanbruch die Heerführer zusammen kamen, wunderten sie sich, daß Cyrus weder selbst erschien, noch einen Boten mit Verhaltungsbefehlen abschickte. Sie beschlossen daher, sich zu rüsten und mit dem Überreste des Gepäcks vorzurücken, um sich mit Cyrus zu vereinigen. Schon waren sie im Aufbruch begriffen, und eben stieg die Sonne empor, als Prokles, Archon von Theutrania,[25] ein Nachkomme des Lacedämoniers Damaratus und Glus, des Tamus Sohn ankamen. Diese brachten die Nachricht: Cyrus sei geblieben und Ariäus habe sich mit seinen Truppen auf den Lagerplatz zurückgezogen, von dem die Armee am Tage vorher abmarschirt war. Zugleich meldeten sie des Ariäus Entschluß, diesen Tag auf sie zu warten, für den Fall, daß sie sich etwa mit ihm vereinigen wollten; am folgenden Tage sei er aber gesonnen, den Rückmarsch nach Ionien anzutreten. Diese Nachricht machte auf die Feldherrn und das ganze Heer den tiefschmerzlichsten Eindruck. Klearch nahm das Wort: »Weh, daß Cyrus nicht mehr lebt! Doch ist er nun tot, dann sagt dem Ariäus, daß wir den König besiegt haben, und daß, wie ihr seht, Niemand mehr gegen uns kämpft, und kamet ihr jetzo nicht, so ging unser Marsch weiter gegen den König. Sagt dem Ariäus, wir wollten ihn, wenn er zu uns stieße, auf den königlichen Thron setzen, denn wer die Schlacht gewann, ist auch zu herrschen berechtigt.« Mit diesem Auftrage entließ er die Gesandten und schickte mit ihnen den Lacedämonier Chirisophus und den Thessalier

25 Im westlichen Kleinasien, am Flusse Kalkus.

Menon, der, als Freund und Gastgenosse des Ariäus, selbst mitzugehen wünschte. Sie gingen und Klearch blieb.

Die Truppen beköstigten sich nun, so gut es die Umstände erlaubten, indem sie von dem Zugvieh Ochsen und Esel schlachteten. Zur Feuerung holten sie sich vom Wahlplatze, eine kleine Strecke vor der Front, Pfeile, deren eine große Menge vorhanden war, – die königlichen Überläufer hatten die ihrigen, auf Geheiß der Griechen, wegwerfen müssen, – geflochtene Schilde, hölzerne ägyptische Schilde, auch viele Tartschen und Wagen, denen das Vorgespann fehlte; dies Alles benutzten sie, um sich für diesen Tag ihre Speisen dabei zu kochen.

Mittags nun kamen Herolde vom Könige und Tissaphernes, von denen nur einer, Phalynus, ein Grieche war. Dieser hielt sich beim Tissaphernes auf und stand in großem Ansehen, denn er gab sich in Taktik und Waffenkunde für einen Kenner aus. Bei ihrer Annäherung riefen sie die griechischen Heerführer und sagten: Da der König die Schlacht gewonnen und den Cyrus getötet habe, so erteile er den Griechen Befehl, die Waffen zu strecken, in sein Hauptquartier zu kommen und sich um seine Gnade zu bewerben. Diesen Antrag der Herolde hörten die Griechen mit Unwillen an; dennoch sagte Klearch nur so viel: Es sei nicht die Sache der Sieger, die Waffen zu strecken. »Indessen«, fügte er hinzu, »mögt ihr Heerführer ihnen antworten, wie es nach eurer Überzeugung Ehre und Nutzen erfordert; ich werde bald wieder hier sein.« Es rief ihn nämlich, weil er eben im Opfern begriffen war, einer der Opferdiener zur Beschauung der Eingeweide ab. Hierauf antwortete der Arkadier Kleanor, als der Älteste: Die Griechen wollten lieber sterben, als die Waffen ausliefern. »Was mich betrifft, Phalynus«, sagte Proxenus aus Theben, »so wünschte ich zu wissen, ob der König die Waffen, als Sieger von Besiegten, oder als Freund von Freunden verlangt. Denn im erstern Falle dürfte er nicht darum bitten, sondern sie abholen; im zweiten aber müßte er den Soldaten sagen, was er ihnen für ihre Gefälligkeit bewilligen wollte.« – »Der König«, erwiderte Phalynus, »glaubt Sieger zu sein, weil er den Cyrus getötet hat, denn wer will ihm jetzt noch die Herrschaft streitig machen? Auch euch glaubt er in seiner Gewalt zu haben, weil ihr mitten in seinen Staaten, diesseits undurchgänglicher Flüsse seid, und weil er euch eine so zahlreiche Macht entgegenstellen kann, daß eure Kräfte erliegen würden, auch wenn er sie eurer Willkür, zur bloßen Niedermetzelung überließe.« Hierauf sprach der Athener Xenophon: »Jetzt, Phalynus, haben wir, wie du siehst, keine anderen Schätze als Waffen und Tapferkeit; im Besitze der ersteren wollen wir auch die letztere nicht verläugnen, denn liefern wir jene aus, so geben wir unser Leben Preis. Erwarte daher nicht, daß wir die einzigen Hilfsmittel, die uns übrig sind, dahin geben werden, mit ihnen wollen wir vielmehr noch um eure Besitzungen kämpfen.« Lächelnd erwiederte Phalynus: »Ei, junger Mann, du scheinst ein Philosoph zu sein, und sprichst nicht übel. Doch glaube nur, es wäre eine Torheit, zu wähnen, daß eure Tapferkeit die Macht des Königs überwinden könnte.« Einige Andere zeigten, wie es hieß, mehr Nachgiebigkeit in ihrer Antwort: sie hätten dem Cyrus treu gedient, und würden auch dem Könige, wenn er ihr Freund werden wollte, entweder in einem Heerzuge gegen Ägypten, oder in irgend einer anderen Unternehmung die wichtigsten Dienste leisten können. Hier kam Klearch dazu und fragte, ob man schon geantwortet hätte. »Die Meinungen«, versetzte Phalynus, »gehen hier sehr auseinander; sag' uns doch die deinige, Klearch.« – »Mit Vergnügen, Phalynus«, erwiederte dieser, »sah ich es, daß du kamst, und ich glaube von allen diesen hier dasselbe versichern zu können. Denn du bist ein Grieche, und wir Alle, die du hier siehst, sind es auch. In dieser Lage nun fragen wir dich auch, was ist in der Sache zu tun? Gib du nun, bei den Göttern, gib uns einen Rat, der nach deiner Überzeugung der ehrenvollste und beste ist, und der auch in der Folge, wenn man erzählt, daß Phalynus ihn einst den Griechen gab, obgleich er von dem Könige dazu abgeschickt war, um ihnen die Niederlegung der Waffen anzubefehlen, dir noch Ehre bringen kann. Denn natürlich wird man, du weißt es, in Griechenland über den Rat sprechen, den du uns geben wirst.« Klearch nahm diese Wendung, um den Abgesandten des Königs selbst zu dem Vorschlage zu stimmen, die Waffen nicht niederzulegen, damit die Griechen desto mehr Mut fassen möchten. Phalynus aber wich ihm aus und antwortete gegen seine Erwartung: »Habt ihr von tausend Hoffnungen nur noch eine, euch durch die Gewalt der Waffen zu retten, so rate ich euch, diese nicht niederzulegen; liegt aber euer Schicksal in den Händen des Königs, so rettet euch, wie ihr könnt.« – »Das wäre also dein Rat«, erwiederte Klearch; »von uns indessen nimm die Antwort zurück: wir wären der Meinung, daß es im Falle eines Bündnisses für den König, im Falle des Bruchs aber für uns vorteilhafter sei, wenn wir die Waffen behalten.« – »Diese Nachricht«, sagte Phalynus, »wollen wir dem Könige bringen. Indessen haben wir noch den Auftrag, euch zu eröffnen, daß der König euch, wenn ihr hier bleibt, einen Vertrag anbietet; marschirt ihr aber vorwärts oder zurück, so habt ihr Krieg. Sagt mir also auch hierüber euren Entschluß.« – »Antworte nur darauf«, sprach Klearch, »daß wir mit dem Könige gleicher Meinung wären.« Phalynus: »Welcher Meinung also?« Klearch: »Bündnis, wenn wir bleiben, Krieg, wenn wir marschiren.« Phalynus: »Soll ich nun Bündnis oder Krieg ankündigen?« Klearch aber wiederholte seine Erklärung, ohne seinen Entschluß zu sagen.

2. Klearch vereinigt sich mit Ariäus zum Rückzug

Phalynus zog nun mit seinen Begleitern ab; vom Ariäus aber kamen Prokles und Chirisophus, denn Menon war bei ihm geblieben, zurück. Diese brachten folgende Antwort von ihm: Es gäbe viele Perser, die ihn an Vorzügen überträfen und dem Plane, ihn zum Könige zu machen, sich wol widersetzen dürften. Wollten die Griechen aber mit fortziehen, so müßten sie noch diese Nacht kommen; wenn nicht, so würde er am folgenden Morgen seinen Rückmarsch antreten. Klearch antwortete: »Ja, so muß es sein, wenn wir kommen; kommen wir nicht, so handelt, wie ihr eurem Vorteile gemäß handeln zu müssen glaubt.« Seinen Entschluß aber sagte er auch diesen nicht. Hierauf, da die Sonne schon unterging, ließ er die Ober- und Unterbefehlshaber zusammenkommen und sprach:

»Als ich, meine Freunde, für den Marsch gegen den König opferte, waren die Anzeichen nicht glücklich, und konnten es auch natürlich nicht sein, denn wie ich eben erfahre, fließt zwischen uns und dem Könige der schiffbare Tigris, über den wir ohne Fahrzeuge (und die fehlen uns doch) nicht kommen könnten. Hier bleiben aber können wir auch nicht, denn wir haben keine Lebensmittel. Doch für eine Vereinigung mit dem Heere des Cyrus gab das Opfer die glücklichsten Anzeichen. Wir müssen daher unsere Maßregeln so nehmen. Jetzt geht nun fort und eßt, so gut es die Umstände erlauben; wenn aber mit dem Horne das Zeichen gegeben wird, das sonst die Nachtruhe andeutet, so packt ein, bei der zweiten Losung beladet die Lasttiere, und bei der dritten folgt eurem Anführer. Das Zugvieh laßt am Flusse gehen und deckt die Seiten mit den Hopliten.«

Hierauf schieden die Heerführer und Hauptleute von ihm und befolgten seine Vorschrift. Auch in der Folge gehorchten sie ihm als Oberfeldherrn, ohne ihn dazu gewählt zu haben, weil sie in ihm allein die Eigenschaften eines guten Anführers vereinigt sahen, und an Erfahrenheit ihm nachstanden. Die Länge des Weges, den die Griechen von Ephesus in Ionien an bis zum Schlachtfelde zurückgelegt hatten, betrug dreiundneunzig Märsche, 535 Parasangen, 16.050 Stadien. Die Strecke aber vom Schlachtfelde bis Babylon betrug, wie es hieß, 360 Stadien.

Nach dem Anbruch der Dunkelheit ging der Thrakier Miltocythes mit seiner ungefähr vierzig Mann starken Reiterei und dreihundert Mann thrakischen Fußvolks zum Könige über. Die übrigen Truppen traten unter Klearchs Anführung, der Verabredung gemäß, den Rückmarsch an und erreichten ihren ersten Standort beim Ariäus und seiner Armee um Mitternacht. Die Heerführer und Hauptleute der Griechen versammelten sich, nachdem sie ihre Leute hatten unter Waffen treten lassen, beim Ariäus, und nun verbanden sie sich mit diesem und den Vornehmsten bei ihm durch einen wechselseitigen Eid, einander nicht zu verraten, sondern gegenseitig treulich beizustehen. Überdies schwuren auch noch die Barbaren, den Marsch ohne Trug zu leiten. Die Eidesleistung geschah bei einem Opfer, das aus einem Eber, Stier, Wolf und Widder bestand, und wobei in einen mit Opferblut gefüllten Schild die Griechen ein Schwert und die Barbaren eine Lanze eintauchten.

Nach Abschließung des Bündnisses sagte Klearch: »Da wir nun, Ariäus, den Rückmarsch gemeinschaftlich machen werden, so sage mir doch deine Meinung über die Richtung desselben. Wollen wir denselben Weg wieder betreten, auf dem wir herkamen, oder glaubst du einen bessern gefunden zu haben?« – »Wenn wir«, erwiderte dieser, »das Erstere tun, so müssen wir Alle Hungers sterben, denn wir haben ja jetzt keine Lebensmittel mehr. Auf den nächsten siebzehn Märschen von hier aus bot uns auf dem Herwege das Land gar nichts dar, und war irgend noch etwas vorhanden, so haben wir es damals schon aufgezehrt. Der Weg aber, den wir jetzt nehmen wollen, ist zwar länger, aber wir werden auch auf ihm keinen Mangel leiden. Nur müssen wir Anfangs äußerst starke Märsche machen, um das königliche Heer so weit als möglich hinter uns zu lassen. Denn wenn wir nur einmal zwei oder drei Märsche voraus haben, so kann uns der König nicht mehr einholen; mit einem Corps wird er die Verfolgung nicht wagen, und mit einer starken Armee kommt er zu langsam vorwärts und ist auch hinsichtlich der Lebensmittel in derselben Lage wie wir. Das ist *meine* Meinung darüber.«

Man verband mit diesem Plane keine andere Absicht, als den Feinden durch die Flucht zu entgehen. Das Glück aber gab der Sache eine rühmlichere Wendung. Mit Anbruch des Tages traten sie, die Sonne zur Rechten, den Marsch an, in der Hoffnung, die sie auch nicht täuschte, mit Sonnenuntergang babylonische Dörfer zu erreichen. Noch in den Nachmittagsstunden aber glaubte man feindliche Reiter zu erblicken; diejenigen Griechen, die gerade nicht in Reihe und Glied marschirten, eilten in ihre Reihen, und Ariäus, der einer Wunde wegen sich fahren ließ, stieg ab und bepanzerte sich sammt seinem Gefolge. Während der Rüstung brachten die vorausgeschickten Späher die Nachricht, daß es keine Reiterei, sondern weidendes Zugvieh wäre. Daraus schloß man allgemein auf die Nähe des königlichen Lagers, zumal da man auch aus naheliegenden Dörfern Rauch aufsteigen sah. Klearch führte nun zwar seine Leute nicht gegen den Feind – denn er nahm sowol darauf, daß sie müde waren und noch nichts gegessen hatten, als auf die späte Tageszeit Rücksicht – doch gab er, um den Schein einer Flucht zu vermeiden, dem Marsche keine andere Richtung, sondern zog gerade vorwärts und rückte bei Sonnenuntergang an der Spitze des ersten Heerhaufens in die nächsten Dörfer ein, wo die königlichen Truppen sogar das Holzwerk von den Häusern heruntergerissen hatten. Die Ersten quartierten sich in die Dörfer ungefähr in derselben Ordnung ein, die man im Felde beobachtete; die letzten Truppen aber, die mit einbrechender Nacht anrückten, übernachteten, wie es der Zufall fügte, und machten dadurch, daß sie einander zuriefen, einen solchen Lärm, daß er den Feinden hörbar wurde, von denen die nächsten sogar aus ihren Zelten entflohen. Dies wurde man am folgenden Tage gewahr, denn da war kein Vieh, kein Lager und kein Rauch mehr zu sehen. Selbst der König schien über die Ankunft der Feinde bestürzt zu sein, wie man aus den Maßregeln, die er am folgenden Tage nahm, wahrnehmen konnte. Indessen gerieten bei zunehmender Nacht auch die Griechen in Furcht, und es entstand daraus, wie es in solchen Fällen zu gehen pflegt, Lärm und Getümmel. Klearch, der grade den Eleer Tolmides, den besten Herold seiner Zeit, bei sich hatte, befahl diesem Ruhe zu gebieten und auszurufen: »Die Heerführer ließen bekannt machen, daß derjenige, der angeben könnte, wer den Esel ins Lager habe laufen lassen, ein Talent Silber zur Belohnung erhalten solle.« Nach diesem Ausruf erkannten die Griechen, daß es ein leerer Schrecken gewesen war, und daß ihren Anführern nichts fehlte. Mit der Dämmerung ließ

Klearch die Griechen in die Ordnung treten, die sie im Treffen inne gehabt hatten.

3. Die Griechen schließen mit den Persern

Waffenstillstand

Daß der König, wie oben erwähnt, über den Anmarsch der Feinde erschrocken war, lag am Tage. Denn ungeachtet er noch Tags zuvor den Griechen die Auslieferung der Waffen hatte anbefehlen lassen, schickte er doch jetzt am frühen Morgen Herolde ab, um ihnen einen Vertrag anzubieten. Die Vorposten meldeten das Verlangen derselben, mit den Heerführern zu sprechen, und erhielten vom Klearch, der eben mit der Musterung beschäftigt war, Befehl, sie zur Geduld zu verweisen, bis er Muße hätte. Nachdem er die Truppen so gestellt hatte, daß sie, in eine dichte Phalanx gedrängt, den herrlichsten Anblick gewährten und kein Unbewaffneter zu sehen war, ließ er die Boten zu sich rufen und trat ihnen an der Spitze einer ausgewählten Mannschaft, die sich durch ihre Rüstung und ihr Ansehen empfahl, entgegen, was nach seiner Vorschrift auch die übrigen Heerführer taten. Auf seine Frage nach ihrem Begehren antworteten sie: der König habe Personen bevollmächtigt, um zwischen ihm und den Griechen einen Vertrag zu schließen und die wechselseitigen Bedingungen zu überbringen. »Nun so sagt ihm«, erwiederte Klearch, »wir müßten uns vor Allem schlagen, denn wir hätten nichts zu essen und ohne dafür gesorgt zu haben, würde es Keiner wagen, den Griechen von Waffenstillstand zu reden.« Auf diesen Bescheid ritten die Herolde fort, und bei ihrer Rückkunft, die sehr bald erfolgte, und auf die Nähe des Königs oder einer andern bevollmächtigten Person schließen ließ, sagten sie: ihre Gründe leuchteten dem Könige ein, und sie kämen mit Wegweisern, um ihnen, wenn sie zu einem Vertrage geneigt wären, Lebensmittel anzuweisen. Klearch fragte weiter: ob sich der Waffenstillstand nur auf die hin- und zurückgehenden Unterhändler oder auf Alle erstrecken solle. »Auf Alle«, erwiederten sie, »so lange, bis der König eure Anträge gehört hat.« Hierauf ließ Klearch sie abtreten und legte die Sache den Heerführern zur Beratschlagung vor. Diese hielten es allgemein für ratsam, den Vertrag sogleich anzunehmen, um ohne Schwierigkeit Lebensmittel zu erhalten. »Auch ich«, sagte Klearch,

»bin dieser Meinung; indessen will ich mich nicht sogleich erklären, sondern eine Weile zögern, bis sie besorgt werden, ob wir den Vertrag auch annehmen möchten. Ja, ich glaube, selbst unsere Soldaten werden dasselbe befürchten.« Als es ihm nun Zeit schien, machte er seine Einwilligung zu dem Vertrage bekannt und verlangte, daß die Abgesandten sogleich zu dem Empfange der Lebensmittel den Weg zeigten. Dies geschah, und Klearch ließ nun, um den Vertrag zu schließen, das Heer, dessen Hintertreffen er führte, in Ordnung den Marsch antreten. Da man auf diesem Wege Graben und Kanäle antraf, die voll Wasser waren, und ohne Brücken nicht passirt werden konnten, so bewerkstelligte man den Übergang dadurch, daß man Palmbäume, die teils schon da lagen, teils erst gefällt wurden, darüber hinwarf. Auch hier zeigte sich Klearch als Anführer von der trefflichsten Seite; die linke Hand mit einer Lanze, die rechte mit einem Stocke bewaffnet, gab er Achtung, und wenn er unter den zu diesem Geschäfte commandirten Soldaten einen bemerkte, der sich lange besann und eine bequeme Stelle auswählte, so züchtigte er ihn und legte dann selbst, auch wenn er in Schlamm waten mußte, Hand ans Werk. Die Scham ermunterte nun Alle, gleiche Tätigkeit zu beweisen. Eigentlich waren zu dieser Arbeit nur Leute bis ins dreißigste Jahr beordert; als aber die ältern den Klearch so tätig sahen, griffen auch sie das Werk an. Klearch eilte um so mehr, dieses Hindernis bald aus dem Wege zu räumen, weil er vermutete, daß die Gräben nicht immer so voll Wasser wären, sondern daß der König durch die Bewässerung dieses Feldes, die der Jahreszeit gar nicht anpaßte, den Griechen nur die vielen Schwierigkeiten ihres ferneren Marsches habe vorspiegeln wollen. Sie setzten dann ihren Zug fort und kamen in die Dörfer, wo nach Angabe der Wegweiser Lebensmittel anzutreffen waren. Man fand daselbst viel Getreide, nebst Palmwein und Palmessig. Die Datteln von der Größe, wie man sie in Griechenland sieht, werden fürs Gesinde aufgehoben; die ausgewählten aber, Stücke von bewundernswürdiger Größe und Schönheit, und an Farbe dem Bernstein ganz gleich, sind den Herrschaften bestimmt. Manche pflegen sie zu trocknen und zum Nachtisch aufzusetzen. Auch das Getränk davon schmeckte angenehm, verursachte aber Kopfweh. Hier aßen die Soldaten auch zum ersten Male Palmmark, und viele konnten sich über die Gestalt und den eignen Wohlgeschmack desselben nicht genug wundern. Es verursachte aber ebenfalls starken Kopfschmerz. Der Palmbaum, aus dem das Mark herausgenommen war, verdorrte gänzlich.

Während ihres hiesigen Aufenthalts, der drei Tage dauerte, kam Tissaphernes, nebst dem Bruder der Königin und noch drei anderen Personen, mit einem starken Gefolge von Sklaven, von dem Großkönige zu ihnen. Die griechischen Heerführer waren ihnen entgegen gegangen und Tissaphernes hielt durch einen Dolmetscher folgende Anrede an sie:

»Da ich, ihr Griechen, als Griechenlands Nachbar, es sah, in was für schlimme und rettungslose Lagen ihr euch stürztet, so hielt ich es für ein nicht leicht zu hoffendes Glück, wenn es mir gelänge, von dem Könige die Erlaubnis zu erwirken, euch wohlbehalten in euer Vaterland zurückzubringen, denn für diesen Dienst glaube ich doch auf euern und des ganzen Griechenlandes Dank rechnen zu dürfen. In dieser Voraussetzung bat ich den König und gründete meine Ansprüche auf seine Bewilligung darauf, weil ich ihn zuerst von den Absichten des Cyrus unterrichtete, und mit dieser Nachricht zugleich auch Hilfstruppen mitbrachte; weil ich ferner von den persischen Feldherren, die gegen euch fochten, der einzige war, der nicht floh, sondern sich durchschlug und mit dem Könige in eurem Lager, wohin er nach Cyrus' Fall vorgedrungen war, vereinigte, weil ich endlich die barbarischen Truppen des Cyrus eben mit dem Corps, das ich mitbrachte, und das aus den getreusten Leuten des Königs besteht, verfolgte. Der König versprach mir, die Sache in Überlegung zu ziehen, doch trug er mir auf, euch zu fragen, warum ihr gegen ihn gefochten habt. Wenn ihr euch nun raten laßt, so antwortet gemäßigt, um mich zu unterstützen, der ich mich bei ihm für euer Wohl verwende.«

Hierauf entfernten sich die Griechen, um zu beratschlagen und brachten folgende Antwort, die Klearch vortrug, zurück: »Weder beim Zusammenziehen unserer Truppen, noch später auf dem Marsche hatten wir die Absicht, den König zu bekriegen. Aber Cyrus, wie dir auch sehr wohl bekannt ist, erfand mancherlei Vorwände, um uns nach Oberasien zu führen, und euch recht unvermutet anzugreifen. Da wir nun seine Absicht erst dann erfuhren, als er sich schon in der schlimmsten Lage befand, so bewog uns die Scheu vor Göttern und Menschen, einen Mann, von dem wir uns vorher hatten Wohltaten erzeigen lassen, nicht zu verraten. Jetzt aber, da Cyrus tot ist, haben wir keinen Grund mehr, gegen das Leben oder die Herrschaft des Königs feindliche Absichten zu hegen, oder seine Länder zu verwüsten; nur wolle man uns ungefährdet in unser Vaterland ziehen lassen. Gegen den, der uns angreift, werden wir uns mit Hilfe der Götter zu wehren wissen; behandelt man uns aber freundschaftlich, so wollen wir Alles aufbieten, um uns auch hierin nicht übertreffen zu lassen.«

»Diese Erklärung«, sagte Tissaphernes, »will ich dem Könige bringen und euch seine Antwort darauf bekannt machen. Bis dahin dauert der Waffenstillstand fort, und wir versorgen euch mit Lebensmitteln.« Am folgenden Tage blieb er aus, und die Griechen fingen schon an besorgt zu werden. Am dritten Tage aber kam er und brachte folgende Antwort: »Ich habe es nun beim Könige ausgewirkt, euch in Frieden nach Griechenland zurückzuführen, obgleich mir Viele aus dem Grunde widersprachen, daß es der Ehre des Königs entgegen sei, seine Feinde so ruhig ziehen zu lassen. Und nun, sagte er am Schlusse, könnt ihr euch von uns die Versicherung geben lassen, daß ihr in unserem Lande nichts zu besorgen habt, sondern Lebensmittel und sicheres Geleit nach Griechenland erhaltet werdet. Da, wo wir euch etwa keinen Marktplatz anweisen, dürft ihr euch das Nötige selbst aus der umliegenden Gegend nehmen. Ihr müßt uns aber auch im Gegenteil schwören, friedlich durch unser Land zu ziehen, da, wo kein Markt ist, nur Essen und Trinken zu nehmen, auf den Marktplätzen aber die Lebensmittel bar zu bezahlen.«

Dies wurde genehmigt und von beiden Teilen beschworen, wobei Tissaphernes und der Bruder der Königin mit den griechischen Heerführern und Hauptleuten den Handschlag wechselten. Hierauf sagte Tissaphernes: »Jetzt gehe ich nun wieder zum Könige, nach Beendigung meiner Geschäfte aber komme ich marschfertig wieder, um in meine Provinz abzugehen und euch nach Griechenland zu bringen.«

4. Tissaphernes führt die Griechen über den Tigris

Ariäus und das griechische Heer, die sich nahe neben einander gelagert hatten, warteten auf den Tissaphernes über zwanzig Tage. Während dieser Zeit erhielt Ariäus einen Besuch von seinen Brüdern und anderen Verwandten und zu seinen Truppen kam eine Anzahl Perser, die ihnen teils gute Hoffnung machten, teils sogar im Namen des Königs die Versicherung gaben, daß er weder ihren mit dem Cyrus unternommenen Kriegszug, noch irgend einen andern ihrer früher begangenen Fehler strafen würde. Nach diesem Vorfalle äußerte sich bei Ariäus und seinem

Heere eine sichtbare Kälte gegen die Griechen. Mehreren unter diesen fiel es auf; sie kamen deshalb zum Klearch und sagten zu ihm und den übrigen Anführern:

»Worauf warten wir noch? Ist es uns etwa unbekannt, daß der König nichts lieber sehen würde, als unser Verderben, um auch die andern Griechen von Kriegszügen gegen ihn abzuschrecken? Er hält uns jetzt absichtlich hier auf, weil seine Truppen zerstreut sind; sobald er diese wieder zusammengezogen hat, was sollte ihn dann abhalten, uns anzugreifen? Vielleicht zieht er auch irgendwo Gräben oder wirft Schanzen auf, um uns den Rückzug abzuschneiden. Denn gutwillig wird er uns wol nicht nach Griechenland die Nachricht bringen lassen, daß wir, solch ein Häuflein, die Heeresmacht des Königs in der Nähe seiner Hauptstadt besiegten und dann lachend abzogen.«

Klearch erwiederte: »So sehr ich einerseits euren Gedanken meinen Beifall nicht versagen kann, so sehe ich doch auch andrerseits, daß wir uns, wenn wir jetzt fortziehen, dem scheinbaren Vorwurfe aussetzen, den Vertrag gebrochen und die Feindseligkeiten erneuert zu haben. Ferner, wer würde uns einen Marktplatz anweisen, oder Lebensmittel nehmen lassen? Wer würde unsern Marsch leiten? Sobald wir diesen Schritt tun, fällt Ariäus sogleich von uns ab, und dann haben wir nicht nur unsre Freunde verloren, sondern sie uns auch zu Feinden gemacht. Ob wir, außer dem Euphrat, noch über andere Flüsse zu setzen haben, weiß ich nicht; daß aber der Übergang über jenen Fluß, wenn ihn der Feind streitig macht, unmöglich wird, ist bekannt. Auch haben wir, wenn es zur Schlacht käme, keine Reiterei zur Unterstützung, die des Feindes hingegen ist sehr zahlreich und trefflich. Welchen Verlust würden wir da dem Feinde zufügen, gesetzt auch, wir erhielten den Sieg; im andern Falle aber käme von uns nicht ein Mann davon. Warum sollte also der König, dem so viele Hilfsmittel zu Gebote stehen, wenn er unser Verderben wollte, erst für nötig befunden haben, seine Versicherung zu beschwören, die Götter durch einen Meineid zu erzürnen und das den Griechen und Barbaren gegebene Versprechen zurückzunehmen?«

Diese und ähnliche Einwendungen machte Klearch. Indessen kam Tissaphernes, um, wie es schien, in die Provinz abzugehen und Orontes,[26] jeder mit seinem Corps. Letzterer führte auch die Tochter des

26   Statthalter in Armenien.

Königs, die ihm vermählt war, mit sich. Die Armee zog nun, unter der Leitung des Tissaphernes, der auch die Besorgung der Lebensmittel übernahm, weiter. Ariäus, der des Cyrus Barbarenheer befehligte, marschirte in Verbindung mit dem Tissaphernes und Orontes, und schlug auch sein Lager bei ihnen auf. Die Griechen aber, die ihnen nicht recht trauten, marschirten, von eignen Wegweisern geführt, besonders und lagerten sich auch immer in einer Entfernung von ihnen, die eine Parasange oder etwas weniger betrug. Jeder Teil glaubte in dem andern einen Feind zu erblicken, und das machte sie argwöhnisch. Wenn mitunter die Soldaten, die nach Holz oder Futter ausgingen, an einem Orte zusammentrafen, so entstanden Schlägereien, die zu der feindseligen Stimmung das Ihrige beitrugen. Nach drei Tagen kamen sie zur medischen Mauer und setzten nun jenseits derselben ihren Marsch fort. Diese, in der Nähe Babylons, ist von Backsteinen, die mit Erdharz verkittet sind, erbaut, zwanzig Fuß breit und hundert Fuß hoch, ihre Länge beträgt, den Angaben nach, zwanzig Parasangen. – Hierauf marschirten sie in zwei Tagen acht Parasangen und gingen über zwei Kanäle, über den einen auf einer Brücke, über den andern auf sieben Fahrzeugen, die ein Ufer mit dem andern verbanden. Die Kanäle sind aus dem Tigris abgeleitet, und aus ihnen ziehen sich Gräben über das Land, Anfangs große, dann kleinere, und endlich ganz kleine, wie man sie in Griechenland auf Buchweizenfeldern sieht. Nun kam man zum Tigris, wo Sitace, eine große und volkreiche Stadt, fünfzehn Stadien abwärts vom Flusse liegt. Hier lagerten sich die Griechen in der Nähe eines schönen, großen, mit Bäumen aller Art dicht bewachsenen Gartens. Die Barbaren aber, die über den Tigris gingen, konnte man nach ihrem Übergange nicht mehr sehen.

Als Proxenus und Xenophon nach dem Abendessen vor dem Lager spazieren gingen, kam ein Unbekannter zu den Vorposten und äußerte den Wunsch, mit Proxenus oder Klearch sprechen zu können. Nach Menon fragte er nicht, obgleich er vom Ariäus, dem Gastfreunde Menons kam. – Auf die Erklärung des Proxenus, er sei, den er suche, sagte der Unbekannte: »Ariäus und Artaozus, des Cyrus ehemalige Anhänger und eure Freunde lassen euch durch mich empfehlen, gegen einen feindlichen Überfall in dieser Nacht auf eurer Hut zu sein. Denn in dem benachbarten Tiergarten liegt ein zahlreiches Truppencorps. Sie raten euch ferner, die Tigerbrücke zu besetzen, weil Tissaphernes Willens ist, sie in dieser Nacht womöglich abzubrechen, damit ihr dann außer

Stande, den Fluß zu passiren, auf die Fläche zwischen diesem und dem Kanale eingeschränkt würdet.« Nach dieser Erklärung führten sie ihn zum Klearch, der über diese ihm mitgeteilte Nachricht in nicht geringe Bestürzung geriet. Ein junger Mann[27] aber unter den anwesenden Personen, der die Sache erwogen hatte, machte die Bemerkung: das Abwerfen der Brücke sei dem Plane, die Griechen zu überfallen, nicht angemessen. »Denn natürlich müssen sie«, fuhr er fort, »bei dem Überfalle entweder gewinnen oder verlieren; gewinnen sie, so sehe ich nicht ein, was es ihnen nützen würde, die Brücke abgebrochen zu haben; denn auch bei einer Menge von Brücken würde uns doch kein Ausweg zur Flucht und Rettung offen stehen. Erklärt sich aber der Sieg für uns, so hätten sie sich selbst durch das Abwerfen der Brücke den Weg zur Flucht gesperrt und von den jenseitigen Truppen, wären sie auch noch so zahlreich, würden sie keine Unterstützung erhalten können.« Hierauf befragte Klearch den Boten über die Größe der Landschaft zwischen dem Tigris und dem Kanale. Sie ist weitläufig, erwiederte dieser, und enthält eine Menge von großen Dörfern und Städten. Nun sah man erst ein, daß die ganze Nachricht eine Kriegslist der Barbaren war, welche besorgten, die Griechen möchten jenseits der Brücke auf der Insel bleiben, hier wären sie auf der einen Seite durch den Tigris, auf der andern durch den Kanal gedeckt; die dazwischen liegende weite und fruchtbare Landschaft, der es auch nicht an Leuten fehlte, die sie bebauen würden, könnte ihnen Lebensmittel liefern, und ein etwaiger Feind des Königs möchte dann hierher seine Zuflucht nehmen, um ihn von hier aus zu befehden. Man begab sich nun zur Ruhe, ließ aber dennoch die Brücke bewachen; allein es geschah kein Überfall, und keiner von den Feinden hatte sich laut Aussage der Wache ihr genähert. Bei dem Anbruch der Morgenröte wurde der Übergang über die Brücke, die aus siebenunddreißig Fahrzeugen zusammengesetzt war, mit möglichster Vorsicht bewerkstelligt, denn Einige der Griechen, die beim Tissaphernes waren, hatten die Nachricht gebracht, daß der Angriff während des Überganges erfolgen würde; allein dies war ganz unrichtig. Zwar näherte sich, während des Marsches über die Brücke, Glus mit einigen Begleitern, um zu sehen, ob die Griechen über den Fluß gehen würden; allein er eilte sogleich zurück, als er sich davon überzeugt hatte.

27   Wahrscheinlich Xenophon selbst, der sich aus Bescheidenheit nicht nennt.

Von hier aus legten sie in vier Märschen zwanzig Parasangen zurück und kamen zum Physkus; dieser Fluß war ein Plethrum breit und trug eine Brücke. An ihm liegt Opis, eine große Stadt. Hier begegnete den Griechen der uneheliche Bruder des Cyrus und Artaxerxes, der von Susa und Ekbatana aus dem Könige ein starkes Hilfscorps zuführte. Er ließ seine Truppen Halt machen und sah sich den Vorbeimarsch der Griechen an. Klearch ließ die Armee in einer Colonne, die Compagnie zwei Mann hoch, marschiren und von Zeit zu Zeit halten; so lange nun das Vordertreffen hielt, so lange mußte notwendig der Stillstand durch das ganze Heer dauern. Dies gab der Armee selbst in den Augen der Griechen das Ansehen einer außerordentlichen Größe und setzte den zuschauenden Perser in Erstaunen. Hierauf setzten sie ihren Zug durch Medien fort und legten in sechs Märschen durch wüste Gegenden dreißig Parasangen zurück bis zu den Dörfern der Parysatis, der Mutter des Cyrus und des Königs. Diese Ortschaften überließ Tissaphernes, um das Andenken des Cyrus zu schmähen, den Griechen zur Plünderung. Sklaven nur durften sie nicht mitnehmen, sonst aber erbeuteten sie hier viel Getreide, Vieh und andere Sachen. Von hier aus zogen sie, den Tigris zur Linken, in fünf Märschen durch Wüsteneien zwanzig Parasangen fort. Auf dem ersten Marsche brachten die Einwohner von Cänä, einer großen und blühenden Stadt jenseit des Flusses, auf ledernen Fahrzeugen Brod, Käse und Wein herüber.

5. Klearch gefangen. Ariäus' offener Verrat

Sie rückten weiter und kamen an den Zabatus,[28] einen vier Plethren breiten Strom und rasteten drei Tage daselbst. Während dieser Zeit beobachtete man sich wieder argwöhnisch, wiewol man keine Nachstellungen entdecken konnte. Klearch hielt es daher für gut, sich mit Tissaphernes darüber zu besprechen und womöglich dem Verdachte ein Ende zu machen, ehe er in Feindseligkeiten ausbräche. Er ließ ihm seinen Wunsch nach einer Zusammenkunft eröffnen und Tissaphernes nahm sie an. Bei dieser sprach Klearch:

»Trotz des Eidschwurs, der uns, Tissaphernes, gegenseitig verpflichtet, einander keinen Schaden zu tun, bemerke ich doch, daß du uns wie

28 Von andern griechischen Schriftstellern auch Lykus genannt; heute Zab.

Feinde beobachtest, und bei Wahrnehmung deines Argwohns brauche ich natürlich eine gleiche Vorsicht gegen dich. Da ich aber bei aller Aufmerksamkeit keine feindliche Veranstaltung deinerseits bemerken kann und überzeugt bin, daß auch wir keine bösen Absichten hegen, so habe ich es für dienlich gehalten, mit dir darüber zu sprechen, um womöglich das Mißtrauen unter uns zu heben. Denn es ist mir aus der Erfahrung bekannt, daß Menschen durch Verleumdung oder bloßen Verdacht gereizt, ihren vermeinten Gegnern, die vielleicht gar nicht Böses vermuten oder beabsichtigen, zuvorzukommen suchen und oft unersetzlichen Schaden zufügen. Da ich nun glaube, daß dergleichen Mißverständnisse am Besten durch eine mündliche Erklärung gehoben werden können, so komme ich her, um dir zu beweisen, daß dein Mißtrauen gegen uns keinen Grund hat. Das erste und wichtigste Hindernis, das uns abhalten muß, einander feindlich zu behandeln, ist der Eid, den wir bei den Göttern uns schwuren. Wer sich bewußt ist, diesen verletzt zu haben, an dessen Stelle möchte ich nicht sein; ihn würde, meiner Vorstellung nach, weder die größte Schnelligkeit, noch die ärgste Finsternis, noch die festeste Burg vor dem Zorne der Götter schützen können: denn ihnen ist Alles unterworfen, und überall herrschen sie mit gleicher Gewalt. So denke ich über die Götter und den Eid, durch den wir uns vor ihren Augen wechselseitige Freundschaft zusicherten. Auf Erden aber halte ich dich gegenwärtig für unsre vornehmste Stütze; denn unter deiner Anführung finden wir überall offene Bahn, gehen über jeden Fluß und leiden nie Mangel: ohne dich aber tappen wir im Finstern, denn wir wissen den Weg nicht; jeder Fluß macht uns Schwierigkeit, jeder Wohnsitz ist uns furchtbar, und noch weit furchtbarer ist es uns, von Menschen ganz entfernt zu sein, ein Zustand, der uns in jeder Rücksicht in die äußerste Verlegenheit setzt. Wären wir aber auch wahnsinnig genug, dir das Leben zu nehmen, würden wir wol durch die Ermordung unseres Wohltäters einen andern Zweck erreichen, als daß wir uns der Ahndung seines mächtigsten Mitkämpfers, des Königs, aussetzten? Im Gegenteil will ich dich an die vorteilhaften Aussichten erinnern, die ich mir selbst durch ein feindseliges Verfahren gegen dich rauben würde. Ich suchte des Cyrus Freundschaft, weil er mir damals unter Allen am fähigsten schien, seinen Freunden nützlich zu werden. Jetzt nun sehe ich, daß du mit deiner vorigen Herrschaft auch noch die Macht und das Gebiet des Cyrus verbindest und an eben dem Könige, den Cyrus bekämpfte, einen Bundesgenossen hast. Wer könnte unter diesen Umständen wol so töricht sein, deine Freundschaft gering zu schätzen? Doch andrerseits muß ich auch die Gründe anführen, worauf ich meine Hoffnung stütze, daß auch unsere Freundschaft dir schätzbar sein muß. Es ist mir bekannt, daß die Mysier eure Feinde sind; diese nun hoffe ich mit den gegenwärtigen Truppen euch zu unterwerfen. Dasselbe gilt auch von den Pisidiern und so hörte ich noch von mehreren Völkerschaften dieser Art, denen ich die Macht, euch beständig zu beunruhigen, zu benehmen gedenke. Was die Ägypter anbetrifft, gegen die ihr jetzt, wie ich sehe, am Meisten aufgebracht seid, so sehe ich nicht ein, welcher Hilfstruppen ihr euch, um jene zu züchtigen, mit größerem Vorteil bedienen könntet, als derer, die unter meinem Commando stehen. Noch mehr, wie wichtig müßte deine Freundschaft jedem deiner Nachbarn sein, dem du sie schenken wolltest, und wie leicht könntest du Jeden, der dich beleidigte, mit unserer Hilfe, gleichsam als sein Oberherr, zum Gehorsam bringen, da wir dir nicht blos des Soldes wegen, sondern auch aus Dankbarkeit, die dir für unsre Erhaltung gebührte, dienen würden. Wenn ich dies Alles, was uns zur Anhänglichkeit an dich auffordert, mit deinem Mißtrauen gegen uns vergleiche, so ist mein Erstaunen darüber so groß, daß ich den mächtigen Redner kennen zu lernen wünsche, der im Stande wäre, zu beweisen, daß wir dir nachstellen.«

Auf diese Rede Klearchs antwortete Tissaphernes: »Mit Vergnügen, Klearch, habe ich deinem Vortrage voller Weisheit zugehört. Nach diesem zu urteilen, müßtest du selbst dein Unglück wollen, wenn du feindselige Absichten gegen mich hegtest. Um dich aber zu überzeugen, daß auch euer Mißtrauen gegen den König oder gegen mich ungerecht wäre, so höre nun auch mich.

Glaubst du wol, daß es uns, wenn wir euern Untergang wünschten, an Reiterei oder Fußvolk oder Waffen fehlen würde? In dieser Hinsicht könnten wir euch wol Schaden zufügen, ohne selbst etwas dabei zu wagen. Oder glaubst du, daß uns nicht Gegenden genug bekannt sind, deren Lage unsre Angriffe auf euch begünstigen würde? Mit welcher Gefahr würdet ihr durch so zahlreiche Ebenen, deren Einwohner uns zugetan sind, marschiren. Seht die vielen Gebirge vor euch, die ihr übersteigen müßt und die wir vorher besetzen könnten, um sie euch unübersteiglich zu machen. Bedenkt doch die Menge von Flüssen, die uns die Bequemlichkeit verschaffen, nach Gutdünken mit einer größeren oder kleinern Anzahl von euch zu kämpfen, und die ihr zum Teil ohne unsre Hilfe durchaus nicht überschreiten könnt! Doch wenn wir auch alle diese Vorteile nicht hätten, so stünde uns noch das Feuer zu Gebote, um die Lebensmittel zu vernichten und euch so dem Hunger gegenüber zu stellen, dem ihr auch mit aller möglichen Tapferkeit nicht gewachsen sein würdet. Wie sollten wir nun unter allen diesen Mitteln, die sich uns zum Angriffe gegen euch darbieten, und von denen noch dazu kein einziges mit Gefahr für uns verbunden ist, gerade das Eine wählen, das uns dem Zorne der Götter und der Verachtung der Menschen aussetzen würde? Dies läßt sich durchaus nur von Menschen erwarten, die aller Hilfsmittel beraubt, der Notwendigkeit nachgeben und schlechtdenkend genug sind, um sich zur Erreichung ihrer Absichten durch Meineid und Treulosigkeit an Göttern und Menschen zu versündigen. So unverständig, so unbedachtsam, Klearch, sind wir nicht. Warum wir nun aber, da euer Verderben in unsern Händen war, euch dennoch kein Leid zufügten? Deswegen, Klearch, weil ich wünsche, mir das Vertrauen der Griechen zu erwerben und mit denselben Truppen, auf deren besoldete Treue gestützt Cyrus hier eindrang, von ihrer Dankbarkeit gegen sie selbst gesichert, zurückzumarschiren. Was die Dienste anbetrifft, die ihr mir leisten könnt, so weiß ich außer denen, die du angeführt hast, noch einen sehr wichtigen Dienst. Nämlich, wenn es auch dem Könige allein erlaubt ist, sein Haupt aufrecht mit dem Diadem zu schmücken:[29] so dürfte es doch vielleicht auch einem Andern, in Verbindung mit euch, nicht schwer werden, sich des Diadems würdig zu machen.«

Klearch, der diese Äußerungen für aufrichtig hielt, erwiederte hierauf: »Wer also bei solchen Aufforderungen zur Freundschaft unter uns hinfort sich unterstehen sollte, durch Verleumdung uns zu entzweien, macht sich der strengsten Ahndung schuldig.« – »Wenn ihr«, sprach Tissaphernes, »Ober- und Unterbefehlshaber, öffentlich zu mir kommen wollt, so will ich euch öffentlich diejenigen nennen, die dich der Verräterei gegen mich und meine Armee beschuldigen.« – »Ich werde sie alle mitbringen«, antwortete Klearch, »und dann auch dir diejenigen anzeigen, die mir ein Gleiches von dir gesagt haben.« – Nach diesen Erklärungen lud Tissaphernes den Klearch, um ihm seine freundschaftlichen Gesinnungen zu zeigen, zur Tafel. Als am folgenden Tage Klearch wieder ins Lager zurückkam, sah man deutlich, wie überzeugt er war, mit Tissaphernes sehr gut zu stehen: er teilte die Äußerungen desselben

29   Die anderen vornehmen Perser trugen das Diadem zurückgebogen.

mit und fügte hinzu, diejenigen, die er nennen würde, sollten mit ihm zum Tissaphernes gehen, und wer dann der Verleumdung überführt würde, müßte als Verräter und Feind seiner Landsleute gestraft werden. Er hatte nämlich den Menon in Verdacht, weil dieser sich mit dem Ariäus zum Tissaphernes begeben hatte, ihm, dem Klearch, abgeneigt war und, um sich den Tissaphernes zum Freunde zu machen, das ganze Heer an sich zu ziehen suchte. Zugleich wünschte Klearch die Anhänglichkeit der Armee ungeteilt zu besitzen und alle Gegner daraus zu entfernen. Einige Soldaten aber widersetzten sich seiner Forderung, daß alle Hauptleute und Heerführer mitgehen sollten und rieten zum Mißtrauen gegen Tissaphernes. Klearch aber behauptete mit Heftigkeit seine Meinung, bis er es durchsetzte, daß fünf Heerführer und zwanzig Hauptleute zur Begleitung bestimmt wurden. Ihnen folgten, unter dem Vorwande, den Markt zu besuchen, ungefähr zweihundert Soldaten.

Als sie im Hauptquartier des Tissaphernes angekommen waren, wurden die Heerführer hineingerufen, Proxenus aus Böotien, Menon aus Thessalien, der Arkadier Agias, Klearch aus Sparta und der Achäer Sokrates; die Hauptleute aber blieben draußen. Nicht lange nachher wurden auf ein gegebenes Zeichen die Feldherren im Innern gefangen genommen und die Hauptleute auf dem äußern Platze niedergehauen. Hierauf verbreitete sich eine Anzahl feindlicher Reiter auf dem Felde, die alle Griechen, die sie antrafen, Sklaven und Freie niedermetzelten. Voll Verwunderung über diese herumschwärmende Cavallerie, die sie vom Lager aus sehen konnten, hatten die Griechen noch keinen Entschluß gefaßt, als der Arkadier Nikarchus, in den Unterleib verwundet und mit den Eingeweiden in den Händen daher geflohen kam und den ganzen Vorfall erzählte. Sogleich liefen sie Alle bestürzt zu den Waffen, in der Erwartung, den Feind bald vor dem Lager zu sehen. Es kamen aber nur Ariäus, Artaozos und Mithridates, des Cyrus ehemalige Hausfreunde, – der griechische Dolmetscher versicherte, auch den Bruder des Tissaphernes in ihrer Gesellschaft zu sehen – mit einer Bedeckung von ungefähr dreihundert geharnischten Persern. Sie hatten sich genähert und forderten nun alle griechischen Ober- und Unterbefehlshaber auf, heranzukommen, weil sie ihnen eine Botschaft vom Könige mitzuteilen hätten.

Nach getroffenen Vorsichtsmaßregeln traten die Heerführer Kleanor aus Orchomenus und der Stymphalier Sophänetus hervor. Sie begleitete der Athener Xenophon, um sich nach dem Schicksale des Proxenus zu erkundigen. Chirisophus aber war abwesend, denn er stand gerade mit einer Mannschaft in Proviantangelegenheiten in einem Dorfe. Als sie sich hinlänglich genähert hatten, um einander hören zu können, sprach Ariäus: »Ihr Griechen! Klearch hat für seinen Meineid und für die Verletzung des Bündnisses, deren man ihn überführt hat, die verdiente Todesstrafe erlitten. Proxenus aber und Menon, die den Verrat desselben anzeigten, stehen dafür bei uns in großem Ansehen. Der König läßt euch nun die Waffen abfordern, weil sie, als ehemaliges Eigentum des Cyrus, seines Sklaven, ihm gehören.« Die Griechen gaben folgende Antwort, die Kleanor aus Orchomenus vortrug: »Ariäus, du Schande der Menschheit, und ihr Andern, des Cyrus ehemaligen Freunde, habt ihr denn alle Achtung vor Göttern und Menschen verloren, daß ihr, nach Ablegung des Schwurs, mit uns nur einerlei Freunde und Feinde zu haben, in Verbindung mit Tissaphernes, diesem Meister in Frevel und Bubenstücken an uns zu Verrätern werdet, und nun, nachdem ihr selbst die Männer, denen ihr Sicherheit zuschworet, so schändlich umgebracht habt, in gleich verräterischer Absicht mit den Feinden zu uns kommt?« Ariäus antwortete: »Klearch ist ja überführt worden, am Tissaphernes, Orontes und uns Allen, die wir bei ihnen waren, zuerst verräterisch gehandelt zu haben.« Hierauf erwiederte Xenophon: »Nun also, wenn Klearch meineidig das Bündnis verletzte, so hat er dafür, der Gerechtigkeit gemäß, seine Strafe gelitten. Den Proxenus und Menon aber, Männer, die euch einen so wichtigen Dienst leisteten und unsre Anführer sind, schickt uns wieder zurück; denn natürlich werden sie, als unsre und eure Freunde, unser beiderseitiges Beste zu befördern suchen.« Die Perser hielten hierauf eine lange Beratschlagung unter sich, und zogen endlich, ohne geantwortet zu haben, ab.

6. Charakteristik der gefangenen Heerführer

So wurden die Feldherren gefangen genommen und zum Könige abgeführt, wo man ihnen den Kopf abschlug. Unter ihnen zeichnete sich *Klearchos* nach dem einstimmigen Zeugnisse Aller, die ihn näher kannten, als ein sehr erfahrener und leidenschaftlicher Kriegsmann aus. So lange die Lacedämonier den Krieg gegen Athen fortsetzten, blieb er bei ihnen; nach dem Friedensschlusse aber stellte er seinen Mitbürgern die Beeinträchtigungen vor, welche die Griechen von den Thraciern litten, und nachdem er mit allen möglichen Beweggründen seine Absicht bei den Ephoren durchgesetzt hatte, segelte er ab, um die Thracier, die Perinth und den Chersones bewohnen, zu bekriegen. Nachdem die Flotte schon ausgelaufen war, änderten die Ephoren ihren Entschluß und schickten ihm bis an den Isthmus den Befehl nach, wieder umzukehren. Klearch aber, ohne darauf zu achten, setzte seine Fahrt in den Hellespont fort. Die Regierung von Sparta verurteilte ihn nun als widerspenstigen Bürger zum Tode. Aus seinem Vaterlande verwiesen, wendete er sich an Cyrus, und wir haben oben gesehen, wie er sich diesen zum Freunde machte. Die zehntausend Dareiken, die er vom Cyrus empfing, verwendete er nicht zu seinem Vergnügen, sondern zog dafür ein Heer zusammen und bekriegte die Thracier. Er besiegte sie, plünderte ihr Land aus und setzte den Krieg gegen sie fort, bis Cyrus seiner Truppen bedurfte; dann zog er ab, um sich mit diesem zu einem neuen Kriege zu vereinen. Diese Tatsachen beweisen seinen kriegerischen Charakter; denn da er den Krieg und die damit verbundenen Beschwerlichkeiten und Kosten einem Frieden, den er ohne Abbruch seiner Ehre genießen konnte, einer sorgenfreien Muße und dem gefahrlosen Besitz seines Vermögens vorzog; da er mit einer solchen Neigung dafür Aufopferungen machte, als wenn sein Gegenstand eine Liebschaft oder sonst ein sinnlicher Genuß wäre, so sieht man, wie leidenschaftlich er für den Krieg entflammt war. Allein er liebte den Krieg nicht blos, er besaß auch kriegerische Talente: der Gefahr ging er mutvoll entgegen, griff den Feind bei Tag und Nacht an und wußte sich, nach dem einstimmigen Zeugnisse Aller, die um ihn waren, aus schwierigen Lagen mit Klugheit herauszuziehen. Hiermit verband er, diesem Charakter gemäß, die Eigenschaften eines Heerführers in vorzüglichem Grade, denn nichts übertraf seine Sorgfalt für die Proviantirung der Truppen, noch seine Geschicklichkeit diese zu beschaffen, und er verstand die Kunst, seinen Soldaten den Gehorsam gegen ihn geläufig zu machen. Dies war Folge seines rauhen Charakters: denn sein Blick war finster und seine Stimme barsch; immer strafte er mit Strenge und bisweilen im Zorn, so daß es ihn auch manchmal gereute; doch strafte er immer nach Grundsätzen, weil er ein Heer ohne Mannszucht für unbrauchbar hielt.

Er pflegte, wie man erzählt, zu sagen: »Wenn der Soldat seinen Posten gehörig bewachen, die Freunde mit Schonung behandeln und ohne Widerrede gegen den Feind marschiren soll, so muß er sich vor dem Feldherrn mehr als vor dem Feinde fürchten.« In mißlichen Lagen hörten daher die Soldaten begierig, ohne einen Andern zu fragen, nur auf seinen Rat. Das Finstere in seiner Miene klärte sich dann, ihrem Geständnisse nach auf, und in seiner Rauhheit fanden sie nur Aufforderung zum Mut gegen die Feinde und Rettung aus der Gefahr. Sobald sie aber nichts mehr zu befürchten hatten und sich unter eine andre Fahne begeben durften, verließen ihn doch Viele: denn in seinem Betragen war nichts Anziehendes, sondern geradezu Abstoßendes; daher war auch seinen Soldaten vor ihm so bange, wie Schulknaben vor ihrem Lehrer. Keiner nahm aus Zuneigung und Liebe unter ihm Dienste; diejenigen aber, die auf Befehl ihres Vaterlandes, oder weil sie seiner Unterstützung bedurften, oder anderer dringender Umstände wegen unter seinem Commando standen, wußte er sehr gut in Unterwürfigkeit zu erhalten. Der Sieg, den sie unter ihm lernten, gab ihm sehr wirksame Mittel in die Hände, sie zu braven Soldaten zu bilden, denn unter ihm fühlten sie Mut und Entschlossenheit, und die Furcht vor seiner Strafe hielt sie in Ordnung. So wußte er zu herrschen, obgleich er selbst, wie man sagt, eben nicht biegsam war, wenn er gehorchen sollte. Er starb als Mann von ungefähr fünfzig Jahren.

Proxenus aus Böotien strebte schon von seiner frühen Jugend an, sich für das männliche Alter zu großen Taten zu bilden, und von diesem Wunsche getrieben, ließ er sich für Bezahlung von Gorgias aus Leontium unterrichten. Als er sich nun in dem Umgange mit diesem Manne Kenntnisse genug erworben zu haben glaubte, um über Andere zu gebieten und in dem Umgange mit Männern ersten Ranges ihre Gefälligkeiten erwiedern zu können, nahm er an den bekannten Unternehmungen des Cyrus Anteil, in der Hoffnung, sich dabei einen vorzüglichen Ruhm, einen ausgebreiteten Einfluß und ein beträchtliches Vermögen zu erwerben. Mit diesem Wunsche aber verband er, wie man deutlich ersehen konnte, die Absicht, sich jene Vorteile nicht durch ungerechte Handlungen, sondern schlechterdings nur auf rechtmäßige und rühmliche Art zu verschaffen. Über gute und brave Leute verstand er zu gebieten; aber sich bei seinen Soldaten in Achtung und Furcht zu setzen, war seine Sache nicht, und seine Rücksicht gegen sie übertraf die ihrige für ihn. Man ersah deutlich, daß er sich mehr fürchtete, seinen Soldaten verhaßt zu werden, als diese, ihm ungehorsam zu sein. Er hielt es, um Anführer zu sein und dafür zu gelten, schon für hinlänglich, den braven Krieger zu loben und den unwürdigen unbemerkt zu lassen. Daher kam es, daß die guten Soldaten seines Corps ihn liebten, die schlechten aber ihn als einen Mann, der es ihnen ja bequem genug machte, zu hintergehen suchten. Als er sein Leben verlor, war er gegen dreißig Jahre alt.

Einer der hervorstechendsten Charakterzüge des Thessaliers *Menon* war Habsucht, und nur um diese zu befriedigen, strebte er nach Herrschaft. Auch seinem Ehrgeize lag nur der Wunsch, sich zu bereichern, zu Grunde und in der Freundschaft der Mächtigen suchte er nur Straflosigkeit für seine Verbrechen. Um auf dem kürzesten Wege an seiner Wünsche Ziel zu gelangen, hielt er Meineid, Lüge und Betrug für zweckdienliche Mittel. Aufrichtigkeit und Wahrheitsliebe überließ er den Schwachen. Er liebte, so weit sich bemerken ließ, Niemanden; wenn er aber Jemandes Freund zu sein vorgab, so konnte man sich sicher darauf verlassen, daß er ihm nachstellte.

Nie spottete er über einen Feind: aber mit Allen, die zu seiner Gesellschaft gehörten, sprach er immer in spottendem Tone. An den Besitzungen des Feindes vergriff er sich nicht, denn er hielt es für gewagt, bewachtes Eigentum anzutreffen: aber die unbeschützte Habe der Freunde hielt er, – und schien sich auf diesen Grundsatz etwas einzubilden – für die leichteste Beute. Gegen alle die Menschen, die er zu Handlungen des Meineids und der Ungerechtigkeit geneigt und also gegen seine Angriffe gut gedeckt fand, wagte er nichts zu unternehmen, aber redliche und rechtschaffene Leute mißhandelte er als Schwächlinge. Wenn ein guter Mensch an Gottesfurcht, Wahrheit und Gerechtigkeit sein Vergnügen findet, fand Menon ein Vergnügen daran, einen Betrug zu spielen, eine Lüge zu erfinden oder einen Freund lächerlich zu machen. Mangel an Arglist galt ihm für Dummheit. Personen, in deren Freundschaft er die erste Stelle zu erhalten wünschte, glaubte er dadurch gewinnen zu müssen, daß er ihnen gerade die Menschen, die im Besitze jenes Vorzuges waren, verdächtig zu machen suchte. Für die Aufrechthaltung des Gehorsams unter seinen Soldaten brauchte er das Mittel, sich mit ihnen zu schlechten Handlungen zu vereinen. Ehrfurcht und Dienstbeflissenheit suchte er sich dadurch zu erzwingen, daß er merken ließ, er habe widrigenfalls die Macht und den Willen zu schaden; wenn aber Jemand von ihm abfiel, so rechnete er es sich zum Verdienst an, ihn, da er mit ihm noch in Beziehungen stand, nicht unglücklich gemacht zu haben. Doch eine Schilderung, die sich nicht auf allgemein bekannte Tatsachen stützt, kann unzuverlässig scheinen: ich will daher jetzt erzählen, was Allen bekannt ist. Bei Aristipp hatte er es in einem Alter, das sich durch seine Blüte empfahl,[30] dahin gebracht, daß er das Commando über die Mietstruppen desselben erhielt. (Dem Ariäus, einen Barbaren, der an schönen Jünglingen viel Gefallen fand, gab er sich in diesen Jugendjahren Preis; er selbst, noch unbärtig, hatte außerdem eine Liebschaft mit dem schon bärtigen Tharypas). Als seine Kameraden wegen des mit Cyrus gegen den König unternommenen Feldzugs den Kopf verloren, wurde er, obgleich mit derselben Schuld behaftet, verschont. Doch nach ihrer Hinrichtung mußte auch er auf Befehl des Königs mit dem Leben büßen.

Er wurde nicht, wie seine Vorgänger, enthauptet, – eine Todesart, die, wie es scheint, die ehrenvollste ist, – sondern, wie man erzählt, als ein Bösewicht ein Jahr lang gemartert, bis er starb. Auch Agias aus Arkadien und Sokrates aus Achaja wurden hingerichtet, Männer, denen man in Hinsicht ihres Betragens sowol im Felde, als im Umgange mit Freunden, alle Gerechtigkeit widerfahren lassen muß. Beide endeten etwa im vierzigsten Lebensjahre.

30   Das ist eine ganz leise Andeutung des Preises, um welchen Aristipp ihm jene Gunst gewährte, wie sie der schamhafte Xenophon liebt. Der folgende Satz ist, meines Erachtens,. das fremde Einschiebsel eines späteren Erklärers.

Drittes Buch

1. Xenophon ermutigt die Offiziere der Griechen

Die Geschichte des Feldzugs, der Begebenheiten nach Cyrus' Falle und der Vorfälle auf dem Rückmarsche der Griechen, die sich während ihres Bündnisses mit Tissaphernes ereigneten, haben wir oben beschrieben.

Die Gefangenschaft der Feldherrn und die Hinrichtung der Hauptleute und Soldaten, die sie begleitet hatten, setzte nun die Griechen in die äußerste Verlegenheit, indem sie ihnen die Erwägung aufdrang, daß sie in der Nähe der königlichen Hauptstadt, umringt von Völkerschaften und Städten und aller fernern Aussicht auf Versorgung mit Lebensmitteln beraubt, mehr als zehntausend Stadien[31] von Griechenland entfernt waren; daß sie ohne Wegweiser durch unübergängliche Flüsse mitten auf ihrer Heimreise gehemmt und von der Hauptarmee des Cyrus verraten allein dastanden; daß sie wegen gänzlichen Mangels an Reiterei in der Lage waren, im Fall eines Sieges keinen einzigen der fliehenden Feinde töten zu können, im Fall einer Niederlage aber bis auf den letzten Mann umkommen zu müssen. Bei diesen niederschlagenden Betrachtungen nahmen nur Wenige des Abends Speise zu sich, nur Wenige zündeten Feuer an und Viele kamen in dieser Nacht gar nicht ins Lager; sie legten sich nieder, wo es gerade der Zufall fügte; aber Kummer und Sehnsucht nach ihrem Vaterlande, ihren Eltern, Weibern und Kindern, die sie nicht mehr wieder zu sehen glaubten, raubten ihnen den Schlaf. In dieser Verfassung brachten sie Alle die Nacht zu.

Es befand sich unter dem Heere ein gewisser *Xenophon* aus Athen, den Proxenus, sein alter Gastfreund, durch das Versprechen ihm, wenn er mitziehen wollte, Cyrus' Freundschaft zu verschaffen, auf die Proxenus selbst größere Hoffnungen als auf sein Vaterland baute, vermocht hatte, seine Heimat zu verlassen, und ohne Heerführer, Hauptmann oder Soldat zu sein, dem Feldzuge beizuwohnen. Als Xenophon den Brief desselben gelesen hatte, teilte er ihn dem Athener Sokrates mit, um seine Meinung darüber zu hören. Dieser, besorgt, daß Cyrus' Freundschaft dem Xenophon bei seinen Mitbürgern schaden möchte – denn

31 Etwa zweihundertvierundzwanzig deutsche Meilen

Cyrus schien die Lacedämonier in dem Kriege gegen Athen sehr begünstigt zu haben – gab ihm den Rat, nach Delphi zu reisen und den Apoll über sein Vorhaben zu befragen. Nach seiner Ankunft daselbst fragte Xenophon den Apoll, welchem unter den Göttern er Opfer und Gelübde bringen solle, um die bevorstehende Reise mit dem besten Erfolge zu machen und dann glücklich wieder heimzukehren. Apollo empfahl ihm, denjenigen Göttern zu opfern, welchen dies Opfer gebühre. Nach seiner Rückkunft teilte er dies Orakel dem Sokrates mit und wurde von ihm deshalb getadelt, daß er, in der Voraussetzung, reisen zu müssen, gefragt habe, wie dies mit dem besten Erfolge geschehen könne, und nicht vielmehr, ob die Reise überhaupt ratsam sei oder nicht. Doch, fügte er hinzu, da du nun einmal so gefragt hast, so mußt du auch dem Befehle Apolls Folge leisten. Nachdem nun Xenophon den vom Orakel bezeichneten Göttern geopfert hatte, segelte er ab und erreichte den Proxenus und Cyrus, die schon im Begriffe waren den Marsch nach Oberasien anzutreten, in Sardes, und wurde dem Cyrus vorgestellt. Proxenus drang in ihn, zu bleiben, und wurde zur Erreichung dieser Absicht von Cyrus unterstützt, der noch die Versicherung hinzufügte, ihn nach beendetem Feldzuge sogleich zu entlassen. Dieser Feldzug sollte aber der Sage nach den Pisidiern gelten. So getäuscht – nicht von Proxenus, denn weder diesem, noch irgend einem Griechen, Klearch ausgenommen, war es bekannt, daß der Kriegszug dem Könige galt – wurde er mit in eine Unternehmung verflochten, deren wahrer Zweck erst in Cilicien Allen einleuchtend wurde. Wie ungern nun auch die Meisten einen so beschwerlichen Marsch unternahmen, so siegte doch die Besorgnis, von ihren Waffenbrüdern und dem Cyrus für feige gehalten zu werden über ihre Abneigung, und unter diesen befand sich auch Xenophon. In jener schwierigen Lage nun war er, so wie die Übrigen vor Kummer unfähig, die Ruhe der Nacht zu genießen. Doch sank er in einen kurzen Schlaf, und es träumte ihm, daß der Blitz, unter einem Donnerschlage, in sein väterliches Haus schlüge und es gänzlich in Flammen setzte. Vor Schrecken wachte er sogleich auf und betrachtete in diesem Traume bald den glückbedeutenden Umstand, daß er in Gefahr und Not ein großes Licht vom Himmel sah, bald fand er darin, daß Zeus, der Götterkönig, den Traum sendete und das Haus ringsum zu brennen schien, die unglückliche Vorbedeutung, daß er vielleicht, überall von Hindernissen umringt, aus den Staaten des Königs keinen Ausweg finden möchte. Doch die eigentliche Bedeutung des Traumes wird man im

Erfolge finden, der sich bald zeigte. Xenophon geriet jetzt auf folgende Betrachtung: Was liege ich hier noch? Die Nacht geht vorüber und mit Tagesanbruch rückt der Feind heran. Wenn uns nun der König in seiner Gewalt haben wird, was hindert ihn dann, uns nach dem schrecklichsten Schauspiel und unter den grausamsten Leiden einen schimpflichen Tod sterben zu lassen? Ohne uns zur Verteidigung fertig zu halten, ja ohne darüber nachzudenken, liegen wir hier, als wenn wir nichts zu besorgen hätten. Soll ich einem Heerführer, der nicht aus Athen ist, die Ehre unserer Rettung überlassen? Bin ich nicht alt genug, um selbst etwas zu unternehmen? Ich werde doch dadurch nicht älter, wenn ich mich auch selbst heute den Feinden ausliefere. – Dann stand er auf, rief zuerst des Proxenus Hauptleute zusammen und hielt folgende Ansprache an sie:

»Hauptleute, ich kann weder schlafen, wie auch wahrscheinlich ihr nicht, noch bei der Betrachtung der Lage, in welcher wir sind, länger liegen bleiben. Die Feinde haben uns, wie ihr seht, nicht eher den Krieg erklärt, bis sie die besten Veranstaltungen getroffen zu haben glaubten. Von uns aber denkt Niemand auf Gegenmittel, um den Feind aufs Rühmlichste zu bekämpfen. Und doch, was wird unser Schicksal sein, wenn wir uns nun unterwerfen, wenn wir nun in den Händen des Königs sind? Eines Königs, der seinem leiblichen Bruder, der schon tot war, noch den Kopf und die Hand abhauen, und seinen Leichnam an das Kreuz schlagen ließ! Wir aber, deren sich kein Fürsprecher annimmt, wir, die gegen ihn stritten, um ihn aus einem Könige zum Sklaven zu machen, wir, an deren Willen es gewiß nicht lag, daß wir ihm nicht das Leben raubten, was werden wir zu leiden haben? Wird er nicht Alles anwenden, um durch das grausamste Verfahren gegen uns alle Menschen abzuschrecken, je wieder eine ähnliche Unternehmung gegen ihn zu wagen? Wir müssen daher alle unsre Kräfte aufbieten, um nicht in seine Gewalt zu kommen. Während des Waffenstillstandes hörte ich nicht auf, unser Los zu bedauern, den König hingegen und seine Leute glücklich zu preisen, da sich mir die Betrachtung aufdrängte, was für große und treffliche Ländereien, welchen Überfluß an Lebensmitteln, was für eine zahlreiche Dienerschaft, welchen Reichtum an Vieh, Gold und Kleidungsstücken sie besitzen. Wenn ich dann wieder auf unsre Armee zurückblickte und fand, daß uns von allen jenen Gütern nichts gehörte, als was wir bezahlen konnten, und daß bei der geringen Anzahl derer, die noch im Stande waren, etwas zu kaufen, uns dennoch das

Bündnis die Hände band, auf eine andre Art, als durch Ankauf unsre Bedürfnisse zu befriedigen, so war mir bisweilen das Bündnis furchtbarer, als jetzt der Krieg. Nun haben sie selbst den Vertrag gebrochen und mit ihm, glaube ich, hört zugleich ihr Übermut gegen uns und unser Argwohn gegen sie auf. Denn jetzt können wir alle diese Güter als Kampfpreise betrachten, bestimmt für das Heer, das am mutigsten kämpfen wird. Kampfrichter sind die Götter, die, der Gerechtigkeit nach, uns beistehen werden. Denn bei ihnen haben jene Meineidigen geschworen, wir aber, treu unserm Schwure, enthielten uns standhaft, von ihrem Überflusse uns etwas anzueignen; so können wir aber auch ungleich frohern Mutes als sie in die Schlacht gehen. Überdies ist unser Körper gegen Hitze, Kälte und Arbeit mehr abgehärtet, als der ihre und uns beseelt, den Göttern Dank, edler Mut. Ihre Soldaten sind verwundbarer und dem Tode mehr ausgesetzt als wir, wenn uns die Götter, wie beim ersten Mal, den Sieg verleihen. Doch, das habt ihr schon wol selbst bedacht. Aber, bei den Göttern! laßt uns nicht auf Andere warten, um von ihnen zu Taten der Unsterblichkeit aufgefordert zu werden; laßt uns selbst den Anfang machen, unsere Waffenbrüder zur Tapferkeit zu entflammen. Seid von den Hauptleuten die tapfersten und der Feldherrnstelle würdiger als jene, die sie bekleiden. Wollt ihr selbst die Anführung übernehmen, so will ich euch folgen; wählt ihr aber mich zum Anführer, so will ich mich nicht mit meinem geringen Alter entschuldigen, sondern ich glaube vielmehr gerade jetzt in dem kräftigsten Alter zu sein, um die Gefahren des Krieges zu bestehen.« Nach dieser Rede forderten ihn die Hauptleute einstimmig auf, das Commando zu übernehmen. Nur ein gewisser Apollonides, der sich wegen seines Dialektes als einen Böotier aufspielte, erklärte sich dagegen und nannte den einen Schwätzer, der für die gemeinschaftliche Rettung irgend einen andern Vorschlag machte als den, bei dem Könige um Gnade zu bitten; und zugleich fing er an, die Schwierigkeiten aufzuzählen. Xenophon aber unterbrach ihn mit den Worten: »O, du unbegreiflicher Mensch! Wo hast du deine Augen? Wo bleibt dein Gedächtnis? Du bist doch eben so, wie diese hier, zugegen gewesen, als der König durch Cyrus' Fall zum Stolze verleitet, uns durch Herolde die Waffen abfordern ließ. Als er aber sah, daß wir, statt die Waffen abzuliefern, gerüstet heranrückten und unser Lager in der Nähe des seinigen aufschlugen, gab er sich da nicht alle erdenkliche Mühe, uns durch seine Gesandten, durch Lieferung der Lebensmittel, zu einem Vertrage zu bewegen, bis wir in seine Vorschläge einwilligten? Endlich ergriffen die Heerführer und Hauptleute eben die Maßregel, zu der du uns zu bewegen suchst; sie gingen im Vertrauen auf den Waffenstillstand unbewehrt zu den Persern, um sich mit ihnen zu besprechen; und nun denke, wie sehnlich sich diese Armen, geschlagen, gestoßen, beschimpft, wahrscheinlich den Tod wünschen, der vor ihnen flieht. Alles dies weißt du und kannst die Männer, die zur Gegenwehr auffordern, Schwätzer nennen und uns ein nochmaliges Gnadengesuch anraten? Waffenbrüder, ich schlage vor, diesen Menschen nicht länger in unserer Mitte zu dulden; man nehme einem Manne die Würde eines Hauptmannes, den man zu nichts als zum Trainknecht brauchen kann; denn er entehrt sein Vaterland und ganz Hellas, da er, ein Hellene, so niedrig denkt!« – »O, diesen Menschen«, rief da der Stymphalier Agasias, »geht weder Böotien, noch überhaupt Griechenland etwas an: denn ich habe bemerkt, daß ihm, wie einem Lydier, beide Ohren durchbohrt sind.«[32] Dies bestätigte sich und Jener wurde fortgejagt. Die Andern aber gingen durch die Gassen des Lagers und riefen die noch lebenden Hauptleute und Heerführer, und da, wo einer der Letzteren fehlte, den Unterbefehlshaber herbei. Als sie sich nun Alle, Heerführer und Hauptleute, zusammen an hundert Personen, versammelt hatten, setzten sie sich vor die Fronte des Lagers. Es war jetzt beinahe Mitternacht. Da nahm Hieronymus aus Elis, der älteste von Proxenus' Hauptleuten, das Wort:

»Heerführer und Hauptleute, die Betrachtung der gegenwärtigen Lage empfahl uns den Gedanken, zusammenzukommen und auch euch herbeizurufen, um, wo möglich, einen heilsamen Entschluß zu fassen. Xenophon, trage jetzt deine Ratschläge, die du uns mitteiltest, vor.«

Hierauf sprach Xenophon: »Es ist uns Allen bekannt, daß der König und Tissaphernes so Viele von uns, als sie konnten, gefangen nahmen, und daß sie den Übrigen auflauern, um wo möglich auch sie zu vertilgen: wir müssen daher, meines Erachtens, Alles aufbieten, um nicht einmal den Feinden in die Hände zu geraten, sondern vielmehr sie selbst in unsere Gewalt zu bringen. Bedenkt also wohl, daß auf das Verhalten eines Jeden, so viel hier versammelt sind, jetzt äußerst viel ankommt: alle Soldaten sehen auf euch, und finden sie euch mutlos, so werden sie alle zagen; fordert ihr sie aber durch Zuruf und eignes Bei-

---

32 Ohrringe trugen häufig die Barbaren; Apollonides war wol ein geborner Lydier.

spiel auf, sich gegen den Feind zu rüsten, so seid überzeugt, sie werden euch folgen und nachahmen. Doch es ist auch eure Pflicht, euch vor ihnen auszuzeichnen; denn ihr seid die Heerführer, ihr seid die Unterbefehlshaber und Hauptleute. Als noch Friede war, hattet ihr an Vermögen und Rang Vorzüge vor ihnen; jetzt im Kriege müßt ihr euern höhern Wert geltend machen, und der Menge, wo es die Umstände fordern, mit Rat und Tat vorangehen. Eure erste und meines Erachtens äußerst heilsame Sorge für die Armee sei also jetzt die, an die Stelle der hingerichteten Heerführer und Hauptleute andere zu wählen. Denn ohne Anführer kann überhaupt in keiner Lage, am wenigsten aber im Kriege, etwas Großes und Nützliches ausgeführt werden: hier hängt der glückliche Erfolg sehr von der Ordnung ab, und ihre Vernachlässigung hat schon Viele ins Verderben gestürzt. Nach der Erwählung der gehörigen Anzahl von Anführern habt ihr, glaube ich, nichts Angelegentlicheres zu tun, als eure Soldaten zu versammeln und ihnen Mut einzuflößen. Denn ihr habt wol schon selbst die Bemerkung gemacht, wie mutlos sie jetzt sind, wenn sie auf ihre Posten gehen oder ins Lager zurückkommen: in dieser Verfassung würden sie, glaube ich, weder bei Nacht noch am Tage zu einer Unternehmung zu gebrauchen sein. Verändern wir aber diese Stimmung und lenken ihre Aufmerksamkeit von dem Schicksal, das sie befürchten, auf die Pflichten, die ihnen obliegen, so wird sich ihr Mut in hohem Grade beleben. Denn nicht die Menge, nicht die Stärke ist es, wie ihr wohl wißt, die im Kriege den Sieg herbeiführt; sondern gewöhnlich ist es der höhere Mut, mit dem man, im Vertrauen auf die Götter, die Schlacht beginnt, dem der Feind nicht zu widerstehen vermag. Auch die Betrachtung drängt sich mir auf, daß Leute, die im Kriege kein Mittel verschmähen, um nur ihr Leben zu retten, in ihrer Feigheit und Niederträchtigkeit gewöhnlich den Tod finden; aber Krieger, die sich überzeugen, daß der Tod unvermeidlich alle Menschen trifft und nur um einen rühmlichen Tod kämpfen, erreichen, wie ich sehe, öfters ein höheres Alter als jene, und so lange sie leben, mehrt sich ihr Glück mit den Jahren. Von diesen Betrachtungen durchdrungen, müßt ihr, wie die jetzige Lage es erheischt, durch das Beispiel eurer Tapferkeit die Übrigen beseelen!« Damit endete er.

Hierauf sprach Chirisophus: »Xenophon, vorher kannte ich dich nicht näher, als daß ich dich einen Athener nennen hörte: jetzt aber empfiehlst du dich mir durch Rede und Tat, und ich wünschte zum allgemeinen Besten, wir hätten noch mehr solcher Männer. Jetzt, ihr Waffenbrüder, laßt uns nicht zaudern, sondern geht und wählt die fehlenden Anführer, nachher kommt mit ihnen in die Mitte des Lagers, wo wir dann das ganze Heer versammeln wollen. Tolmides, der Herold, soll auch da sein!« Mit diesen Worten stand er auf, um ohne Verzug das Nötige anzuordnen. Hierauf wurden die Anführer gewählt: für Klearch Timasion aus Dardanus, für Sokrates Xanthikles aus Achaja, für Agias Kleanor aus Orchomenus, für Menon Philesius aus Achaja, und für Proxenus Xenophon ans Athen.

2. Xenophon ermutigt das griechische Heer

Als diese Wahl gegen Anbruch des Tages beendet war, kamen die Anführer in der Mitte des Lagers zusammen und beschlossen, Vorposten auszustellen und die Soldaten zu versammeln. Dies geschah, und nun stand zuerst der Lacedämonier Chirisophus auf und sprach: »Waffenbrüder! Der Verlust unserer tapfern Heerführer, Hauptleute und Soldaten ist zwar ein Unglück für uns, das durch die Verräterei der Armee des Ariäus, die vorher unsere Bundesgenossin war, noch vergrößert wird: doch wir müssen, ohne den Mut zu verlieren, uns als edle Männer aus dieser Lage ziehen und durch einen ehrenvollen Sieg unsere Rettung zu erwirken suchen. Mißlingt uns das, so laßt uns, um nicht den Feinden lebend in die Hände zu fallen, lieber einen rühmlichen Tod sterben. Denn mit den Leiden, die wir ohne Zweifel unter ihnen würden dulden müssen, ist nur die Strafe vergleichbar, zu der ich die Götter gegen sie anrufe!«

Nach ihm stand Kleanor aus Orchomenus auf und sprach: »Soldaten! Ihr seht nun den gottvergessenen Meineid des Königs, ihr seht die Treulosigkeit des Tissaphernes. Derselbe Mann, der sich Griechenlands Nachbar nannte, der es sich angeblich zum größten Vergnügen machen wollte, uns glücklich ins Vaterland zurückzuführen, der uns dies Versprechen mit Handschlag und Eidschwur bekräftigte, eben dieser Mann hat uns jetzt betrogen und unsere Heerführer gefangen genommen. Ja, ohne sich vor Zeus, dem Beschützer der Gastfreiheit, zu scheuen, lud er sogar den Klearch zu Tische und stürzte eben durch diese Äußerungen der Freundschaft die Männer ins Verderben. Ariäus, dem wir das Diadem anboten, den, so wie uns, das feierliche Versprechen, einander nicht zu verraten, band, hat sich jetzt, ohne Furcht vor den Göttern,

ohne Pietät vor dem gefallenen Cyrus, der ihn doch so vorzüglich aus-
zeichnete, mit den bittersten Feinden desselben vereinigt, und sucht
nun ebenfalls uns, des Cyrus treue Anhänger zu vernichten. Doch die
Bestrafung dieser Verbrechen sei die Sorge der Götter; wir aber müssen
diese Erfahrungen zur Vorsicht gegen jeden künftigen Anschlag des
Feindes benutzen, und, indem wir uns der Fügung der Götter unterwerfen, alle unsere Kräfte zum Kampf aufbieten.«

Nach ihm trat Xenophon auf. Er hatte sich zur Schlacht äußerst
sorgfältig geschmückt; denn, meinte er, verleihen uns die Götter den
Sieg, so ist der schönste Schmuck zum Siege der passendste; ist aber
der Tod verhängt, so ist es gebührend, daß der, welcher sich einer
schönen Rüstung wert hielt, in ihr auch sein Leben beschließe. Er sprach:
»Von dem Meineid und der Treulosigkeit der Perser, eine Sache, die
euch ja ohnehin zur Genüge bekannt ist, hat bereits Kleanor geredet.
Wenn uns also der Gedanke, sie wieder als unsere Freunde zu betrachten, kommen könnte, so müßte uns der Hinblick auf das Schicksal unserer Feldherrn, die sich ihnen im Vertrauen auf ihre Zusage überließen,
notwendig davon abschrecken. Entschließen wir uns aber, mit bewaffneter Hand ihre Verräterei zu ahnden, und sie von jetzt an mit ange-
strengter Kraft zu bekämpfen, so eröffnen sich uns, mit Hilfe der Götter,
viele schöne Aussichten zur Rettung.« Als er dies sprach, nies'te gerade
Jemand, und alle Soldaten beteten inbrünstig zur Gottheit.[33] Xenophon
hierauf: »Krieger! Da Zeus, der Retter, eben, als wir von unserer Rettung
sprachen, ein glückliches Zeichen sandte, so schlage ich vor, dieser
Gottheit Rettungsgeschenke darzubringen, sobald wir friedlichen Boden
betreten. Laßt uns auch den anderen Gottheiten geloben, ihnen nach
Vermögen Opfer zu bringen, und wer mit mir einstimmt, hebe die
Hand auf.« Alle hoben die Hände empor, sprachen das Gelübde aus
und sangen den Päan. Nach dieser den Göttern abgestatteten Pflicht
fuhr Xenophon in seiner Rede fort: »Ich sprach eben von vielen schönen
Aussichten zu unserer Rettung: denn erstlich haben wir unser Versprechen, das wir bei den Göttern beschworen, erfüllt; die Feinde hingegen
haben treulos das Bündnis und ihren Eid verletzt, und so können wir
mit Recht hoffen, daß die Götter selbst uns gegen den Feind beistehen

33 Niesen galt, wie noch heute bei uns, schon den Alten (bereits bei Homer)
    als Vorbedeutung; dem Niesenden wünschte man Glück mit den Worten:
    »Hilf Zeus!« Prosit!

werden, die, wenn es ihr Wille ist, mächtig genug sind, um die Großen schnell zu erniedrigen und die Geringen leicht aus größter Not zu erretten. Ferner erinnert euch an die Gefahren unserer Voreltern; ihr schönes Beispiel erwecke euch zu gleicher Tapferkeit und zu der Überzeugung, daß die Götter den guten Menschen auch in der größten Gefahr beistehen. Denn als die Perser und jene mit ihnen verbundenen Kriegsscharen in ungeheurer Menge anrückten, um Athen zu vernichten, erkühnten sich die Athener, sich ihnen zu widersetzen und besiegten sie. Ihrem Gelübde zufolge sollten sie nun der Artemis so viele Ziegen opfern, als sie Feinde erlegt hatten, da sie aber die gehörige Anzahl nicht zusammenbringen konnten, beschlossen sie, ihr jährlich fünfhundert zu opfern, und noch jetzt fahren sie fort, dieses Opfer zu bringen. Als nachher Xerxes mit zahllosem Heere Griechenland angriff, da besiegten unsere Voreltern auch damals die Vorfahren dieser Menschen, zu Wasser und zu Lande. Als Denkmäler davon sind noch jene Siegeszeichen zu sehen, das wichtigste Denkmal aber ist die Freiheit der Städte, in denen ihr geboren und erzogen seid, denn ihr betet keinen menschlichen Herrscher, sondern die Götter an; von solchen Vorfahren seid ihr entsprossen. Ich sage dies nicht, als wenn euer Betragen ihr Andenken entehrte: es sind ja erst wenige Tage her, als ihr, im Kampfe mit den Nachkommen jener alten Feinde, durch der Götter Hilfe eine weit größere Zahl derselben besiegtet, als die eurige beträgt. Und wofür fochtet ihr damals so tapfer? Um den Cyrus zum Könige zu machen. Jetzt aber gilt der Kampf eurer Freiheit, eurem Leben, jetzt muß Mut und Tapferkeit euch in noch höherem Grade beseelen. Doch nun läßt sich auch mit Recht noch mehr von euch erwarten; denn waret ihr das erste Mal kühn genug, auf einen Feind, den ihr noch nicht kanntet, der in unermeßlicher Menge vor euch stand, mit angestammtem Mute loszugehen, warum sollte er euch jetzt, nachdem ihr aus Erfahrung wißt, daß er, auch in ungleich stärkerer Anzahl, euren Angriff nicht aushält, noch furchtbar sein?[34] Glaubt ja nicht etwa, durch den Abfall der Truppen des Cyrus, die vorher an eurer Seite fochten, so viel verloren

34 Xenophon hat jetzt den Mut seiner Hörer so weit gehoben, daß sie nunmehr Erörterungen zugänglich sind, und die großen in ihrem dumpfen Gesammteindruck niederschmetternden Schwierigkeiten des Rückzugs ins Auge fassen dürfen; er zergliedert und bekämpft diese nun einzeln überall mit Gründen, zum Teil freilich mit sophistischen.

zu haben: sie sind noch viel verächtlicher, als der von euch besiegte Feind, sonst hätten sie euch nicht verlassen, um zu diesem überzugehen, und es ist weit besser, daß Menschen, die sich zuerst nach der Flucht umsehen, an der Seite des Feindes, als an der eurigen fechten. Oder sind manche unter euch deswegen besorgt, weil wir der zahlreichen Reiterei des Feindes gar keine entgegen zu stellen haben, so bedenkt, daß zehntausend Reiter nichts Anderes als zehntausend Menschen sind; denn noch nie ist Jemand in der Schlacht von einem Pferde totgebissen oder totgeschlagen worden; Alles, was in der Schlacht geschieht, wird von Menschen getan. Ferner können wir uns weit sichrer bewegen als die Reiter, denn diese hängen auf ihren Pferden und müssen sich nicht blos vor uns, sondern auch vor dem Stürzen in Acht nehmen; wir aber stehen fest auf dem Boden, und dadurch wird unser Hieb auf den Feind, der uns vor die Faust kommt, ungleich nachdrucksvoller und treffender. Den einzigen Vorteil nur hat die Reiterei vor uns, daß es für sie minder gefährlich ist, zu fliehen, als für uns. Wenn ihr aber furchtlos wegen der Schlacht, blos deswegen besorgt seid, weil Tissaphernes uns nicht mehr anführen, der König nicht mehr für Lebensmittel sorgen wird, so überlegt, ob es etwa besser ist, den Tissaphernes, einen so anerkannten Verräter zum Führer zu haben, oder Leute, die wir zu Wegweisern be- stimmen und die überzeugt sind, daß sie es mit der Haut oder dem Leben büßen müssen, wenn sie uns irre führen. Überlegt, ob es besser ist, unsere Lebensmittel auf dem Markte der Perser, in kleinem Maße für vieles Geld zu erhalten, ohne den Abgang des letzteren wieder erset- zen zu können, oder sie im Falle des Sieges in dem Maße zu nehmen, das Jeder sich selbst bestimmen kann. Wenn ihr mir hierin beipflichtet, aber doch in dem Wahne steht, das größte Hindernis an den Flüssen zu sehen und durch den Übergang über dieselben euch sehr geschadet zu haben, so überlegt, ob nicht gerade dies der größte Fehler war, den die Feinde begingen; denn alle Flüsse, wenn sie auch fern von den Quellen unübergänglich sind, benetzen doch, in der Nähe ihres Ur- sprungs, bei dem Durchgange kaum die Kniee. Doch laßt selbst die Flüsse unübergänglich sein, laßt uns selbst keine Wegweiser finden, auch dann dürften wir noch nicht verzweifeln. Ihr wißt doch, daß die Mysier, denen wir an Tapferkeit wol nicht nachzustehen glauben, in dem Gebiete des Königs, so ungern er es auch sieht, viele große und blühende Städte bewohnen. Dasselbe ist auch von den Pisidiern bekannt. Und daß die Lykaonier, nachdem sie sich der festen Plätze des Flachlandes bemächtigt haben, auf dem Gebiete des Königs plündern, davon waren wir Augenzeugen. Ich könnte daher den Rat geben, unsere Absicht, ins Vaterland zu gehen, noch vor der Hand zu verbergen und Anstalten zu treffen, als ob wir uns irgendwo hier im Lande niederlassen wollten, denn ich weiß, der König würde den Mysiern viele Wegweiser und zur Versicherung eines ungefährdeten Abzugs viele Geiseln geben, er würde ihnen die Straßen ebnen, und sie, wenn sie es verlangten, auf vierspännigen Wagen fortbringen lassen, und dasselbe, glaube ich, würde er sehr gern für uns tun, wenn er unsere Anstalten zum Dableiben sähe. Allein ich befürchte, wenn wir einmal mit der Untätigkeit, dem Überflusse und den großen[35] schönen Frauen und Mädchen der Meder und Perser bekannt wären, wir möchten wie die, welche vom Lotos aßen,[36] die Heimreise vergessen. Ich halte daher den Versuch für recht und billig, zuvörderst nach Griechenland und zu unsern Familien zurückzukehren, und den Griechen zu zeigen, daß sie aus eigner Schuld arm sind, da es ihnen doch frei stünde, diejenigen ihrer Mitbürger, die jetzt in ihrer Heimat ohne Vermögen leben; hierhergehen und wohlhabende Leute werden zu lassen; denn alle diese Güter, Soldaten, sind ohne Zweifel eine Beute dessen, der ihre Besitzer überwältigt. Noch müssen wir jetzt über die sicherste Anordnung unseres Marsches und über die wirksamsten Maßregeln für eine etwaige Schlacht sprechen. Was den Marsch anbetrifft, so schlage ich vor, unsere Proviantwagen zu verbrennen, damit wir, unabhängig vom Troß, den Marsch nach dem Vorteil der Armee einrichten können. Auch die Zelte laßt uns verbrennen; sie sind schwer fortzubringen, und haben weder für die Schlacht noch für den Proviant Nutzen. Von den übrigen Gerätschaften können wir alles Überflüssige wegtun und nur das behalten, was unmittelbar für den Krieg oder für Speisen und Getränke brauchbar ist, damit nur eine sehr kleine Abteilung sich mit dem Gepäcke befassen darf, während die ganze übrige Mannschaft zum Schlagen bereit ist; denn die Habe der Überwundenen kommt ja doch, wie ihr wißt, in fremde Hände, und siegen wir, so müssen wir die Feinde für unsere Lastträger ansehen. Noch habe ich von einem Gegenstande zu reden, der, meines Erachtens, der wichtigste ist: die Feinde wagten es, wie ihr seht, nicht

35 Größe gehört mit zu den Forderungen des griechischen Schönheitsbegriffes; das Große allein ist schön, das Kleine nur niedlich.

36 Wie die Gefährten des Odysseus bei Homer.

eher, uns zu bekriegen, bis sie sich unserer Heerführer bemächtigt hatten. Da sie uns nämlich unter einer gehörigen Anführung für stark genug hielten, den Sieg zu erkämpfen, so suchten sie uns durch jene Tat in Verwirrung und durch diese ins Verderben zu stürzen. Die jetzigen Anführer müssen daher in ihrem Commando noch weit sorgfältiger sein als ihre Vorgänger, so wie es auch den Soldaten obliegt, in Hinsicht auf Ordnung und Gehorsam gegen ihre Vorgesetzten sich weit musterhafter als vorher zu betragen. Die Erwartung der Feinde könnte nicht besser vereitelt werden, als wenn ihr es zum Gesetz machtet, daß allemal derjenige von euch, der zugegen ist, wenn sich ein Soldat widersetzlich bezeigt, dem Befehlshaber in der Bestrafung desselben beistehen müßte. Von diesem Zeitpunkte an würden sie statt eines Klearch zehntausend vor sich sehen, die sämmtlich kein pflichtwidriges Betragen duldeten. Doch es ist Zeit, zu handeln, denn bald vielleicht ist der Feind da. Bestätiget also aufs Eiligste diejenigen Vorschläge, die euren Beifall haben, um sie zur Ausführung zu bringen. Weiß aber Jemand, sei es auch ein Gemeiner, einen bessern Rat zu geben, als diesen, so teile er ihn ohne Bedenken mit, denn die Sache betrifft unsere gemeinschaftliche Rettung.«

Hierauf sagte Chirisophus: »Wenn noch etwas außer dem, was Xenophon vorgeschlagen hat, nötig sein sollte, so können wir ja an Ort und Stelle handeln; in Hinsicht auf seine jetzigen Vorschläge halte ich es für das Beste, sie sogleich zu bestätigen. Wer eben so denkt, hebe die Hand auf.« Sie Alle taten es.

Xenophon stand wieder auf und sagte:»Hört, Waffengenossen, worauf wir uns, meines Erachtens, gefaßt zu machen haben. Natürlich müssen wir unsern Marsch dahin richten, wo wir Lebensmittel finden. Nun höre ich, daß nicht weiter als zwanzig Stadien von hier schöne Dörfer liegen. Wenn uns nun die Feinde, gleich furchtsamen Hunden, die den Vorübergehenden nachspringen, und sie, wo möglich auch beißen, vor denen aber fliehen, die ihnen nachlaufen, bei unserm Abzuge verfolgten, so wäre das ganz in der Regel. Es wird also vielleicht für unsere Sicherheit am Besten sein, im Viereck zu marschiren, um die Bagage und den ganzen Troß desto besser zu decken. Bestimmen wir nun zugleich, wer als Oberbefehlshaber die Front, wer die Flanken, wer den Nachzug commandiren soll, so haben wir den Vorteil, bei dem Anrücken des Feindes, ohne erst zu beratschlagen, sogleich die Truppen gehörig anführen zu können. Unmaßgeblich schlage ich also vor, dem Chirisophus, als einem Lacedämonier, den Oberbefehl, das Commando der Flanken den zwei ältesten, der Nachhut den zwei jüngsten Heerführern, vor der Hand mir und dem Timasion zu erteilen.[37] Übrigens können wir immer, wenn wir diese Marschordnung versucht haben, die den Umständen angemessensten Maßregeln ergreifen. Weiß Jemand besser zu raten, der rede.« Alle schwiegen und er fuhr fort: »Wer meinen Vorschlag genehmigt, hebe die Hand auf.« Es geschah allgemein. »So laßt uns jetzt«, sagte er, »aufbrechen und unsere Beschlüsse verwirklichen. Wer nun von euch die Seinigen wieder zu sehen wünscht, der sei ein braver Soldat, denn nur dieser wird seinen Zweck erreichen. Wer sein Leben liebt, ringe nach Sieg, denn nur die Überwundenen trifft der Tod durch die Hände des Siegers. Wünscht Jemand sich Reichtum, so suche er ihn zu erkämpfen: denn nur die Überwinder vermehren ihre Habe mit dem Eigentum der Besiegten!«

3. Mithridates glücklicher Angriff. Bildung neuer Corps

Nach diesen Beschlüssen gingen die Griechen auseinander und steckten die Proviantwagen und Zelte in Brand, die entbehrlichen Gerätschaften warfen sie ins Feuer, nachdem sie davon Einer dem Andern das Nötige mitgeteilt hatten. Während der Mahlzeit, die sie hierauf hielten, kam Mithridates mit ungefähr dreihundert Mann Reiterei, ließ die Heerführer herbeirufen und sagte: »Griechen, ihr wißt es, ich war dem Cyrus treu, und auch meine jetzigen Gesinnungen gegen euch sind freundschaftlich; denn ich wage viel, indem ich hierher komme. Wenn ich nun wüßte, daß ihr einen vorteilhaften Plan entworfen hättet, so ginge ich zu euch mit allen meinen Leuten über. Teilt mir also, mir, eurem aufrichtigen Freunde, der mit euch zu ziehen wünscht, eure Absichten mit.« Die Heerführer vereinigten sich über folgende Antwort, die Chirisophus vortrug: »Wir haben beschlossen, wenn man uns ruhig nach Hause ziehen läßt, auf unserm Marsche dem Lande so wenig als möglich beschwerlich zu fallen; denjenigen aber, der sich uns entgegenstellen wird,

37 Xenophon wünscht also (fordert nicht) für Chirisophus den Ehrenposten, für sich den geringeren und mühseligeren, aber auf einem Rückzug tatsächlich bedeutendsten, Posten bei der Nachhut.

werden wir nach allen Kräften bekämpfen.« Hierauf suchte Mithridates zu zeigen, daß ohne den Willen des Königs keine Rettung denkbar sei. Diese Äußerung aber enthüllte seine verdächtige Absicht, und zwar um so mehr, da auch einer von den Vertrauten des Tissaphernes, um ihn zu beobachten, bei ihm war. Und nun glaubten die Heerführer keinen bessern Entschluß fassen zu können, als den Krieg ununterbrochen fortzusetzen, so lange sie sich auf feindlichem Boden befänden, zumal, da diese Unterhändler zu den Soldaten gingen, und sie aufzuwiegeln suchten. Und Nikarchus aus Arkadien, ein Hauptmann, hatte sich wirklich von ihnen hinreißen lassen, denn er entfloh bei Nacht mit zwanzig Mann.

Nach der Mahlzeit gingen sie über den Zabatus. Sie marschirten in Schlachtordnung und hatten die Packpferde und den Troß in ihre Mitte genommen. Sie waren aber noch nicht weit vorgerückt, als Mithridates sich wieder sehen ließ. Er kam an der Spitze von zweihundert Reitern und eines sehr leichten und gewandten Corps von Bogenschützen und Schleuderern, dem Anschein nach in friedlicher Absicht auf die Griechen zu. Als er aber nahe genug war, fingen seine Truppen zu Roß und Fuß auf einmal an zu schießen und zu schleudern. Der griechische Nachtrab litt stark, ohne etwas dagegen tun zu können; denn die Kretenser schossen kürzer, als die persischen Bogenschützen und zogen sich sogleich, da keine Rüstung sie deckte, hinter die Hopliten zurück; auch mit Wurfspießen konnte man die Schleuderer nicht erreichen. Nun ließ Xenophon, der einen Angriff für notwendig hielt, die Hopliten und Peltasten, die er im Nachzuge bei sich hatte, auf den Feind losgehen. Aber ohne Erfolg; auch nicht einer von den Feinden wurde gefangen, denn die Griechen hatten keine Reiterei, und das Fußvolk konnte die weit vor ihm fliehenden Fußgänger des Feindes nicht einholen, zumal da es ihnen, um sich nicht sehr von der Hauptarmee zu entfernen, nicht weit nachsetzen konnte. Die persische Reiterei tat auch im Fliehen ihrem Feinde noch Abbruch, indem sie die Pfeile rückwärts schoß; die Griechen aber mußten sich eben so weit, als sie vorgedrungen waren, unter beständigem Gefechte wieder zurückziehen. Dies verzögerte ihren Marsch so sehr, daß sie den ganzen Tag nicht mehr als fünfundzwanzig Stadien zurücklegten und erst gegen Abend die Dörfer erreichten. Hier erneuerte sich die Mutlosigkeit. Chirisophus und die ältesten Heerführer machten dem Xenophon Vorwürfe, daß er sich durch eine von der Armee entfernte Verfolgung der Gefahr ausgesetzt habe, ohne dem Feinde schaden zu können. Xenophon erwiderte hierauf: »Ich verdiene euren Tadel, und der Erfolg rechtfertigt ihn. Aber die Wahrnehmung des Verlustes, den wir auf unserm Posten litten, ohne ihn erwiedern zu können, nötigte mich zum Angriff. Dieser mißglückte nun allerdings so, wie ihr sagt: ohne dem Feinde Abbruch getan zu haben, mußten wir uns mit Gefahr wieder zurückziehen. Aber, den Göttern sei Dank, daß er uns nur mit geringer Macht angriff! Denn so haben wir, ohne großen Verlust gelernt, woran es uns fehlt. Die Feinde nämlich schießen und schleudern so weit, daß sie gegenwärtig von unsern Kretern und Wurfspießschützen nicht erreicht werden können. Da man sich nun beim Nachsetzen nicht weit von der Armee entfernen darf, so kann der griechische Fußgänger, auch wenn er schnell ist, den persischen, der in der Weite eines Pfeilschusses vor ihm flieht, nicht einholen. Um uns also für die Zukunft in den Stand zu setzen, daß uns der Feind auf dem Marsche nicht mehr schaden kann, bedürfen wir schleunigst Reiter und Schleuderer. Nun höre ich, daß wir in unserer Armee Rhodier haben, die der Erzählung nach größtenteils das Schleudern verstehen und ihr Geschoß doppelt so weit werfen, als die persischen Schleuderer. Denn diese bedienen sich solcher Steine, die eine Hand füllen und also nur in einer geringen Weite treffen. Die Rhodier aber wissen dafür auch Bleistücke zu gebrauchen. Wenn wir nun die vorhandenen Schleudern ihren Besitzern abkauften, von andern für Bezahlung neue anfertigen ließen, und diejenigen, die etwa selbst unter den Schleuderern zu dienen Lust haben, in irgend einer andern Rücksicht dienstfrei machten, so würden sich Manche finden, die wir nützlich gebrauchen könnten. Auch haben wir noch Pferde in der Armee, einige sind bei mir, einige hat Klearch hinterlassen, und noch viele andere sind dem Feinde abgenommen und tragen unser Gepäck. Wenn wir nun die brauchbarsten auswählten, ihre Stelle mit Lastvieh ersetzten und sie beritten machten, so könnten wir vielleicht auch auf diese Art dem fliehenden Feinde Abbruch tun.« Der Vorschlag gefiel; man brachte in dieser Nacht gegen zweihundert Schleuderer zusammen und wählte am folgenden Tage fünfzig Pferde und Reiter aus. Diese erhielten Lederpanzer und Harnische, und Lycius, des Polystrates Sohn, aus Athen, wurde zu ihrem Befehlshaber bestimmt.

4. Rückzug durch Assyrien und Kämpfe daselbst

Nachdem die Armee in den Dörfern einen Tag gerastet hatte, brach sie am folgenden Tage sehr früh auf, denn sie hatte einen Hohlweg zu passiren, wo bei dem Durchgange ein feindlicher Angriff zu besorgen war.

Die Griechen hatten den Paß schon im Rücken, als Mithridates wieder an der Spitze von tausend Reitern und viertausend Bogenschützen und Schleuderern erschien. Er hatte dies Corps, auf sein Ansuchen, von Tissaphernes erhalten, die Truppenzahl selbst bestimmt und versichert, damit die Griechen zur Unterwerfung zu zwingen; er machte sich nämlich von diesen schon einen geringschätzigen Begriff, weil er bei seinem ersten Anfall, wo er nur ein kleines Corps commandirte, dem Feinde, ohne selbst etwas einzubüßen, viel Abbruch getan zu haben glaubte. Die Griechen hatten schon acht Stadien von dem Hohlwege an zurückgelegt, als ihn Mithridates passirte. Es wurde eine Abteilung von Peltasten und Hopliten zum Nachsetzen bestimmt und der Reiterei angezeigt, sie solle nur unerschrocken angreifen, eine hinlängliche Macht würde sie unterstützen. Als nun der Feind so nahe war, daß man sich mit Schleudern und Bogen erreichen konnte, drangen, auf das mit der Trompete gegebene Zeichen, die dazu beorderten Truppen, nebst der Reiterei auf einmal schnell gegen ihn vor; er wartete aber ihren Angriff nicht ab, sondern floh nach dem Hohlweg zurück. Auf dieser Flucht verloren die Perser viel Fußvolk, und in dem Hohlwege wurden achtzehn ihrer Reiter gefangen genommen. Die Griechen verstümmelten die Gebliebenen aus eigenem Antriebe auf gräßliche Art, um den Persern ein recht furchtbares Schauspiel zu hinterlassen. Nach diesem Verluste zog sich der Feind zurück; die Griechen aber marschirten nun ruhig den Tag über fort und kamen bei dem Tigris an. Hier war eine öde große Stadt, Namens Larissa; vor alten Zeiten hatten sie Meder bewohnt. Die Breite ihrer Mauer betrug fünfundzwanzig Fuß, die Höhe hundert Fuß, ihr Umkreis zwei Parasangen, sie war von Ziegeln erbaut und hatte einen zwanzig Fuß hohen steinernen Grund. Zu der Zeit, als die Perser den Medern die Oberherrschaft entrissen, belagerte der Monarch der ersteren diese Stadt und konnte sie, trotz aller Versuche, nicht eher einnehmen, bis die Einwohner, als eine verhüllende Wolke die Sonne unsichtbar machte, den Mut verloren. Bei dieser Stadt stand eine steinerne Pyramide, ein Plethrum breit und zwei Plethren hoch; auf diese hatten sich viele Einwohner der umliegenden Dörfer geflüchtet. Von hier aus machten die Griechen einen Marsch von sechs Parasangen bis zu einem großen wüsten Schlosse in der Nachbarschaft einer Stadt. Die Stadt hieß Mespila und hatte ehemals medische Bewohner gehabt. Der Grund der Stadtmauer bestand aus polirtem Marmor (der versteinerte Konchylien in sich schloß), und in Breite wie Höhe betrug er fünfzig Fuß. Auf dieser Steinmasse stand die Mauer selbst, so breit wie jene und hundert Fuß hoch; ihr Umkreis betrug sechs Parasangen. Hierher floh, nach der Erzählung, als die Perser die medische Herrschaft stürzten, die Gemahlin des medischen Königs. Der Perserkönig belagerte die Stadt, ohne sie aber weder durch Blokade noch Sturm einnehmen zu können; doch kam ein Schrecken vom Zeus über die Einwohner,[38] und da wurde sie erobert.

Von hier aus rückten die Griechen bis zur nächsten Lagerstatt vier Parasangen vor. Auf diesem Marsche erschien Tissaphernes an der Spitze einer sehr großen Armee, die aus seiner Reiterei, dem Corps des königlichen Schwiegersohnes Orontes, dem ehemaligen Heere des Cyrus, dem Hilfscorps des königlichen Bruders und noch aus andern Truppen, die ihm der König mitgegeben hatte, bestand. Er hatte sich nun genähert und stellte einige Truppenabteilungen rückwärts und andere an den Flanken auf; wagte aber doch keinen vollen Angriff, um sich nicht der Gefahr auszusetzen, sondern gab blos Befehl zum Schleudern und Schießen. Als aber die hie und da einzeln aufgestellten Rhodier schleuderten, und die Bogenschützen, auf scythische Art geübt, ihre Pfeile abschossen und keiner seinen Mann verfehlte – denn das war, auch wenn einer gewollt hätte, nicht leicht möglich – so zog sich Tissaphernes sehr schnell aus der Schußweite, und die andern Truppen folgten seinem Beispiele. Nun marschirten die Griechen den übrigen Teil des Tages hindurch weiter, und die Perser folgten ihnen, ohne jedoch, nach dem vorigen Scharmützel, einen neuen Angriff zu unternehmen, denn die Rhodier trafen viel weiter als die Schleuderer und die meisten Schützen der Perser. Auch die persischen Bogen sind groß; daher konnten die Kreter alle feindlichen Pfeile, die sie erbeuteten, brauchen: sie bedienten sich auch beständig derselben und übten sich im Weitschießen, indem sie den Pfeil in die Höhe richteten. In den Dörfern fand man auch eine

38 Heftiges Gewitter.

Menge von Sehnen und Blei, wovon man für die Schleudern Gebrauch machte. Das Gefecht dieses Tages war für die Feinde ungünstig ausgefallen, und sie zogen sich auch, sobald die Griechen bei ihrer Ankunft in den Dörfern Halt machten, zurück. Am folgenden Tage rasteten die Griechen, um sich zu verproviantiren, denn man fand viele Lebensmittel in den Dörfern; dann marschirten sie, unter den Angriffen des Tissaphernes, der ihnen folgte, über die Ebene. Hier machte man die Erfahrung, daß das gleichseitige Viereck in dem Falle, wenn der Feind auf dem Fuße folgt, eine nachteilige Stellung ist. Denn wenn schmale Wege oder Gebirgsgegenden oder Brücken die Flügel des Vierecks zwingen, sich zusammenzuziehen, so werden notwendig die Hopliten herausgedrängt, das Zusammendrücken und ihre daher entstehende Verwirrung verhindert sie am Marsche, und in dieser Unordnung sind sie natürlich zum Dienste unbrauchbar. Wenn sich dann die Flügel wieder ausdehnen, so entsteht die notwendige Folge, daß die herausgedrängten Soldaten getrennt werden, mitten zwischen den Flügeln eine Lücke entsteht, und diejenigen, die dies Schicksal trifft, während der Feind auf dem Fuße folgt, den Mut verlieren. Führte sie nun der Weg über eine Brücke oder durch einen andern Engpaß, so eilte Jeder, dem Andern zuvorzukommen; und dies erleichterte dem Feinde seinen Angriff. Nach dieser Erfahrung errichteten die Heerführer sechs Abteilungen, von denen jede hundert Mann stark war und einen Hauptmann nebst Unterbefehlshabern, teils über fünfzig, teils über fünfundzwanzig Mann erhielt. Wenn sich nun die Flügel zusammenziehen mußten, so blieben diese Hauptleute, um ihnen Raum zu verschaffen, mit ihrer Mannschaft zurück und marschirten dann hinterher. Breiteten sich aber die Flanken des Vierecks wieder aus, so füllten Jene die Lücken aus, die kleinern nach ganzen, die größern nach halben, die sehr großen nach Viertel-Abteilungen, und so wurde die Mitte immer vollständig erhalten. War nun irgend ein schmaler Pfad oder eine Brücke zu passiren, so geschah es ohne Verwirrung, und die Hauptleute marschirten hinter einander, und wenn dann irgend wo die Phalanx nicht vollständig war, so waren diese bei der Hand, um sie auszufüllen. Auf diese Art machten sie vier Märsche.

Auf dem fünften Marsche erblickten sie ein königliches Schloß, umgeben von vielen Dörfern; der Weg dahin führte über hohe Hügel, die von einem Berge ausliefen, an dessen Fuße ein Dorf lag. Da diese Anhöhen nur mit feindlicher Reiterei besetzt waren, so war das für die

Griechen natürlich ein angenehmer Anblick. Indessen, als sie von der Ebene aus den ersten Hügel erstiegen hatten und nun herabgingen, um den zweiten zu ersteigen, da griffen die Feinde, durch die Geißel getrieben,[39] an und warfen, schleuderten und schossen von oben herab. Sie verwundeten Viele und nötigten die leichten Truppen, sich durch die Hopliten und den innern Raum der Phalanx zum Troß zurückzuziehen, sodaß also Schleuderer und Bogenschützen für diesen Tag zum Gefecht völlig unbrauchbar waren. Die Griechen, vom Feinde im Rücken gedrängt, unternahmen nun einen Angriff auf ihn. Das abgeschickte Corps, schwerbewaffnet wie es war, erstieg mit Mühe den Hügel; die Feinde aber zogen sich schnell zurück. Da es nun, um zur Hauptarmee zu stoßen, wieder herabstieg, wurde es ebenfalls im Rücken angegriffen. Eben so ging es bei den andern Hügeln. Nun wurde beschlossen, auf der dritten Anhöhe die Truppen unterdessen stehen zu lassen und von dem rechten Flügel des Vierecks die Peltasten auf den Berg zu führen. Als nun diese ihren Standpunkt über dem Feinde erreicht hatten, wagte es dieser nicht mehr, die Griechen, die sich jetzt herunterzogen, anzufallen, aus Furcht, abgeschnitten und von zwei Seiten angegriffen zu werden. Die Griechen setzten nun, so lange der Tag noch währte, teils über die Hügel, teils über den Berg ihren Marsch fort und erreichten die Dörfer, wo sie wegen der vielen Verwundeten acht Wundärzte bestellten.

Hier blieben sie drei Tage, teils aus Sorgfalt für die Verwundeten, teils deshalb, weil sie hier eine Menge von Lebensmitteln, die der Satrap dieser Landschaft zusammengebracht hatte, wie Mehl, Wein und Gerste, die für die Cavalleriepferde aufgeschüttet war, vorfanden. Am vierten Tage zogen sie in die Ebene hinab. Als Tissaphernes sie mit seiner Macht wieder eingeholt hatte, lernten sie, von ihm selbst dazu veranlaßt, die Vorsichtsmaßregel, während eines Gefechts nicht weiter zu marschiren, sondern bei dem ersten Dorfe, das sie erreichten, sich zu lagern, denn eine große Anzahl Soldaten, die Verwundeten, ihre Träger und diejenigen, denen letztere ihre Waffen ausgepackt hatten, konnten bei dem Gefechte nicht gebraucht werden. Sie lagerten sich also, der Feind rückte gegen das Dorf und unternahm einen Angriff, wurde aber ohne Mühe zurückgeschlagen, denn es war ungleich leichter, durch einen

---

39 Eine bei den Persern beliebte Weise, den Mut der Krieger *a posteriori* anzufeuern.

Ausfall aus dem Lager den Feind zurückzutreiben, als auf dem Marsche sich gegen ihn zu verteidigen. Es fing nun schon an Abend zu werden, und das war für die Feinde der Zeitpunkt zum Rückzuge; denn nie lagerten sie sich näher als sechzig Stadien von dem griechischen Heere, aus Furcht vor einem nächtlichen Überfalle. Für die Nachtzeit nämlich hat das persische Lager eine üble Einrichtung: die Pferde werden angebunden und größtenteils noch mit Fußschlingen versehen, damit sie nicht fortlaufen. Wenn nun ein Lärm entsteht, so muß der Perser sein Pferd satteln und zäumen, sich den Harnisch anlegen und dann erst kann er aufsitzen. Dies Alles macht bei Nacht, zumal im kriegerischen Getümmel, nicht geringe Schwierigkeit, und deshalb lagerten sie sich so weit von den Griechen.

Diese merkten jetzt an den Rufen der Feinde, daß sie sich zum Abzuge anschickten, und nun gaben auch sie, im Angesicht der Perser, das Zeichen zum Aufbruch. Die Letzteren verzögerten hierauf noch eine Weile ihren Marsch, endlich aber, als es schon spät wurde, zogen sie ab: denn sie hielten es ihrem Vorteile nicht angemessen, in der Nacht zu marschiren und ein Lager aufzuschlagen. Als nun die Griechen ihren wirklichen Abmarsch sahen, brachen auch sie auf und legten ungefähr sechzig Stadien zurück. Dadurch gewannen sie einen solchen Vorsprung, daß am zweiten und dritten Tage kein Feind zu sehen war. Am vierten Tage aber nahmen die Perser, nachdem sie in der Nacht den Griechen einen Marsch abgewonnen hatten, ihre Stellung sehr vorteilhaft auf der Höhe eines Berges, den die Griechen passiren mußten, und über den der Weg in die Ebene führte. Sobald Chirisophus dies bemerkte, ließ er den Xenophon vom Nachzuge herbeirufen, mit dem Befehl, die Peltasten zugleich hervorzuführen. Xenophon, ohne die Peltasten mitzubringen, denn er hatte den Tissaphernes schon mit seiner ganzen Macht erblickt, kam hervorgeritten und fragte nach der Ursache des Abrufs. »Die kannst du sehen«, sagte Chirisophus, »die Anhöhe, die unsern Marsch in die Ebene beherrscht, ist vom Feinde weggenommen, und wir können nicht weiter, ohne ihn zuvor hinunterzutreiben; aber warum bringst du nicht die Peltasten mit?« – »Ich hielt es nicht für gut«, erwiederte Xenophon, »den Nachzug zu entblößen, wenn der Feind sich sehen läßt. Doch es ist Zeit, zu beratschlagen, wie man den Feind von der Anhöhe vertreibt.« Da Xenophon jetzt bemerkte, daß gerade über der griechischen Armee der Berg am höchsten emporragte, und daß von dem Gipfel aus ein Weg auf die vom Feinde besetzte Anhöhe führte, so sagte er: »Das beste Mittel, Chirisophus, ist hier, so schnell als möglich die Bergspitze zu ersteigen, denn haben wir diese, so können sie ihre Stellung auf jener Anhöhe nicht behaupten. Bestimme nun selbst, wer von uns Beiden die Ausführung übernehmen und wer bei der Armee bleiben soll.« – »Ich überlasse dir die Wahl«, sagte Chirisophus. »Nun, da ich jünger bin«, erwiederte Xenophon, »so will ich marschiren«, und zugleich verlangte er Mannschaft aus dem Vordertreffen, weil der Weg vom Nachtrabe her zu lang war. Chirisophus gab ihm die Peltasten von der Front und aus der Mitte der Phalanx, nebst dem auserlesenen Corps von dreihundert Mann, welches er selbst bei dem Vortreffen hatte. Nun eilten sie, so schnell sie konnten, hinan. Sobald dies die Feinde auf dem Hügel bemerkten, liefen auch sie, um die Bergspitze noch eher zu erreichen. Das griechische Heer und die Armee des Tissaphernes riefen nun den Ihrigen zu, um sie anzufeuern, und das Geschrei von beiden Seiten war groß. Xenophon rief im Vorüberreiten den Truppen zu: »Jetzt, Waffenbrüder, wetteifert, als wäre Griechenland das Ziel, als winkte euch die Umarmung eurer Weiber und Kinder; bald, nach kurzer Anstrengung werden wir den übrigen Marsch ohne Schwertschlag vollbringen.« Der Soldat Soteridas ans Sicyon sagte hierauf: »Du, Xenophon, hast gut reden: dich trägt dein Pferd, und ich erliege fast unter der Last des Schildes.« Auf diese Äußerung sprang Xenophon vom Pferde, stieß den Soldaten aus dem Gliede, nahm ihm den Schild und marschirte, so schnell er nur konnte, vorwärts. Obwol ihn überdies noch seine Reiterrüstung drückte, so rief er doch den vordersten Reihen zu, fortzueilen, und den letzten, die kaum folgen konnten, nachzurücken. Die andern Soldaten schlugen, warfen und schimpften den Soteridas so lange, bis er wieder mit dem Schilde marschirte. Xenophon aber führte nun wieder zu Pferde an, so lange es der Weg erlaubte; dann stieg er ab und eilte zu Fuß so schnell hinan, daß die Griechen dem Feinde auf dem Gipfel zuvorkamen.

5. Weitermarsch durch das Karduchenland

beschlossen

Die Feinde flohen nun, wie Jeder konnte, und die Griechen behaupteten den Gipfel. Die Armee des Tissaphernes und Ariäus schlug einen andern Weg ein; Chirisophus aber zog mit seinen Truppen in die Ebene hinab und schlug das Lager in einem Dorfe auf, wo man einen Überfluß an Lebensmitteln fand. Auch noch andere Dörfer, mit Gütern mancherlei Art gesegnet, lagen in dieser Ebene am Tigris. Abends ließen sich auf einmal die Feinde im Felde sehen, und mehrere von den Griechen, die sich auf der Ebene der Plünderung wegen zerstreut hatten und viele Heerden erbeuteten, die über den Fluß getrieben waren, wurden niedergehauen. Die nächste Handlung des Tissaphernes und seiner Truppen war, die Dörfer in Brand zu stecken; der Gedanke, daß unter diesen Umständen keine Lebensmittel mehr zu bekommen sein würden, machte manche Griechen mutlos. Xenophon war nun in die Ebene herabgezogen, und da das Corps, das unter Chirisophus Anführung jenen bedrängten Griechen zu Hilfe gekommen war, jetzt eben zurückkehrte, ritt er zu ihm hinan und sagte: »Da seht ihr, Griechen, daß die Feinde diese Landschaft schon als die eurige betrachten, denn beim Abschluß des Bündnisses machten sie zur Bedingung, daß wir auf königlichem Gebiete nicht sengen und brennen sollten, und jetzt tun sie es selbst, als stünden sie auf fremdem Boden. Doch, lassen sie irgendwo noch Lebensmittel für sich übrig, so sollen sie sehen, daß wir den Weg dahin zu finden wissen. Ich rate, Chirisophus, den Mordbrennern Einhalt zu tun, da es unser Eigentum gilt.« – »Nicht so«, erwiederte dieser, »laßt uns vielmehr auch Feuer anlegen, desto eher werden Jene aufhören.«

Als sie im Lager angekommen waren, beschäftigten sich die andern Griechen mit den Lebensmitteln, die Heerführer und Hauptleute aber versammelten sich. Die damalige Lage war sehr schwierig: auf der einen Seite waren Berge von der äußersten Höhe, auf der andern war der Fluß von einer Tiefe, daß man ihn mit Lanzen nicht ergründen konnte. Während der Beratschlagung über diese Verlegenheit kam ein Rhodier und sagte: »Griechen, ich verspreche euch, immer viertausend Hopliten auf einmal überzusetzen, wenn ihr mir das Nötige darreicht und ein

Talent zur Belohnung gebt.« Auf die Frage, was er dazu bedürfe, erwiederte er: »Zweitausend Schläuche; wenn wir nun einer Menge von Schafen, Ziegen, Ochsen und Eseln, deren ich hier so viele sehe, die Häute abziehen und sie aufblähen, so können wir damit die Überfahrt leicht bewerkstelligen. Auch bedarf ich hierzu Stricke, wie ihr sie bei dem Zugvieh gebraucht: mit diesen binde ich die Schläuche zusammen, daß einer an den andern paßt, befestige Steine daran, die statt der Anker dienen, dann führe ich die Schläuche über das Wasser, befestigte sie an beiden Ufern und bedecke sie mit Reisholz und Erde. Ihr werdet bald sehen, daß sie nicht sinken, denn ein Schlauch wird doch, ohne unterzugehen, zwei Mann tragen, und vor dem Wanken schützt uns das Reisholz und die Erde.« Die Heerführer fanden diese Erfindung ganz sinnig, nur in dem jetzigen Falle nicht anwendbar, denn jenseit des Flusses stand eine zahlreiche Reiterei, die gleich die ersten Versuche zu diesem Werke würde vereitelt haben.

Am folgenden Tage marschirte das Heer auf einem Wege, der sich von der babylonischen Straße ablenkte, zurück, auf unversehrte Dörfer zu, nachdem sie diejenigen, die sie verließen, in Brand gesteckt hatten. Daher kamen die Feinde nicht nahe, sondern sahen blos zu, und schienen mit Verwunderung zu erwarten, wohin sich die Griechen wenden würden und was sie beabsichtigten. Während die Soldaten sich in den Dörfern mit den Lebensmitteln beschäftigten, kamen die Heerführer und Hauptleute wieder zusammen, ließen die Gefangenen herbeiführen und erkundigten sich bei ihnen nach allen Gegenden, die rings umher lagen. Ihre Antwort war: der Weg gegen Süden führe nach Babylon und Medien, woher die Griechen kämen; der gegen Osten nach Susa und Ekbatana, – wo sich der König, der Erzählung nach, den Frühling und den Sommer über aufzuhalten pflegt, – jenseits des Flusses gegen Westen käme man nach Lydien und Ionien, gegen Mitternacht über das Gebirge zu den Karduchen. »Dieses Volk«, sagten sie, »bewohnt das Gebirge, ist kriegerisch und unterwirft sich dem Könige nicht. Einmal griff eine königliche Armee von hundertzwanzigtausend Mann sie an, von dieser kam, wegen der schlimmen Gegend, nicht ein Mann zurück.« – »Wenn sie«, fuhren sie fort, »mit den Satrapen des flachen Landes im Vertrage stünden, finde unter beiden Nationen ein wechselseitiger Verkehr statt.« Auf diese Nachricht hin stellten die Heerführer diejenigen, die alle diese Gegenden zu kennen versicherten, besonders, ohne sich merken zu lassen, wohin der Marsch gehen sollte. Sie hielten es aber für notwendig, über die Berge ins Karduchische Gebiet einzurücken, denn hinter diesem Lande käme man, sagten die Gefangenen, nach Armenien, einem großen gesegneten Lande, wo Orontes herrsche, und von da aus, versicherten sie, könne man ohne Schwierigkeit überall hinkommen, wohin man wolle. Hierauf opferten sie, um, so bald es Zeit wäre, aufbrechen zu können, denn man besorgte, der Feind möchte die Berghöhen besetzen. Den Soldaten wurde angekündigt, nach der Mahlzeit einzupacken und sich zur Ruhe zu begeben, um dann, sobald das Zeichen gegeben würde, den Marsch antreten zu können.

Viertes Buch

1. Die ersten Tage im Lande der Karduchen

Was sich auf dem Hinmarsche bis zur Schlacht und nach derselben während des Waffenstillstandes, den der König mit den griechischen Soldtruppen des Cyrus geschlossen hatte, zutrug, wie dann der König und Tissaphernes das Bündnis verletzten und mit der persischen Armee die griechische feindlich verfolgten – das war der Inhalt der vorigen Bücher. (Als sich nun das Heer, wie wir zuletzt gesehen haben, in einer Gegend befand, wo der Tigris wegen seiner Breite und Tiefe durchaus unüberschreitbar war, und wo man eben so wenig an seinen Ufern hinmarschiren konnte, weil die schroffen karduchischen Berge selbst über den Fluß herüberragten, so beschlossen die Heerführer, über das Gebirge zu marschiren. Von den Gefangenen hatten sie gehört, daß sie nach dem Durchzuge durch der Karduchen Land in Armenien die Quellen des Tigris finden würden, wo sie dann nach Willkür entweder über den Fluß setzen oder die Quellen desselben umgehen könnten. Sie versicherten auch, daß nicht fern von den letzteren auch der Euphrat entspringe, und ihre Aussage bestätigte sich. Bei dem Einmarsch ins Karduchische Gebiet suchten sich die Griechen der Aufmerksamkeit des Feindes zu entziehen und ihm in Besetzung der Berghöhen zuvorzukommen).[40] Um die letzte Nachtwache also, als man bis zu Tagesanbruch noch so viel Zeit hatte, um in der Dunkelheit durch die Ebene zu kommen, traten die Griechen, dem erhaltenen Befehle gemäß, den Marsch an und erreichten mit Tagesanbruch das Gebirge. Chirisophus zog nun mit seinem Corps und allen leichten Truppen voran, Xenophon aber führte den Nachzug, der aus lauter Hopliten bestand; denn die Gefahr, von hinten angegriffen zu werden, während man aufwärts marschirte, war ja nicht zu vermuten. Chirisophus erreichte den Gipfel, ehe der Feind das Geringste wahrnahm, dann zog er voraus, und die Armee folgte ihm nun, so wie sie nach und nach den Gipfel überstieg, in die Dörfer, die in den Tälern und Krümmungen der Berge lagen. Die Karduchen verließen ihre Wohnungen, nahmen ihre Weiber und

---

40   Neuere Textforscher halten den eingeklammerten Abschnitt für unächt.

Kinder mit fort und flüchteten sich auf die Berge. Man fand indessen viele Lebensmittel, und die Häuser waren mit einer außerordentlichen Menge von ehernem Geschirr versehen; davon aber nahmen die Griechen nichts mit, auch ließen sie die Leute ruhig abziehen und schonten sie, in der Hoffnung, daß die Karduchen, als Feinde des Königs, sie vielleicht friedlich durch ihr Land würden ziehen lassen; Lebensmittel dagegen nahmen sie, wo Jeder sie fand; denn dazu zwang sie die Not. Man rief die Karduchen, allein sie kamen nicht und gaben auch sonst kein Zeichen des Wohlwollens. Schon war es dunkel, als die letzten griechischen Truppen von der Höhe in die Dörfer hinabzogen – denn wegen der engen Wege hatte man mit dem Auf- und Niedersteigen bis zu den Dörfern den ganzen Tag zugebracht – da sammelte sich eine Anzahl Karduchen, griff die äußersten Linien an, tötete einige Leute und verwundete andere mit Steinen und Pfeilen; ihrer waren indeß nur wenige, denn der Einmarsch der Griechen hatte sie überrascht. Hätten sie sich in größerer Menge zusammengezogen, so wäre man in Gefahr gewesen, einen großen Teil der Armee zu verlieren. Die Griechen brachten nun diese Nacht in den Dörfern zu; die Karduchen aber machten rings auf den Bergen Feuer und gaben sich Zeichen damit.

Mit Tagesanbruch kamen die Heerführer und Hauptleute der Griechen zusammen und beschlossen, von dem Zugvieh nur das notwendigste und stärkste mitzunehmen, und auch alle die erst in der letzten Zeit gemachten Kriegsgefangenen zu entlassen, denn die Menge des Zugviehs und der Gefangenen hielt den Marsch auf, ihre starke Bedeckung konnte zum Gefecht nicht gebraucht werden, und bei der großen Menschenzahl mußte man noch einmal so viel Proviant anschaffen und fortbringen. Dieser Beschluß wurde daher öffentlich bekannt gemacht. Nach dem Frühstück wurde der Marsch fortgesetzt, und die Heerführer standen in einem Engwege, wo sie Alles, was nicht dem Befehle gemäß, zurückgelassen worden war, wegnahmen. Die Soldaten waren gehorsam gewesen, nur hie und da hatten Manche einen schönen Knaben oder ein hübsches Weib aus Liebe zurückbehalten. Auf dem Marsche dieses Tages hatte man bald Gefecht, bald wieder Ruhe. Am folgenden Tage trat schlimmes Wetter ein, aber dennoch mußte der Marsch wegen Mangel an Lebensmitteln fortgesetzt werden. Chirisophus führte den Zug, und Xenophon commandirte den Nachtrab. Die Feinde setzten den Truppen heftig zu, und da die Pässe enge war, so warfen und schleuderten sie ganz aus der Nähe; die Griechen, genötigt auf sie loszugehen und dann wieder sich zurückzuziehen, konnten nur langsam vorrücken, ja oft mußte Xenophon, wenn die Feinde ihn stark drängten, die Armee halten lassen. Chirisophus, der sonst auf Verlangen immer Halt machte, tat es das eine Mal nicht, sondern rückte schnell weiter und commandirte, ihm zu folgen, woraus man schließen konnte, daß ihn irgend ein dringender Umstand dazu nötigte: man hatte aber keine Zeit, über die Ursache dieser Eilfertigkeit Nachricht einzuziehen, und so erhielt der Marsch bei dem Nachzuge das Ansehn der Flucht. Bei dieser Gelegenheit blieb der brave Kleonymus aus Lakonien, dem ein Pfeil durch Schild und Lederpanzer in die Rippen fuhr und der Arkadier Basias, der durch den Kopf geschossen wurde. Bei der Ankunft im Nachtquartiere ging Xenophon augenblicklich, so wie er war, zum Chirisophus und beklagte sich über ihn, daß er durch sein Forteilen sie genötigt habe, fliehend zu fechten. »So haben wir, fuhr er fort, zwei brave Männer verloren, die wir weder mitnehmen noch begraben konnten.« – »Sieh dir einmal«, erwiederte Chirisophus, »die Berge an, wie unersteiglich sie alle sind, der steile Weg, den du hier siehst, ist der einzige, und diesen hat, wie du sehen kannst, eine sehr zahlreiche Mannschaft besetzt, die den Zugang zum Gipfel bewacht. Deshalb wartete ich nicht auf dich, sondern eilte, um, wo möglich, den Feinden in der Besetzung der Bergspitze zuvorzukommen, denn die Wegweiser bei uns versichern, daß es keinen andern Weg gibt.« – »Ich habe zwei Männer bei mir«, sagte Xenophon, »denn da uns die Leute sehr zusetzten, stellten wir einen Hinterhalt, der uns Luft machte, einige von ihnen erlegten wir, andere suchten wir eben deswegen, um uns ihrer, da sie mit der Gegend bekannt sind, als Wegweiser zu bedienen, lebendig zu fangen.«

Die Männer wurden sogleich herzugebracht und jeder besonders gefragt, ob er nicht außer dem vor Augen liegenden Wege noch einen andern wüßte. Der Eine sagte, trotz aller Drohungen, die man anwendete, nichts, und als er endlich ganz untaugliche Dinge vorbrachte, so wurde er vor den Augen des Andern niedergemacht. Der Letztere äußerte nun, sein Gefährte habe sich deswegen so unwissend gestellt, weil er dort eine verheiratete Tochter habe: er aber wollte sie einen Weg führen, wo auch das Zugvieh fortkommen würde. Auf die Frage, ob dieser Weg irgendwo schwer zu passiren sei, antwortete er: man würde auf eine Anhöhe stoßen, die man schlechterdings vorher besetzen müsse, um vorbeikommen zu können. Es wurde hierauf beschlossen, die Hauptleute der Peltasten und Hopliten zu versammeln, die gegenwärtige Lage zu schildern und anzufragen, wer von ihnen so mutig sei, an dieser Unternehmung freiwillig Teil zu nehmen. Es meldeten sich von den Hopliten zwei Arkadier, Aristonymus aus Methydrion und Agasias aus Stymphalia. Der Letztere entzweite sich darüber mit einem andern Arkadier, dem Kallimachus aus Parrhasia. »Ich will«, sagte Agasias, »mit den Freiwilligen aus der ganzen Armee, die mir folgen wollen, marschiren. Und ich weiß gewiß, daß viele junge Mannschaft sich melden wird, wenn ich anführe.« Die Heerführer fragten nun, wer von den Befehlshabern der Schleudrer und Bogenschützen den Zug mitzumachen wünschte. Da bot sich Aristeas aus Chios an, ein Mann, der bei solchen Gelegenheiten der Armee oft sehr nützliche Dienste leistete.

2. Umgehung und Erstürmung eines Engpasses

Schon war es Abend geworden, und die Truppen erhielten Befehl, mit dem Essen zu eilen und dann sogleich aufzubrechen. Zugleich überlieferte man ihnen den Wegweiser gebunden und verabredete mit ihnen: sie sollten den Gipfel nach seiner Einnahme die Nacht hindurch besetzt halten, gleich bei Tagesanbruch aber mit der Trompete ein Zeichen geben und die feindliche Mannschaft, die den diesseitigen Zugang bewachte, angreifen. Die übrigen Truppen würden dann mit der möglichsten Geschwindigkeit gegen die Höhe anrücken und ihnen zu Hilfe kommen. Nach dieser Verabredung marschirte das Corps, zweitausend Mann stark, unter heftigem Regen ab. Xenophon aber führte den Nachtrab gegen den diesseitigen Gebirgsweg an, um die Aufmerksamkeit des Feindes, die er auf sich lenkte, von dem Marsche jener Truppen gänzlich abzuziehen. Als der Nachtrab bei dem Hohlwege, den man erst passiren mußte, um den Weg selbst besteigen zu können, anlangte, da wälzten die Feinde Felsenstücke, groß genug, um einen Lastwagen zu füllen und große und kleine Steine herunter, die, wenn sie im Sturze an die Felsen schlugen, mit einer Heftigkeit abprallten, als wenn sie geschleudert würden. Man konnte sich daher dem Gebirgswege durchaus nicht nähern. Als es auf diesem Wege nicht möglich war, da versuchten einige Hauptleute an andern Stellen vorzudringen, und diese Versuche setzten sie fort, bis die Finsternis anbrach. Als sie nun glaubten, bei dem Abmarsch vom Feinde nicht mehr bemerkt werden zu können, zogen sie sich zurück, um ihre Abendmahlzeit zu halten, denn manche Soldaten vom Nachzuge hatten den Tag über noch gar nichts gegessen. Die Feinde wälzten, wie man aus dem Getöse schließen konnte, die ganze Nacht hindurch unaufhörlich Steine herunter. Jene Truppen, die unter der Leitung des Wegweisers den Berg umgingen, stießen auf einen feindlichen Posten, der am Feuer saß, sie machten einige davon nieder, den Rest schlugen sie in die Flucht und postirten sich dann selbst an dem Orte, in der Meinung, den Gipfel inne zu haben. Sie irrten sich aber, die Bergspitze war noch über ihnen, und an ihr zog sich der enge Weg hin, den der feindliche Posten besetzt hatte, doch fand man von hier aus freie Bahn gegen die Feinde, die jenen offenen Gebirgsweg bewachten. Die Nacht über hielten sie sich daselbst ruhig. Mit Anbruch des Tages aber rückten sie stillschweigend in Schlachtordnung gegen den Feind und näherten sich ihm, da eben ein Nebel fiel, ohne bemerkt zu werden. Nun wurden sie einander ansichtig, die Trompete erklang, und mit Geschrei drangen die Griechen auf die Feinde los. Diese aber warteten ihren Angriff nicht ab, sondern verließen den Weg und flohen, doch, weil sie leicht zu Fuße waren, nur mit geringem Verluste. Als die Truppen des Chirisophus den Trompetenschall hörten, rückten sie sogleich gegen den vorderen Gebirgsweg an, andere Heerführer drangen mit den Ihrigen, wo jeder gerade stand, auf ungebahnten Wegen vorwärts, man stieg, so gut es anging, den Berg hinan und half einander mit den Lanzen in die Höhe. Diese vereinigten sich zuerst mit dem Corps, das schon oben stand. Xenophon aber schlug mit der Hälfte des Nachzugs den Weg ein, auf dem das letztere marschirt war, – denn dieser war für die Lasttiere der gangbarste, – die andere Hälfte seiner Mannschaft postirte er hinter das Zugvieh. Im Fortrücken stießen sie auf eine Anhöhe, die den Weg beherrschte und mit Feinden besetzt war, die sie, um nicht von dem übrigen Teile des Heeres abgeschnitten zu werden, heruntertreiben mußten. Sie hätten zwar den Marsch der anderen Griechen einschlagen können, aber nur auf diesem einzigen Wege, der vor ihnen lag, konnte das Vieh fortkommen. Sie sprachen also einander Mut ein und griffen den Hügel in Colonnen an, doch nicht auf allen Seiten, um dem Feinde, falls er fliehen wollte, einen Ausweg zu lassen. Anfänglich schoß und warf der Feind auf die Griechen, die nach bestem Vermögen hinanklimmten; bei ihrer Annäherung aber verließ er den Platz und floh. Nach dieser besiegten Schwierigkeit erblickten die Griechen eine neue Anhöhe vor sich, die der Feind besetzt hatte, und sie beschlossen, auch diese einzunehmen. Die Besorgnis, der Feind möchte den verlassenen Hügel, wenn man ihn gänzlich entblößte, wieder einnehmen, und dann über den vorüberziehenden Troß, der wegen der Enge des Weges einen langen Zug bildete, herfallen, bewog den Xenophon, die Hauptleute Cephisodorus, des Cephisiphon, und Amphikrates, des Amphidemus Sohn, beide aus Athen, nebst dem Archagoras, einem vertriebenen Argiver, mit ihrer Mannschaft auf dem Hügel zurückzulassen. Er selbst ging mit den übrigen Truppen auf die zweite Anhöhe los und nahm sie auf dieselbe Art ein. Noch hatten sie aber eine dritte Bergspitze, und zwar bei weitem die steilste vor sich, eben die, unter welcher jenes griechische Corps in der Nacht den feindlichen Posten überrascht hatte. Bei der Annäherung der Griechen aber verließen die Feinde, zur allgemeinen Verwunderung, den Hügel ohne Kampf. Man vermutete, die Furcht, eingeschlossen zu werden, habe sie dazu bewogen, allein sie zogen Alle auf den griechischen Nachtrab los, weil sie von der Höhe herab gesehen hatten, was bei demselben vorging.

Xenophon zog sich nun mit der jüngsten Mannschaft auf die Höhe und gab den Übrigen Befehl, langsam zu marschiren, damit jenes im Rücken postirte Corps sich mit ihnen vereinigen könnte und dann in die Straße herab vorzurücken und auf der Ebene Halt zu machen. Während dem kam der Argiver Archagoras geflohen und brachte die Nachricht, daß sie der Feind vom Hügel vertrieben habe, und daß Cephisodorus, Amphikrates und Andere, die sich nicht durch einen Sprung von dem Felsen gerettet und mit dem Nachzuge vereinigt hätten, geblieben wären. Nach diesem Erfolg besetzten die Feinde die der Bergspitze gegenüber liegende Anhöhe, und Xenophon ließ ihnen durch den Dolmetscher einen Vertrag anbieten und die Toten abfordern. Sie versprachen, sie auszuliefern unter der Bedingung, daß die Dörfer nicht in Brand gesteckt würden, womit Xenophon zufrieden war. Unterdessen, da während dieser Unterredung die übrigen Truppen vorbeimarschirt waren, zogen sich alle Feinde aus dieser Gegend auf jene Anhöhe zusammen. Als nun Xenophon die Bergspitze verließ, um sich mit den andern Truppen, die Halt gemacht hatten, zu vereinigen, eilten die Feinde zahlreich und mit großem Getümmel herbei, besetzten den Gipfel, den Xenophon verlassen hatte, und rollten Felsenstücke herab, die einem Griechen ein Bein zerschmetterten. Xenophon hatte seinen

Waffenträger mit dem Schilde nicht bei der Hand, aber Eurylochus, aus Lusi in Arkadien, ein Hoplite, lief herzu und deckte ihn und sich mit dem Schilde, und so kamen sie mit den Andern bei den unter den Waffen stehenden Truppen an. Das griechische Heer war nun völlig vereinigt und kantonirte in vielen sehr schönen Häusern, wo es Lebensmittel im Überflusse fand; der Wein z. B. war in solcher Menge vorhanden, daß ihn die Einwohner in ausgetünchten Cisternen aufbewahrten. Xenophon und Chirisophus brachten es dahin, daß ihnen der Feind für die Auslieferung des Wegweisers die Toten verabfolgen ließ. Diese wurden dann, wie es braven Soldaten zukam, mit allen Ehrenbezeugungen, die die Umstände erlaubten, bestattet. Am folgenden Tage marschirten die Griechen ohne Wegweiser. Der Feind aber suchte ihnen bald durch Angriffe, bald durch Besetzung der vorliegenden Pässe den Durchmarsch zu verwehren. So oft er nun das Vordertreffen aufhielt, stieg Xenophon mit dem Nachzuge auf die Berge und eröffnete dadurch, daß er die Höhe über den feindlichen Truppen, die den Marsch hinderten, zu gewinnen suchte, dem Vortrabe den Durchgang. Wurde aber das Hintertreffen angegriffen, so stieg Chirisophus aufwärts, um dem Feinde die Höhe abzugewinnen und machte auf diese Art dem Nachzuge freie Bahn. So standen sie einander gegenseitig und mit der tätigsten Sorgfalt bei. Aber auch den Truppen, welche die Höhe erstiegen hatten, machten die Feinde bei dem Heruntermarschiren bisweilen viel zu schaffen, denn nur mit Bogen und Schleudern bewaffnet waren sie so schnell, daß sie den Griechen ganz nahe kamen und ihnen dennoch wieder entrannen. Dabei waren sie treffliche Bogenschützen, und ihre Bogen waren beinahe drei, sowie ihre Pfeile über zwei Ellen lang. Bei dem Abschießen zogen sie die Sehne, die sie mit dem linken Fuße spannten, bis an den untersten Teil des Bogens. Die Pfeile drangen durch Schild und Harnisch. Diejenigen, die den Griechen in die Hände fielen, wurden von ihnen mit Riemen versehen und als Wurfspieße gebraucht. In diesen Gegenden taten die Kreter sehr gute Dienste. Ihr Anführer war Stratokles aus Kreta.

3. Überschreitung des Kentritesflusses

An diesem Tage blieben die Griechen in den Dörfern der Ebene, die am Centrites, einem Flusse, der zwei Plethren breit ist, und das Land der Karduchen von Armenien scheidet, sich hinzieht und ruheten aus. Von dem karduchischen Gebirge bis zum Flusse hatte man noch sechs oder sieben Stadien. Mit Lebensmitteln versorgt genossen sie hier, bei der lebhaften Erinnerung an die überstandenen Mühseligkeiten, die angenehmste Erholung. Denn da sie alle sieben Tage hindurch, so lange ihr Marsch durch das Karduchische dauerte, hatten kämpfen müssen, und zwar mit einem Verluste, der beträchtlicher war als alle der Schaden, den ihnen der König und Tissaphernes zufügten, so überließen sie sich jetzt, in der Hoffnung, diese Leiden überstanden zu haben, der süßesten Ruhe.

Allein mit Tagesanbruch erblickten sie jenseits des Flusses gerüstete Reiterei, welche Miene machte, ihnen den Übergang zu verwehren und oberhalb dieser auf den Anhöhen stand geordnetes Fußvolk, um sich dem Einmarsche in Armenien zu widersetzen. Es waren Soldtruppen des Orontas und Artuchas, Armenier, Mygdonier und Chaldäer. Diese Letzteren, der Erzählung nach ein unabhängiges und streitbares Volk, trugen längliche geflochtene Schilde und Lanzen. Die Höhen, auf welchen diese Truppen standen, waren drei bis vier Plethren von dem Flusse entfernt. Einen einzigen Weg sah man, der, wie von Menschenhänden gebahnt, aufwärts führte. Diesem gegenüber versuchten die Griechen den Durchgang. Allein das Wasser ging ihnen bis über die Brust, große und glatte Steine machten den Grund unsicher, im Wasser konnte man des reißenden Stromes wegen die Waffen nicht halten, und wer sie auf dem Kopfe trug, gab sich den Pfeilen und anderem Geschosse bloß. Sie zogen sich also zurück und schlugen daselbst am Flusse das Lager auf. In der Gegend des Gebirges, wo sie die vorige Nacht zubrachten, erblickten sie nun eine Menge Karduchen, die sich daselbst bewaffnet zusammengezogen hatten. Die Griechen wurden bei diesem Anblick sehr kleinmütig, denn vor sich sahen sie die mißliche Passage des Flusses und den zur Verhinderung des Überganges fertig stehenden Feind, und hinter sich erblickten sie die Karduchen in Bereitschaft, ihnen beim Übersetzen in den Rücken zu fallen. Sie blieben also diesen Tag und die Nacht über in großer Verlegenheit hier stehen. Da hatte Xenophon einen Traum: es kam ihm vor, als wenn er mit Ketten gebunden wäre; diese aber brächen von selbst entzwei, und entfesselt ginge er nun nach Belieben davon. In der Morgendämmerung ging er zum Chirisophus, äußerte seine Hoffnung, daß Alles gut gehen würde und erzählte ihm seinen Traum. Chirisophus freute sich und alle anwesenden Feldherrn opferten sogleich, während der Tag anbrach. Die Opfer versprachen gleich Anfangs einen glücklichen Erfolg, und die Heerführer und Hauptleute gaben unmittelbar darauf der Armee den Befehl zur Morgenmahlzeit. Xenophon hielt eben diese, als eilfertig zwei Jünglinge zu ihm kamen: denn es war Allen bekannt, daß er sich zu jeder Zeit, er mochte die Vormittags- oder Nachmittagsmahlzeit halten oder schlafen, sprechen ließ, wenn man ihm etwas in Bezug auf den Krieg zu sagen hatte. Diese erzählten Folgendes: »wir waren eben beschäftigt, Reisholz zum Feuer zusammenzulesen, als wir zwischen den Felsen, die an das jenseitige Ufer stoßen, einen alten Mann und eine Frau mit Dienstmädchen bemerkten, die eine Art von Mantelsäcken mit Kleidungsstücken in eine Felsenhöhle legten. Bei diesem Anblick gerieten wir auf die Vermutung, daß man vielleicht hier sicher über den Fluß setzen könnte; denn der feindlichen Reiterei ist der Ort unzugänglich. Wir zogen uns also aus und gingen, zum Schwimmen gefaßt, mit dem Seitengewehr hinein: aber wir kamen hinüber, ohne uns die Schamteile zu benetzen. Wir nahmen also die Kleidungsstücke zu uns und kamen wieder zurück.«

Sogleich spendete Xenophon den Göttern Wein, befahl den Jünglingen, einzuschenken, und die Götter, die Geber des Traumes und der Furt, um ihren ferneren Beistand zu bitten. Nach dem Trankopfer führte er die beiden Soldaten zum Chirisophus, wo sie ihre Erzählung wiederholten. Auch Chirisophus spendete den Göttern Wein. Dann gaben sie Beide Befehl, sich marschfertig zu halten, riefen die Heerführer zusammen und beratschlagten, wie sie den Übergang am besten bewerkstelligen könnten, um teils den vorwärts stehenden Feind zu besiegen, teils ihren Rücken gegen die Karduchen zu decken. Man vereinigte sich dahin, daß Chirisophus als Oberanführer, mit der einen Hälfte des Heeres hinübermarschiren, Xenophon mit der andern zurückbleiben, das Lastvieh aber mit dem Trosse den Mittelzug bilden sollte.

Nach dieser Anordnung setzten sie sich, unter der Leitung der Jünglinge, den Fluß zur Linken, in Marsch, der bis zur Furt vier Stadien betrug. Am jenseitigen Ufer, den Griechen zur Seite, zogen die feindlichen Schwadronen. Bei der Ankunft an der Furt, den Felsen gegenüber, stellten sich die Griechen in Schlachtordnung, und Chirisophus war der Erste, der sich bekränzte,[41] zum Übergange fertig machte und zu den Waffen griff. Nachdem er allgemein ein Gleiches zu tun befohlen hatte, trug er den Hauptleuten auf, ihre Compagnien, ihm teils zur Rechten, teils zur Linken, colonnenweise anzuführen. Die Seher opferten nun und ließen das Blut in den Strom fließen; die Feinde aber schossen und schleuderten, wiewol noch ohne Wirkung. Da das Opfer einen glücklichen Erfolg versprach, so stimmten alle Soldaten den Schlachtgesang an und jauchzten sich den Kriegsruf zu und alle Frauenzimmer – denn es gab eine Menge Buhldirnen im Heere – stimmten mit ein. Chirisophus ging nun mit seinem Corps in den Fluß; Xenophon aber eilte, an der Spitze der leichtesten Truppen vom Nachzuge mit möglichster Schnelligkeit an die Stelle des Ufers zurück, die dem Wege, der aufwärts in die armenischen Berge führte, gegenüber lag, um sich das Ansehn zu geben, als wenn er hier übersetzen und die am Fluß postirte Reiterei abschneiden wollte. Die Feinde, welche bei dem Anblick des leichten Durchzugs der Truppen des Chirisophus und des schnellen Rückmarsches des Xenophontischen Corps abgeschnitten zu werden besorgten, eilten aus allen Kräften dem Wege zu, der von dem Flusse aufwärts führte, und zogen sich, sobald sie ihn erreichten, auf die Höhe. Als Lycius, Anführer des Reitercorps, und Äschines, Anführer der Peltasten des Chirisophus, ihre beschleunigte Flucht sahen, setzten sie ihnen nach. Diese schrieen den übrigen Soldaten zu, sie würden nicht zurückbleiben, sondern mit ihnen den Berg ersteigen. Chirisophus aber verfolgte, nach bewerkstelligtem Übergange, die feindliche Reiterei nicht, sondern zog sich sogleich die unmittelbar vom Ufer aufsteigenden Anhöhen hinauf, um die daselbst postirten Feinde anzugreifen. Diese aber verließen bei dem Anblick ihrer fliehenden Reiter und der gegen sie anrückenden Hopliten die Anhöhen am Flusse.

Sobald Xenophon die Fortschritte der Griechen jenseits des Flusses bemerkte, kehrte er aufs Eiligste zu den übersetzenden Truppen zurück: denn man sah schon die Karduchen auf die Ebene herabziehen, um dem Nachtrab in den Rücken zu fallen. Chirisophus hielt die Anhöhen besetzt, und Lycius, der mit wenigen Leuten dem Feinde nachsetzte, erbeutete die äußersten Packwagen und auf diesen schöne Kleidungs-

---

41 Nach Spartanersitte, wenn's in die Schlacht ging.

stücke nebst Trinkgeschirren. Eben passirten die griechischen Packwagen mit dem Trosse den Fluß, als Xenophon sich wendete und den Karduchen entgegen stellte. Er gab den Hauptleuten Befehl, jede Compagnie in vier Züge zu teilen, diese dann links sich schwenken und neben einander Front machen zu lassen. Die Hauptleute und Anführer der Viertelzüge sollten dann auf die Karduchen losgehen, die Anführer des Nachzuges aber sich am Flusse postiren. Als die Karduchen bemerkten, daß die Bedeckung des Trosses sich schwächte und nur noch aus weniger Mannschaft bestand, rückten sie, unter Anstimmung einer Art Lieder mit beschleunigter Geschwindigkeit an. Chirisophus, der mit den Seinigen schon in Sicherheit war, schickte dem Xenophon die Peltasten, Schleuderer und Bogenschützen mit der Anweisung, sich den Anordnungen desselben zu fügen. Als Xenophon sie herabkommen sah, ließ er ihnen den Befehl entgegen bringen, am jenseitigen Ufer stehen zu bleiben: sobald er aber selbst mit seinem Corps zum Übersetzen sich anschickte, sollten sie ihm an seinen beiden Flanken mit angelegtem Wurfspieß und gespanntem Bogen entgegenkommen, doch ohne völlig über den Fluß zu gehen. Seinen Leuten aber befahl er: »sobald eure Schilde von dem Wurfe der Schleuderer erklingen, so rückt, unter Anstimmung des Päan, schnell und in ununterbrochenem Laufe auf den Feind los. Wenn dieser den Rücken kehrt, und von dem Flusse her die Trompete das Zeichen zum Angriff gibt, so macht rechts um, der Nachtrab wird zum Vordertreffen, und ihr lauft Alle nach Kräften und geht, Jeder in seiner Ordnung, damit ihr einander nicht hindert, über den Fluß. Wer zuerst drüben ist, soll der Bravste sein.«

Da also die Karduchen sahen, daß nur noch ein kleiner Teil von dem Bedeckungscorps diesseits stand, – denn auch Viele von denen, die zu bleiben beordert waren, hatten sich, um teils das Zugvieh, teils das Gepäck, teils ihre Buhldirnen zu besorgen, hinüber gezogen – machten sie mit Schleudern und Bogen einen mutigen Angriff. Die Griechen begannen den Päan und gingen ihnen im Laufe entgegen. Jene erwarteten ihren Anfall nicht; denn als Bergbewohner waren sie zwar recht gut zum Anlaufen und Fliehen, um so viel schlechter aber zum stehenden Kampfe gerüstet. Während dem erklang die Trompete und die Feinde flohen nun noch viel heftiger: die Griechen aber kehrten um und eilten, so schnell sie konnten, über den Fluß. Einige von den Feinden, die es gewahr wurden, liefen wieder gegen den Fluß und verwundeten etliche mit Pfeilschüssen: den größten Teil aber sah man noch fliehen, als die

Griechen schon übergesetzt waren. Die Griechen, welche vom jenseitigen Ufer entgegen rückten, ließen sich durch ihren Mut verleiten, weiter vorzudringen, als es gut war: sie gingen daher erst nach dem Übergange des Xenophontischen Corps wieder über den Fluß, und Einige von ihnen wurden auch verwundet.

4. Marsch durch Armenien. Zusammenstoß mit Tiribasos

Nach dem Übergange, der gegen Mittag beendigt war, ordneten sich die Griechen und machten nun in Armenien über lauter flaches Land und sanfte Anhöhen einen Marsch von nicht weniger als fünf Parasangen; denn in der Nähe des Flusses waren, wegen der Kriege mit den Karduchen, keine Dörfer. Das Dorf, wo sie anlangten, war groß, enthielt ein Residenzschloß des Satrapen und hatte auf den meisten Häusern Türme. Lebensmittel fand man im Überflusse. Von hier aus rückten sie in zwei Märschen zehn Parasangen weiter bis über die Quellen des Tigris hinaus. In den nächsten drei Märschen legten sie bis zu dem Teleboas fünfzehn Parasangen zurück. Dieser Fluß ist zwar nicht groß, aber anmutig und viele Dörfer bekränzen seine Ufer. Die Landschaft heißt das westliche Armenien, und ihr Satrap war Teribazus, ein Günstling des Königs, der sich, so oft jener zugegen war, nur von ihm aufs Pferd heben ließ. Dieser Satrap rückte mit Cavallerie an und schickte einen Dolmetscher voraus, der den Anführern den Wunsch desselben, mit ihnen zu sprechen, eröffnete. Diese beschlossen, ihn anzuhören, gingen ihm bis zur Sprechweite entgegen und fragten ihn um sein Begehren. Er äußerte den Wunsch, mit ihnen einen Vertrag zu schließen, der ihn verpflichtete, den Griechen keinen Schaden zuzufügen, sie aber, die Wohnungen nicht anzuzünden und nur die nötigen Lebensmittel zu nehmen. Die Anführer nahmen den Vorschlag an und schlossen den Vertrag. Nun rückten sie in drei Märschen, unter der Begleitung des Teribazus, der ihnen mit seinen Truppen in einem Abstande von ungefähr zehn Stadien folgte, fünfzehn Parasangen über die Ebene fort und kamen zu königlichen Schlössern, die ringsum von vielen mit Lebensmitteln angefüllten Dörfern umgeben waren. In der Nacht, die sie im Lager zubrachten, fiel ein tiefer Schnee: es wurde daher am Morgen beschlossen, daß sich die Truppen mit ihren Heerführern in die Dörfer verteilen sollten; denn man sah keinen Feind und glaubte durch den häufigen Schnee gesichert zu sein. Man fand dort alle benötigten Lebensmittel, Schlachtvieh, Getreide, alte wohlriechende Weine, Rosinen und Hülsenfrüchte aller Art. Einige aber von denen, die sich von der Armee zerstreut hatten, versicherten, ein Kriegsheer entdeckt und bei Nacht viele Feuer gesehen zu haben. Die Anführer hielten es daher für ratsam, nicht zu cantoniren, sondern die Truppen zusammenzuziehen: so vereinigten sie sich also sogleich, entschlossen, sich unter freiem Himmel zu lagern. In der Nacht aber, die sie so zubrachten, fiel ein so unermeßlicher Schnee, daß die Waffen und die liegende Mannschaft bedeckt wurden; auch das Zugvieh war in den Schnee so eingezwängt, daß es nur mit vieler Mühe sich aufrichten konnte. Es war eine große Verdrossenheit beim Aufstehen, denn so lange man lag und der Schnee nicht abfiel, fühlte man sich warm. Als aber Xenophon sich ermannte, unbekleidet aufzustehen und Holz zu spalten, da erhob sich auch bald ein Anderer, der ihm die Arbeit abnahm, und nun standen Mehrere auf, machten Feuer an und salbten sich. Denn man fand hier viel Salböl aus Lilien, Sesam, bittern Mandeln und dem Terpentinbaum gezogen und bediente sich desselben statt des gewöhnlichen Öls. Auch wohlriechende Salben, aus denselben Stoffen verfertigt, waren hier zu haben.

Nun beschloß man wieder, in den Dörfern Quartier zu nehmen, und die Soldaten eilten mit frohem Geschrei den Häusern und den Lebensmitteln zu. Diejenigen unter ihnen, die bei ihrem vorigen Abzuge die Wohnungen in Brand gesteckt hatten, büßten nun durch das unbequeme Lager unter freiem Himmel dafür. Hierauf wurde in der Nacht Demokrates, aus Temenium[42] gebürtig, mit einiger Mannschaft gegen die Berge zu abgeschickt, auf denen die Streifpatrouillen, ihrer Aussage nach, Feuer gesehen hatten: denn dieser Mann hatte das Lob, schon öfters in ähnlichen Fällen seine Aussagen der strengsten Wahrheit gemäß eingerichtet zu haben. Er hatte zwar, wie er nach seiner Rückkunft erzählte, kein Feuer gesehen, doch brachte er einen Gefangenen mit, der mit einem persischen Bogen und Köcher und mit einer Streitaxt, wie sie die Amazonen tragen, bewaffnet war. Auf die Frage, woher er sei? antwortete er: aus Persien; er käme von der Armee des Teribazus, um

42   Stadt in Argolis.

Lebensmittel zu holen. Man fragte ihn weiter: wie stark die Armee sei und was für eine Bestimmung sie habe? und er antwortete: Teribazus habe außer seinen eigenen Truppen noch Chalyben und Tarchen bei sich, die in seinem Solde stünden. Teribazus, fuhr er fort, hält sich auf den Höhen des Gebirges fertig, in den Engpässen, die man durchaus passiren muß, die Griechen anzugreifen. Aus diesen Bericht beschlossen die Feldherren, die Truppen zusammenzuziehen; dann ließen sie unter dem Befehl des Stymphaliers Sophänetus eine Besatzung zurück und setzten sich unter Leitung des Gefangenen in Marsch. Als die Höhe erstiegen war und die vorausziehenden Peltasten das feindliche Lager unter sich erblickten, warteten sie nicht erst auf die Hopliten, sondern liefen mit Geschrei darauf los. Die Feinde, durch das Getümmel aufgeregt, hielten nicht Stand, sondern flohen; doch blieben Einige von ihnen auf dem Platze und man erbeutete, außer etwa zwanzig Pferden, auch das Zelt des Teribazus, worin man Bettstellen mit silbernen Füßen, Trinkgefäße und einige Personen fand, die sich für Bäcker und Mundschenken ausgaben. Nachdem sich die Anführer der Hopliten von Allem unterrichtet hatten, beschlossen sie so schnell als möglich zum Lager umzukehren, damit nicht der Feind auf die zurückgebliebene Besatzung einen Angriff machte. Sogleich wurde zum Rückzuge geblasen, und man erreichte noch an demselben Tage das Lager.

5. Weitermarsch im Schneesturm. Ruhewoche

Am folgenden Tage beschloß man, aufs Eiligste weiterzuziehen, ehe sich die Feinde wieder sammelten und die Pässe besetzten. Der Aufbruch geschah sogleich, und die Griechen marschirten, unter der Leitung vieler Wegweiser, durch tiefen Schnee, erstiegen noch am nämlichen Tage die Höhe, wo Teribazus sie hatte angreifen wollen und schlugen das Lager auf. Von hier aus machten sie drei Märsche durch wüste Gegenden am Euphrat und setzten über diesen Fluß, der nur bis an den Nabel ging, weil hier, wie man sagte, seine Quellen in der Nähe waren. Hierauf legten sie in drei Märschen über eine mit tiefem Schnee bedeckte Ebene fünfzehn Parasangen zurück. Der dritte Marsch war mühselig, denn ein Nordwind, unter dessen Hauche Alles erfror und erstarrte, wehete ihnen entgegen. Da machte einer von den Wahrsagern den Vorschlag, dem Winde zu opfern: es geschah, und Jeder glaubte nun deutlich zu fühlen, daß sich das Schneidende des Windes verloren habe. Der Schnee war eine Klafter tief, so daß auch vieles Zugvieh, mehrere Sklaven und an dreißig Soldaten umkamen. Die ganze Nacht wurde Feuer unterhalten, denn man fand an dem Lagerplatze viel Holz, nur denen, welche zuletzt einrückten, blieb davon nichts mehr übrig: wenn sie also zu den Feuern derer, die früher angekommen waren, wollten zugelassen werden, so mußten sie ihnen dafür Weizen oder andere Eßwaren mitteilen. So halfen sie einander aus mit dem, was Jeder hatte. Wo das Feuer brannte, entstanden durch den geschmolzenen Schnee tiefe Gruben bis an den Boden, und so konnte man die Tiefe des Schnees messen.

Von hier aus marschirten sie den ganzen folgenden Tag durch Schnee, und eine Menge Leute fiel vor Hunger um. Xenophon, der den Nachzug führte, wußte sich, wenn er die Umgefallenen antraf, ihre Krankheit nicht zu erklären. Als ihm aber Jemand, der darin Erfahrung hatte, versicherte, daß sie vom Heißhunger litten und aufstehen würden, sobald man ihnen zu essen gäbe, so ging er zu den Proviantwagen und gab ihnen die Eßwaren, die er vorfand, oder schickte sie durch Leute, die ihnen beispringen konnten. Sobald sie etwas genossen hatten, standen sie auf und marschirten mit. Gegen Abend erreichte Chirisophus einen Flecken und traf vor demselben Weiber und Mädchen des Ortes an, die bei einem Brunnen Wasser holten. Auf die Frage derselben, wer sie wären, antwortete der Dolmetscher auf persisch, sie kämen vom Könige und wollten zum Satrapen: die Frauenzimmer erwiederten, der wäre nicht hier, sondern eine Parasange davon. Da es schon spät war, so gingen sie mit den Wasserträgerinnen hinein, zu dem Befehlshaber des Orts. Chirisophus nun und alle Truppen, die dazu gelangen konnten, nahmen dort ihr Nachtquartier: die übrigen Soldaten aber, die nicht so weit gekommen waren, brachten die Nacht ohne Speise und Feuerung unterwegs zu, und Einige von ihnen kamen ums Leben. Auch hatte sich eine Anzahl Feinde zusammengezogen, die dem Heere nachfolgten und das abgemattete Vieh raubten, worüber es unter ihnen selbst zu blutigen Händeln kam. Manche Soldaten blieben liegen, weil sie durch den Schnee das Gesicht verloren hatten, andere, weil ihnen bei der Kälte die Zehen abgefroren waren. Ein Hilfsmittel für die Augen gegen den Schnee war es, wenn man auf dem Marsche etwas Schwarzes über sie deckte, und für die Füße, wenn man sich unaufhörliche Bewegung machte und die Nacht über barfuß war. Wer aber beschuhet schlief, dem drückten sich die Riemen in den Fuß ein und die Schuhe waren wie angeschmiedet. Die Schuhe gehörten zu der Art, die man Karbatmä[43] nennt und wurden, nachdem die alten Schuhe verbraucht waren, aus frischer Ochsenhaut verfertigt. Bei solchen Drangsalen also blieben verschiedene Soldaten zurück, und da sie eine Stelle erblickten, welche schwarz schien, weil kein Schnee darauf lag, so vermuteten sie, er sei geschmolzen; und dies war wirklich der Fall, denn es befand sich nahe dabei in einer Bergschlucht eine dampfende Quelle. Hierher wendeten sie sich von der Straße ab und äußerten den Entschluß, nicht weiter zu marschiren. Als Xenophon, der den Nachzug führte, dies erfuhr, bat er sie, nicht zurückzubleiben und wendete, um sie zu bewegen, alle möglichen Kunstgriffe an. Er stellte ihnen vor, der Feind folge in großer Anzahl und brach endlich in Zorn aus. Allein sie erwiederten, er möchte sie niederhauen, denn sie könnten nicht weiter. Nun hielt er für das Beste, dem nachsetzenden Feinde, wo möglich, einen Schrecken einzujagen, damit er nicht über die Müden herfiele. Es war finster und die Feinde rückten mit großem Getümmel an, denn sie waren über ihre Beute in Zwist geraten. Alle Soldaten des Nachzuges, welche gesund waren, machten sich nun auf und liefen auf die Feinde los. Die Müden aber erhoben ein Geschrei, so stark sie nur konnten, und schlugen dabei mit den Lanzen auf die Schilde. Die Feinde erschraken, eilten durch den Schnee in das Gehölz zurück, und man hörte keinen Laut mehr von ihnen.

Xenophon und seine Gefährten marschirten nun, nachdem sie den Kranken versprochen hatten, am folgenden Tage einige Leute zu ihnen zu schicken, vorwärts, und stießen, noch nicht vier Stadien weiter hin, auf Soldaten, die sich eingehüllt hatten, und ohne ausgestellte Wache im Schnee ruhten. Man weckte sie auf: sie sagten aber, die vorderen Truppen hätten Halt gemacht. Xenophon marschirte vorbei und schickte die kräftigsten Peltasten voraus, um sich nach der Ursache des Stillstandes umzusehen. Diese brachten die Nachricht, das ganze Heer raste auf die nämliche Art. Nun hielten auch Xenophon's Truppen an und brachten daselbst, nachdem, so gut es sich tun ließ, Posten ausgestellt waren, ohne Essen und Feuerung die Nacht zu. Gegen Morgen

---

43 Auch bei Catull 99 erwähnt; weil man sie mit Fett zu tränken nicht Zeit gehabt hatte, waren sie sehr zusammengeschrumpft, und in ihrer Form, mehr als die Sandalen, unsern Schuhen ähnlich.

aber schickte Xenophon die jüngste Mannschaft zu den Müden zurück mit dem Befehl, sie zum Aufbruch zu nötigen. Während dem kamen Leute vom Chirisophus aus dem Dorfe, um Nachricht einzuziehen, wie es mit dem Nachzuge stünde. Sie waren hier sehr willkommen, und man überlieferte ihnen die Müden, um sie ins Lager zu bringen. Nach einem Marsche von noch nicht zwanzig Stadien traf man in dem Dorfe ein, wo Chirisophus rastete. Nach der Vereinigung wurde für gut befunden, die Truppen in die Dörfer zu verteilen. Chirisophus blieb da, wo er war, die Andern aber loseten um die Dörfer, die sie sahen, und marschirten dann in die ihnen zugefallenen Ortschaften. Der Hauptmann Polykrates, aus Athen, hielt jetzt um die Erlaubnis an, vorauszumarschiren, wählte dann eine Anzahl leichter Truppen aus und eilte an ihrer Spitze in das Dorf, das dem Xenophon zugefallen war. Hier fand er alle Einwohner des Orts mit ihrem Schulzen, außerdem siebzehn Füllen, die zum Tribut für den König bestimmt waren, und die erst seit neun Tagen verheiratete Tochter des Schulzen. Ihr Mann war auf die Hasenjagd gegangen, und man traf ihn in keiner dieser Ortschaften an. Die Wohnungen waren unter der Erde, am Eingange enge, gleich einer Brunnen-Mündung, unten aber weit. Die Eingänge für das Vieh waren gegraben, die Menschen aber stiegen auf Leitern hinab. In den Wohnungen aber traf man Ziegen, Schafe, Rinder, Federvieh mit ihren Jungen an. Alles Vieh wurde unten gefüttert. Auch fand man Weizen, Gerste, Hülsenfrüchte und Gerstenbier in großen Trinkgeschirren. In diesen Gefäßen, worin die Gerste bis an den Rand ging, standen knotenlose Rohrhalme, teils größere, teils kleinere. Wer nun dürstete, nahm sie in den Mund und sog. Ohne Zumischung von Wasser war es ein sehr starkes und für den, der es gewohnt war, liebliches Getränk. Xenophon zog den Schulzen dieses Dorfes zur Tafel und hieß ihn guten Muts sein, denn seine Kinder sollten ihm nicht genommen werden, und man würde ihn beim Abmarsch zur Belohnung das Haus mit Lebensmitteln anfüllen, wenn es sich zeigen sollte, daß er den Griechen bis zu ihrer Ankunft bei einer anderen Nation irgend einen nützlichen Dienst erwiesen habe. Der Mann versprach dies, und um seinen guten Willen zu beweisen, zeigte er die Stellen an, wo Wein vergraben war. So brachten nun die Soldaten, mit Quartier und allen Lebensmitteln überflüssig versorgt, diese Nacht zu, hatten den Schulzen in sicherer Verwahrung und seine Kinder vor Augen. Am folgenden Tage begab sich Xenophon mit letzterem zum Chirisophus. Wo ihm ein Dorf aufstieß, kehrte er zu den darin cantonirenden Soldaten ein und traf sie überall im Wohlleben und bei frohem Mute, und nirgends ließ man sie weg, ohne ihnen ein Frühstück vorzusetzen. Da traf man keinen Tisch an, der nicht mit Lamm-, Ziegen-, Schweine- und Kalbfleisch, mit Geflügel und vielem Weizen- und Gerstenbrode besetzt war. Wenn Jemand einem Andern zutrinken wollte und es recht gut mit ihm meinte, so zog er ihn zu der Kanne, über die er sich bücken und gleich einem Rinde schlürfen mußte. Auch dem Schulzen erlaubten sie, was ihm gefiele, zu nehmen. Allein er machte davon keinen andern Gebrauch, als daß er jedes Mal, wenn er einen Verwandten erblickte, ihn zu sich nahm. Als sie beim Chirisophus ankamen, fanden sie auch hier die Soldaten in ihren Quartieren am Tische mit Heukränzen geschmückt und von armenischen Knaben in Nationaltracht bedient. Den letzteren gab man, gleich Stummen, durch Zeichen zu verstehen, was man forderte. Nach ihrer gegenseitigen Bewillkommnung fragten Chirisophus und Xenophon den Schulzen gemeinschaftlich durch den Dolmetscher, der persisch sprach, wie das Land hieße? »Armenien«, sagte er. »Für wen«, fuhren sie fort, »werden diese Pferde gezogen?« – »Für den König«, versetzte er, »zum Tribut.« Das nächste Land, erzählte er weiter, gehöre den Chalyben, und er beschrieb den Weg dahin. Hierauf brachte ihn Xenophon wieder zu den Seinigen zurück und schenkte ihm ein schon etwas altes Beutepferd, um es zu füttern und zum Opfer zu schlachten, – denn er hatte gehört, daß dies Tier der Sonne heilig war, – aus Furcht, es möchte sonst draufgehn, weil es von dem Ritte sehr abgemattet war. Für sich nahm er eins von den jungen Pferden und verteilte die übrigen unter die Heerführer und Hauptleute. Die hiesigen Pferde waren zwar kleiner als die persischen, aber bei weitem rascher. Hierauf gab auch der Schulze die Anweisung, den Pferden und dem Zugvieh Säckchen um die Füße zu binden, wenn der Weg durch Schnee führte, denn ohne dies Mittel fielen sie bis an den Bauch hinein.

6. Erstürmung eines besetzten Engpasses

Acht Tage nachher übergab Xenophon dem Chirisophus den Schulzen als Wegweiser, die Hausgenossen desselben ließ er zurück, einen Sohn ausgenommen, der eben in die Jünglingsjahre trat. Diesen gab er dem Episthenes aus Amphipolis in Verwahrung, damit der Vater, wenn er seine Pflicht als Wegweiser gehörig erfüllt hätte, ihn wieder mit zurücknehmen könnte. Das Haus wurde ihm, so sehr es möglich war, angefüllt, und dann erfolgte der Abmarsch. Der Schulze zog, ohne gefesselt zu sein, durch den Schnee voran. Man war schon auf dem dritten Marsche, als Chirisophus wider ihn aufgebracht wurde, weil er die Armee nicht in Dörfer führte. Auf die Entschuldigung, es gäbe hier keine, schlug ihn Chirisophus, ohne ihn darauf fesseln zu lassen, und in der Nacht lief der Mann fort und ließ seinen Sohn zurück. Dies war der einzige Fall, wo sich Xenophon mit dem Chirisophus entzweite, weil dieser den Wegweiser mißhandelte, ohne jedoch auf ihn gehörig Acht zu geben. Den Sohn gewann Episthenes sehr lieb und nahm ihn mit sich nach Hause, wo er an ihm die anhänglichste Treue fand. Hierauf machten sie sieben Märsche, fünf Parasangen des Tages bis zu dem Phasis, der ein Plethrum breit war. Nachdem sie von hier aus in zwei Märschen zehn Parasangen zurückgelegt hatten, stellten sich ihnen auf einem Bergrücken, über den der Weg auf die jenseitige Ebene führte, Chalyben, Tarchen und Phasianen entgegen. Bei dem Anblick der Feinde auf der Höhe machte Chirisophus in einer Entfernung von ungefähr dreißig Stadien Halt, um sich den Feinden nicht in der jetzigen Stellung der Armee, die in langem Zuge marschirte, zu nähern; er befahl daher den andern Anführern, die Compagnien ausmarschiren zu lassen, damit die Armee gegen den Feind Front machte. Als der Nachzug heranrückte, ließ er die Heerführer und Hauptleute zusammenkommen und sprach zu ihnen: »Die Feinde haben, wie ihr seht, die Höhe des Berges besetzt; es ist also Zeit, zu beratschlagen, wie wir sie aufs Vorteilhafteste bekämpfen. Ich stimme dafür, die Truppen das Frühstück nehmen zu lassen, unsererseits aber zu überlegen, ob es heute oder morgen ratsam ist, über den Berg zu ziehen.« – »Meinerseits«, sprach Kleanor, »rate ich, sogleich das Frühstück zu nehmen und dann mit Schnelligkeit auf den Feind loszugehen. Denn wenn wir heute noch zögern, so wird den

Feinden, die uns jetzt sehen, der Mut wachsen, und in diesem Falle wird sich natürlich auch ihre Anzahl vergrößern.«

Nach ihm sprach Xenophon: »Ich schließe so: ist es notwendig, zu kämpfen, so müssen wir Maßregeln treffen, um uns hierbei aufs beste zu benehmen, wollen wir aber auf die leichteste Art über den Berg kommen, so müssen wir darauf sehen, bei welcher Verfahrungsart wir am wenigsten verwundet werden und die wenigsten Leute verlieren. Der Bergrücken nun, den wir vor uns sehen, erstreckt sich über sechzig Stadien weit, nirgends aber entdecken wir feindliche Truppen, die uns beobachten, als in dieser Richtung. Der Versuch also, ihrer Aufmerksamkeit zu entgehen und einen unbewachten Teil des Berges wo möglich zuvor einzunehmen, ist weit besser, als gegen einen Feind zu kämpfen, der uns in einer festen Stellung erwartet. Denn es ist doch viel leichter, Höhen zu ersteigen, ohne fechten zu müssen, als von Feinden umringt auf der Ebene zu marschiren. Auch sieht man zur Nachtzeit, wenn man nicht schlagen darf, weit besser vor sich, als ohne diese Voraussetzung am Tage, und in dem ersteren Falle marschirt man auch auf rauhem Pfade mit geringerer Beschwerde, als auf einer Ebene, wo es das Leben gilt. Uns aber durchzustehlen, scheint mir nicht unmöglich. Wir können ja des Nachts marschiren, daß sie uns nicht sehen; wir können uns auch so weit hinwegziehen, daß sie uns nicht aufs die Spur kommen. Bringen wir vollends den Feind auf den Gedanken, als wenn wir hier angreifen wollten, so werden wir, glaube ich, den übrigen Teil des Berges um so entblößter antreffen, da der Feind sich in diesem Falle lieber hier zusammendrängen wird. Doch, Chirisophus, warum empfehle ich erst das Durchstehlen? Weil ihr Lacedämonier aus dem wahlfähigen Teile der Bürgerschaft euch, wie ich höre, von zarter Jugend an im Stehlen übt und es nicht nur nicht für eine Schande, sondern vielmehr für Pflicht haltet, insofern das Gesetz nicht ausdrücklich etwas zu stehlen verbietet. Um das Stehlen und die dazu nötige Vorsicht recht gründlich zu lernen, ist es ja bei euch gesetzlich, denjenigen zu geißeln, der sich über der Tat ertappen läßt. Jetzt hast du nun eine treffliche Gelegenheit, deiner Erziehung Ehre zu machen, wenn du dich so vorsichtig benimmst, daß wir bei dem Versuch, den Berg wegzukapern, unentdeckt bleiben und uns nicht etwa eine gute Tracht Schläge holen.« – »Ich habe aber auch«, erwiderte Chirisophus, »von euch Atheniensern gehört, daß ihr trotz aller Gefahr, die dem Diebe droht, den öffentlichen Schatz gar meisterhaft zu bestehlen wißt, und zwar diejenigen aus der Classe der

Edlen, die ihr etwa mit euren Staatswürden beehrt, gerade am Fertigsten. Benutze daher selbst diese Gelegenheit, uns zu beweisen, was du gelernt hast.« – »Nun ich«, sagte Xenophon, »erbiete mich, nach eingenommenem Frühstück mit dem Nachzuge zum Marsch, um den Berg zu besetzen. Auch habe ich Wegweiser, denn die Gymneten paßten den Dieben, die uns auf dem Fuße folgten, auf, und nahmen Einige von ihnen gefangen. Durch diese nun hab' ich erfahren, daß der Berg nicht unzugänglich ist, sondern von Ziegen und Rindvieh beweidet wird. Wenn wir also nur einmal die Höhe zum Teil besetzt haben, so wird auch unser Zugvieh daraus fortkommen können. Ich hoffe, der Feind, der es jetzt nicht wagt, sich mit uns auf der Ebene zu messen, wird auch dann nicht Stand halten, wenn er sieht, daß wir mit ihm auf gleicher Höhe sind.« – »Wozu aber«, sagte Chirisophus, »ist es denn nötig, daß du selbst marschirst und den Posten beim Nachzuge verlässest? schicke lieber Andere, wenn sich keine Freiwillige finden.« Nun meldeten sich Aristonymus aus Methydrium mit Hopliten, Aristeas aus Chios, und Nikomachus aus Öta, beide mit Gymneten, und beschlossen unter sich, ihre Ankunft auf der Höhe einander durch eine Menge Feuer zu erkennen zu geben. Nach dieser Verabredung nahmen sie das Frühstück, und dann rückte Chirisophus mit der ganzen Armee etwa zehn Stadien vorwärts auf den Feind zu, um ihm einen Angriff auf dieser Seite recht wahrscheinlich zu machen.

Nach dem Abendessen, als es finster geworden war, brachen die hierzu commandirten Truppen auf und nahmen die Höhe ein; das übrige Heer rastete unten. Da die Feinde die Einnahme des Berges gewahr wurden, blieben sie wach und unterhielten die Nacht durch viele Feuer. Mit Anbruch des Tages, nach vollendetem Opfer, marschirte Chirisophus auf den besetzten Weg zu, der über den Berg führte, die Griechen aber, welche schon auf der Höhe standen, suchten nun die Gipfel einzunehmen.

Die feindliche Armee blieb größtenteils an dem hohen Wege stehen, ein Teil aber ging den Griechen auf den Gipfeln entgegen. Ehe aber noch die Hauptcorps an einander gerieten, kam es zwischen den Truppen auf den Anhöhen zum Schlagen. Die Griechen siegten und verfolgten den Feind. Während dem gingen auch von der Ebene aus die Peltasten im Laufe auf den ihnen gegenüber stehenden Feind los, und Chirisophus folgte ihnen mit den Hopliten im vollen Schritte. Als die feindliche Armee an dem hohen Wege sah, daß ihre Truppen auf den Höhen geschlagen wurden, nahm sie die Flucht und verlor viele Leute. Die Griechen erbeuteten eine große Menge geflochtener Schilde und machten sie durch Säbelhiebe unbrauchbar. Nachdem der Berg erstiegen war, wurde geopfert und ein Siegeszeichen errichtet, und nun marschirten sie in die Ebene herab, wo sie in Dörfer einrückten, die mit allerlei Lebensmitteln reichlich versehen waren.

7. Zug durch verschiedene Gebiete. Anblick des Meeres

Hierauf zogen sie in das Land der Taochen und legten in fünf Märschen dreißig Parasangen zurück. Es mangelte jetzt an Lebensmitteln, denn die Taochen bewohnten feste Plätze, in die sie sich mit allem Mundvorrat geflüchtet hatten. Als Chirisophus vor einem solchen Platze anlangte, wo sich, ohne daß daselbst eine Stadt oder auch nur Häuser waren, eine Anzahl Menschen beiderlei Geschlechts mit vielem Vieh zusammen gezogen hatten, so griff er ihn auf der Stelle an und ließ dabei immer mit frischen Truppen abwechseln, weil der Platz, der ringsum steil war, nicht von Allen zugleich angegriffen werden konnte. Nun kam Xenophon mit dem Nachzuge, der aus Peltasten und Hopliten bestand, und Chirisophus empfing ihn mit den Worten: »Du kommst wie gerufen, denn diesen Platz müssen wir einnehmen; wo nicht, so hat die Armee keine Lebensmittel.« Sie traten nun zur Beratschlagung zusammen und Xenophon fragte: »Was hindert denn aber den Einmarsch?« – »Dieser Zugang«, erwiederte Chirisophus, »den du hier siehst, ist der einzige. Wenn aber da jemand hinanzukommen versucht, so wälzen sie Steine über diesen hervorragenden Felsen, und dem Getroffenen geht es dann, wie du hier siehst.« Bei diesen Worten zeigte er auf einige Leute, denen Schenkel und Rippen zerschmettert waren. »Wenn sie nun die Steine werden verbraucht haben«, sagte Xenophon, »was wird uns dann noch vom Eindringen abhalten? Wir sehen doch nur diese wenigen Leute gegen uns, von denen zwei oder drei bewaffnet sind. Der Raum den wir unter den herabrollenden Steinen zu durchlaufen haben, beträgt, wie du siehst, etwa viertehalb Plethren; zwei Dritteile dieses Platzes sind, von Raum zu Raum durch hohe Fichten gedeckt: wenn die Leute hinter diese treten, was werden sie dann noch von den herabgeworfenen oder heruntergewälzten Steinen zu befürchten haben? Es bleibt also nur noch ein halbes Plethrum, was wir, wenn der Steinregen aufhört, durchlaufen müssen.« – »Sogleich aber«, entgegnete Chirisophus, »wenn wir uns gegen die Bäume zu in Marsch setzen, wird eine Menge von Steinen herabrollen.« – »Recht so«, sagte Xenophon, »um so geschwinder sind sie mit ihren Steinen fertig. Wohlan, so laßt uns jetzt hinmarschiren; von da aus bis zum Ziele, wenn es überhaupt zu erreichen ist, haben wir nicht weit zu laufen und können uns auch, wenn wir wollen, leichter zurückziehen.«

Nun brachen Chirisophus, Xenophon und der Hauptmann Kallimachus aus Parrhasia auf; denn der Letztere hatte unter den Hauptleuten des Nachzuges an diesem Tage das Commando, die andern Hauptleute aber blieben in ihrer gefahrlosen Stellung. Es zogen sich also an siebzig Mann hinter die Bäume, und zwar nicht auf einmal, sondern einzeln, Jeder mit der äußersten Vorsicht. Agasias aus Stymphalum, und Aristonymus aus Methydrium, ebenfalls Hauptleute des Nachzugs, und Andere blieben außer dem Busche, denn für mehr als eine Compagnie war es unter den Bäumen nicht sicher. Da hatte Kallimachus den guten Einfall, von dem Baume an, unter welchem er stand, zwei oder drei Schritte hervorzuspringen und dann, wenn die Steine herabrollten, sich schnell wieder zurückzuziehen: so gingen bei jedem neuen Vorsprunge über zehn Wagen voll Felsenstücke verloren. Als Agastas die Tat des Kallimachus und die Aufmerksamkeit des ganzen Heeres wahrnahm, befürchtete er, dieser möchte zuerst den Platz ersteigen, und ohne seine Freunde, den Aristonymus, der ihm am nächsten war, oder den Eurylochus aus Lusiä oder irgend einen Andern herbeizurufen, lief er allein und kam Allen zuvor. Als ihn Kallimachus vorbeilaufen sah, faßte er ihn beim Rande des Schildes. Während dem überlief sie Aristonymus aus Methydrium und nach ihm Eurylochus aus Lusiä. Alle diese machten einander den Preis der Tapferkeit streitig, und ihr Wetteifer eroberte den Platz, denn sobald nur erst Einer eingedrungen war, hörte das Steinwerfen auf. Jetzt aber sah man ein schreckliches Schauspiel: die Weiber warfen ihre Kinder herab, und dann stürzten sie sich, so wie die Männer, ihnen nach. Der Hauptmann Äneas aus Stymphalum sah hier einen schön gekleideten Menschen laufen, der im Begriffe war, sich herabzustürzen: er faßte ihn, um ihn daran zu hindern; allein dieser riß ihn mit fort, beide stürzten über die Felsen herab und starben. Sehr wenige Menschen wurden hier gefangen genommen; aber von Rindern, Eseln und Schafen erbeutete man eine große Menge.

Hierauf zog die Armee durch das Land der Chalyben, fünfzig Parasangen in sieben Märschen. Diese Nation war unter allen, deren Gebiet sie durchzogen hatten, die tapferste, und ließ sich mit den Griechen auch in stehenden Kampf ein. Sie trugen leinene Harnische bis an den Unterleib; statt der Panzerschuppen bedienten sie sich zusammengewundner Schnüre, die dicht aneinander schlossen. Auch hatten sie Beinharnische und Helme, und am Gürtel ein Seitengewehr, gleich dem lakonischen Säbel. Mit diesem machten sie die Feinde nieder, die sie überwältigen konnten, schnitten ihnen die Köpfe ab und nahmen sie mit sich, und zwar, wenn der Feind sie bemerken konnte, unter Singen und Tanzen. Sie trugen auch Lanzen, die an fünfzehn Ellen lang waren und eine Spitze hatten. In den Städten hielten sie sich so lange, bis alle Griechen vorbeimarschirt waren; dann folgten sie ihnen unter beständigem Kampfe. Ihren Rückzug nahmen sie in die festen Örter, wohin sie auch die Lebensmittel gebracht hatten, so daß die Griechen in diesem Lande gar nichts vorfanden, sondern von dem bei den Taochen erbeuteten Viehe leben mußten.

Sie rückten nun vorwärts bis an den Harpasus, einen vier Plethren breiten Strom. Von hier aus zogen sie in vier Märschen zwanzig Parasangen durch das Gebiet der Scythinen über eine Ebene und blieben in den Dörfern, die sie jetzt antrafen, drei Tage und versorgten sich mit Lebensmitteln. Hierauf legten sie in vier Märschen zwanzig Parasangen zurück und erreichten eine große, reiche und bevölkerte Stadt, Namens Gymnias. Der Beherrscher dieser Landschaft schickte den Griechen einen Wegweiser, um sie durch das Gebiet seiner Feinde zu führen. Er kam hierauf selbst und versprach mit Verbürgung seines Kopfs, sie in fünf Tagen bis in eine Gegend zu führen, von wo aus sie das Meer erblicken sollten. Er übernahm nun die Leitung, und nachdem er sie in das gegen ihn feindlich gesinnte Land eingeführt hatte, forderte er sie auf, die Gegend mit Feuer und Schwert zu verwüsten. Hier sah man, daß seine Dienstfertigkeit auf dieser Absicht und nicht auf Wohlwollen gegen die Griechen entsprang. Am fünften Tage langten sie bei dem heiligen Berge, Namens Techos an, und als die Ersten seinen Gipfel erstiegen hatten und von ihm aus das Meer erblickten, erhoben sie ein großes Geschrei. Xenophon und der Nachzug gerieten dabei auf den Gedanken, daß ein andres feindliches Corps die Armee in der

Fronte angriffe, weil die Einwohner der mit Feuer verheerten Landschaft ihren Rücken bedrohten. Einige der Letzteren waren von den Truppen des Nachzugs, der sie aus einem Hinterhalte angriff, teils niedergehauen, teils gefangen worden, und man hatte bei dieser Gelegenheit gegen zwanzig geflochtene Schilde, die mit ungegerbten rauhen Ochsenhäuten überzogen waren, erbeutet. Als nun der Lärm stärker wurde und näher kam und die nachrückenden Truppen immer den Vorderzügen, wo ein unaufhörliches Geschrei unterhalten wurde, im Laufe zueilten und letzteres sich eben in dem Grade, wie die Anzahl der Soldaten verstärkte, so glaubte Xenophon eine wichtigere Veranlassung voraussetzen zu müssen. Er schwang sich also aufs Pferd und sprengte in Begleitung des Lycius und der Reiterei zur Hilfe heran. Jetzt hörten sie sofort den fortlaufenden Zuruf der Soldaten: »*Das Meer! Das Meer!*« Nun entstand ein allgemeines Laufen, auch beim Nachzuge; das Zugvieh und die Pferde wurden ebenfalls dahin getrieben. Nachdem nun Alle den Gipfel erstiegen hatten, da umarmten sie wechselseitig sich, die Heerführer und Hauptleute unter Tränen. Und auf der Stelle trugen die Soldaten, ich weiß nicht, auf wessen Befehl, Steine zusammen, errichteten einen großen Hügel und legten eine große Menge roher Häute und Stäbe und die erbeuteten Flechtschilde darauf. Der Wegweiser und Andre, die er dazu antrieb, zerhieben diese letzteren. Hierauf entließen die Griechen den Wegweiser, nachdem sie ihn aus dem gemeinen Gute mit einem Pferde, einer silbernen Schale, einem persischen Anzuge und zehn Dareiken beschenkt hatten. Vorzüglich bat er um Ringe und erhielt deren eine große Menge von den Soldaten. Nachdem er den Griechen das Dorf, wo sie übernachten sollten und den Weg in das Gebiet der Makronen gezeigt hatte, schied er Abends von ihnen und kehrte Nachts in seine Heimat zurück.

8. Zug durch Kolchis. Ankunft in Trapezunt

Von hier aus zogen sie durch das Land der Makronen in drei Märschen zehn Parasangen. Am ersten Tage erreichten sie den Fluß, der zwischen dem Gebiet der Makronen und Scythinen die Grenze bildet. Die höhere Gegend, die ihm rechts lag, war sehr rauh, und links floß ein anderer Strom, in den sich der Grenzfluß, den sie passiren mußten, ergoß. Der letztere war mit Bäumen besetzt, die zwar nicht stark waren, aber sehr dicht standen. Die Griechen hieben sie beim Vorrücken nieder und eilten, so schnell als möglich aus dieser Gegend zu kommen. Die Makronen, die Flechtschilde, Lanzen und härene Kleider trugen, standen gegenüber, am jenseitigen Ufer aufmarschirt, munterten einander durch Zuruf auf und warfen mit Steinen in den Fluß herab, ohne jedoch die Griechen zu erreichen und irgendwie Schaden zu tun. Da trat ein Peltast, der, seiner Aussage nach, in Athen als Sklave gedient hatte, zum Xenophon heran und sagte, er verstehe die Sprache dieser Leute und glaube, hier sei sein Vaterland; wenn man nichts dawider habe, so wolle er mit ihnen sprechen. »Nein«, versetzte Xenophon, »wir haben nichts dawider; sprich mit den Leuten und befrage sie zuerst um ihre Landsmannschaft.« Sie antworteten darauf: »Wir sind Makronen.« Er fragte sie nun, auf Xenophon's Geheiß weiter: »Warum stellt ihr euch uns entgegen und wollt uns feindlich behandeln?« – »Weil ihr«, antworteten sie, »in unser Land einbrechen wollt.« Er erwiederte ihnen auf Befehl der Feldherrn: »Wir kommen nicht hierher, euch irgend ein Leid zuzufügen, sondern nach jetzt beendigten Kriegszuge gegen den König kehren wir nach Griechenland heim und wünschen, das Meer zu erreichen.« – »Wollt ihr«, fragten jene, »dies eidlich bekräftigen?« – »Ja«, erwiederten die Griechen, »wir wünschen eine gegenseitige Versicherung der Freundschaft.« Hierauf reichten die Makronen den Griechen eine ihrer Lanzen hin und empfingen von diesen eine griechische; denn darin bestand bei ihnen, wie sie sagten, die eidliche Bestätigung eines Vertrages. Beide Teile riefen dabei die Götter zu Zeugen.

Nach abgeschlossenem Vertrage halfen die Makronen sogleich den Griechen, unter die sie sich nun zutraulich mischten, Bäume fällen, bahnten den Weg, als wenn sie selbst übersetzen wollten, brachten ihnen auch, so gut sie konnten, Lebensmittel zum Kauf und geleiteten sie endlich drei Tage lang weiter, bis sie mit ihnen aus dem kolchischen Gebirge anlangten. Hier war ein großer aber unzugänglicher Berg, auf welchem die Kolchier gerüstet standen. Anfangs marschirten die Griechen in dichter Schlachtordnung auf, um in dieser Stellung den Berg anzugreifen: nachher aber fanden es die Feldherrn, die zusammen gekommen waren, für gut, über die vorteilhafteste Art des Angriffs zu beratschlagen. Xenophon nahm das Wort: »Ich rate, die dichtgeschlossene Stellung abzuändern und aus den Compagnien einzelne Colonnen zu bilden. Denn die Phalanx würde sich, da die Pfade über den Berg sicher nicht überall gleich wegsam sind, doch bald trennen müssen: die

Wahrnehmung aber, die dichtgeschlossene Stellung, in der sie anrücken sollten, nicht behaupten zu können, würde unter den Truppen sogleich Mutlosigkeit verbreiten. Ferner, stellen wir dem Feinde eine schmale Front entgegen, so überflügelt er uns und kann dann seine Überlegenheit zu beliebigen Zwecken brauchen: dehnen wir aber die Fronte aus, so wird natürlich die Phalanx da, wo der Feind vorzüglich stark andringt, durchbrochen werden. Diese Trennung aber, wo sie auch vorfallen möchte, würde auf dem ganzen Phalanx einen schädlichen Einfluß haben. Mein Rat ist also, die Compagnien colonnenweise und durch Zwischenräume getrennt, sich so weit ausbreiten zu lassen, daß die äußersten vor ihnen über die feindlichen Flügel hinausgehen: so werden wir die Phalanx der Feinde überflügeln, die Tapfersten von uns werden mit ihren Colonnen zuerst eindringen, und jede Compagnie wird da marschiren, wo sie am besten fortkommen kann. In die Zwischenräume einzudringen wird der Feind nicht leicht vermögen, da er sich so dem Angriffe der Compagnien von beiden Seiten aussetzen würde, und eine Compagnie, die in der Colonnenstellung aufmarschirt, zu durchbrechen, möchte ihm auch schwer werden. Kommt auch eine Colonne ins Gedränge, so kann ihr die benachbarte beistehen, und bringt es eine einzige Colonne dahin, bis auf die Höhe vorzudringen, dann möchte wol kein Feind mehr Stand halten.« Dieser Vorschlag erhielt Beifall, und die Compagnien wurden säulenförmig aufgestellt. Xenophon, der sich nun vom rechten Flügel auf den linken begab, hielt an die Soldaten folgende Anrede: »Soldaten, jene dort, die ihr seht, sind noch das einzige Hindernis, das uns von dem Ziele entfernt, wornach wir so lange schon streben: diese müssen wir, wenn es irgend möglich ist, mit Haut und Haar vernichten.«

Als nun nach Aufstellung der Colonnen Alle auf ihren Posten standen, zählte man achtzig Compagnien Hopliten, und jede zu hundert Mann. Die Peltasten und Bogenschützen bildeten drei Abteilungen, jede beinah zu sechshundert Mann, wovon eine außerhalb des linken, die andere außerhalb des rechten Flügels und die dritte im Mittelpunkte Stand nahm. Hierauf ermahnten die Feldherrn das Heer zur Ablegung der Gelübde: dies geschah, und unter Anstimmung des Päan begann der Marsch. Chirisophus und Xenophon rückten an der Spitze der Peltasten außerhalb der feindlichen Flügel vorwärts. Als die Feinde bemerkten, daß durch den überflügelnden Marsch dieser Truppen ihre Flanken bedroht wurden, da zogen sie ihre beiden Flügel weiter auseinander, wodurch in ihrem Centrum eine große Lücke entstand. Als die arkadischen Peltasten, unter dem Commando des Arkarnaniers Äschines, diese Trennung bemerkten, glaubten sie, der Feind nähme die Flucht, und gingen mit Hitze auf ihn los. Sie erstiegen zuerst den Berg und ihnen zunächst folgten die arkadischen Hopliten unter der Anführung des Kleanor aus Orchomenus. Als die Feinde ihren Anlauf wahrnahmen, hielten sie nicht mehr Stand, sondern flohen, einer dahin, der andre dorthin. Die Griechen erreichten die Höhe und nahmen in einer Menge von Dörfern, die mit Lebensmitteln reichlich versehen waren, Quartier. Die Gegend enthielt für sie weiter keine Merkwürdigkeit, als diese: es gab hier viele Bienenstöcke, und alle Soldaten, welche von den Honigwaben aßen, verloren ihre Besinnung, bekamen Erbrechen und Durchfall, und keiner konnte aufrecht stehen. Diejenigen, welche wenig gegessen hatten, glichen den stark Betrunknen; Andere, die viel genossen, wurden entweder wahnsinnig oder schienen sterben zu wollen. Es lagen so Viele da, als wäre hier eine Niederlage vorgefallen, und die Mutlosigkeit darüber war groß. Doch am folgenden Morgen war Keiner gestorben, sondern fast zu derselben Stunde erhielten sie den Gebrauch ihres Verstandes wieder; am dritten und vierten Tage standen sie auf, als wenn sie sich von einer Vergiftung erholt hätten.

Hieraus legten sie in zwei Märschen sieben Parasangen zurück und kamen an das Meer nach Trapezunt; diese griechische Stadt liegt am Pontus Euxinus, im kolchischen Gebiete und ist eine Colonie von Sinope. Sie rasteten hier auf kolchischem Boden an dreißig Tage und plünderten von da aus in dem Gebiete der Kolchier. Die Einwohner von Trapezunt brachten in das Lager Lebensmittel zum Verkauf, bewirteten die Griechen bei sich und gaben ihnen Gastgeschenke, Ochsen, Mehl und Wein. Sie verwendeten sich auch bei ihnen für die benachbarten Kolchier, die meistenteils auf dem platten Lande wohnten, und auch von diesen kamen Gastgeschenke an, die dem größten Teile nach in Ochsen bestanden. Hierauf bereiteten sie das angelobte Opfer. Ochsen erhielten sie in hinlänglicher Anzahl, um dem Erretter Zeus und dem Herkules für gnädige Führung Dankopfer zu bringen und auch den andern Göttern ihre Gelübde zu bezahlen. Auch stellten sie auf dem Berge, wo sie im Lager standen, gymnische Spiele an und wählten den Spartaner Drakontius, – der noch als Knabe von Hause entflohen war, weil er einen andern Knaben durch einen Säbelhieb unvorsätzlich getötet hatte, – um ihm die Bezeichnung der Laufbahn und die Aufsicht über den Kampf zu übertragen. Nach beendigter Opferfeierlichkeit übergaben sie ihm die Häute und verlangten, zu der ihm bezeichneten Laufbahn geführt zu werden. Er zeigte da, wo sie eben standen, auf einen Hügel und sagte: diese Höhe eignet sich von jedem Standpunkte aus zum Wettlauf am besten. »Wie aber«, erwiederten sie, »werden die Leute hier, wo der Boden so rauh und strauchig ist, ringen können?« – »Desto besser«, sagte er, »wird es der fühlen, welcher fällt.« Im Stadium nun liefen die meisten gefangenen Knaben; den Dolithos aber liefen mehr als sechzig Kretenser. Andre zeigten sich im Ringen, im Faustkampf und im Pankratium.

Es war ein angenehmes Schauspiel: denn es kamen Viele auf den Kampfplatz, und da ihre Freunde Zuschauer waren, so stieg der gegenseitige Wetteifer sehr hoch. Auch hielt man ein Wettrennen zu Pferde: hier mußten die Renner bergab bis ans Meer jagen und dann wieder bergauf, bis zum Altare, zurückkehren. Abwärts ging es so schnell, daß sehr Viele herunterkugelten: aufwärts aber gingen die Pferde, da es sehr steil war, nur in sachtem Schritte. Das gab denn zu vielem Geschrei, Gelächter und Zuruf Veranlassung.

Fünftes Buch

1. Aufenthalt der Griechen bei Trapezunt

Die Taten der Griechen auf ihrem Zuge mit dem Cyrus, und auf ihrem Rückmarsche bis zum Pontus Euxinus, ihre Ankunft bei der griechischen Stadt Trapezunt, und das Dankopfer, das sie für ihre Erhaltung auf dem ersten freundschaftlichen Boden darzubringen gelobt hatten, habe ich in den vorigen Büchern beschrieben. – Sie versammelten sich hierauf, um über den übrigen Teil der Reise zu beratschlagen. Zuerst stand Antileo aus Thurii auf und sprach: »Ich wenigstens, Waffenbrüder, bin endlich von dem beständigen Einpacken, Marschiren, Laufen, Gehen in Reih' und Glied, Wachen und Kämpfen erschöpft: endlich wünsche ich von diesen Beschwerlichkeiten auszuruhen, und da wir doch am Meere sind, die noch übrige Reise zu Schiffe zu machen, und ausgestreckt wie Ulysses im Schlafe nach Griechenland zu kommen.« Auf diese Rede äußerten die Soldaten durch lautes Murmeln ihren Beifall. Noch ein Anderer gab eben diesen Rat, und so alle Anwesenden. Jetzt stand Chirisophus auf und sprach: »Soldaten, Anaxibius ist ein Freund von mir, Admiral ist er aber auch gerade. Wollt ihr mich nun an ihn absenden, so hoffe ich mit dreirudrigen Schiffen und andern Fahrzeugen zu eurer Abfahrt zurückzukommen. Bleibt also, da ihr zu Schiffe abgehen wollt, so lange hier, bis ich wieder komme; dies soll aber bald geschehen.« Die Soldaten waren hierüber froh und stimmten für seine baldige Abreise.

Nach ihm stand Xenophon auf und sprach: »Chirisophus reise also ab, um Fahrzeuge zu besorgen, wir aber bleiben. Was wir nun, meinem Bedünken nach, während unsers hiesigen Aufenthalts in unserer Lage zu tun haben, will ich jetzt sagen: zuvörderst müssen wir uns aus den feindlichen Gegenden mit Lebensmitteln versorgen, und haben auch nicht einmal, Wenige von uns ausgenommen, Geld zum Einkauf, und das Land umher ist feindlich. Wir laufen also Gefahr, viele Leute zu verlieren, wenn wir sorglos und unbehutsam nach Lebensmitteln ausgehen. Wir müssen daher, wie ich glaube, aus combinirten Streifzügen uns Lebensmittel holen und nicht aufs Geratewohl herumschweifen, damit wir diesem Bedürfnisse abhelfen, ohne unser Leben in Gefahr zu setzen.« – Dies wurde beschlossen. – »Hört weiter: Einige von euch werden wol auf Beute ausgehen: ich halte es dafür für ratsam, daß wer diese Absicht hat, uns meldet, daß und wohin er gehen will, damit wir die Anzahl der Abwesenden und Bleibenden wissen, und im Notfall gemeinschaftlich handeln können; ferner, damit wir, falls sich die Gelegenheit darbietet, Einigen beizustehen, den Ort kennen, wohin wir zum Beistande eilen müssen und im Stande sind, Unerfahrene, die etwas unternehmen wollen, mit gutem Rat zu unterstützen, indem wir die Stärke des Feindes, den sie angreifen wollen, zu erfahren suchen.« – Man willigte ein. – »Überlegt auch dies: die Feinde haben Gelegenheit, Beute von uns zu machen, und zu verdenken ist es ihnen nicht, wenn sie uns nachstellen, denn wir sind im Besitz ihres Eigentums, und ihre Stellung bedroht die unsere. Ich halte es daher für nötig, um das Lager herum Wachen auszustellen, denn wenn wir abwechselnd wachen und den Feind beobachten, so wird er uns nicht leicht berücken können. Weiter, da wir nicht sicher wissen, ob auch Chirisophus mit einer hinlänglichen Anzahl Fahrzeuge zurückkommen wird, – denn in diesem Falle wäre mein Vorschlag überflüssig – so müssen wir uns, meinem Bedünken nach, Mühe geben, auch aus dieser Gegend Schiffe zusammenzubringen. Sind wir nun bei seiner Rückkunft in dieser Hinsicht schon versorgt, so haben wir desto mehr Fahrzeuge zur Reise, und bringt er selbst keine mit, so können wir uns doch derer bedienen, die wir dann schon haben. Ich sehe hier oft Schiffe vorbeisegeln. Wenn wir uns nun von den Trapezuntiern Kriegsschiffe ausbitten, und mit diesen so viel Fahrzeuge aufbringen und durch Wegnahme der Steuerruder in Verwahrung halten, bis wir eine hinlängliche Anzahl beisammen haben, so können wir dann auf jeden Fall die Abreise unserm Wunsche gemäß bewerkstelligen.« – Auch dies erhielt Beifall. – »Überlegt endlich, ob es nicht billig ist, die Mannschaft der aufgebrachten Schiffe auf gemeine Kosten so lange, als sie unseretwegen warten muß, zu verpflegen und ihr die Überfahrt zu bezahlen, damit sie für ihre uns geleisteten Dienste doch einigen Vorteil hat.« – Man willigte ein. – »Wenn es uns aber nicht möglich ist, eine hinlängliche Anzahl Fahrzeuge zusammenzubringen, so müssen wir, meinem Bedünken nach, den Seestädten anbefehlen, die Wege, die der Beschreibung nach sehr schlecht sind, zu verbessern. Sie werden dies tun, teils aus Furcht, teils auch um unser bald los zu werden.«

Die Soldaten verwarfen diese Maßregel mit Geschrei. Da nun Xenophon ihre Unbesonnenheit sah, ließ er zwar hierüber nicht stimmen, aber er vermochte die Seestädte die Wege freiwillig auszubessern und brauchte dabei den Beweggrund, daß die Griechen um so eher abmarschiren würden, wenn die Straßen gebahnt wären. Die Griechen erhielten von den Trapezuntiern ein Schiff mit fünfzig Rudern und übertrugen den Oberbefehl darüber dem aus einer lacedämonischen Provinzialstadt gebürtigen Dexippus. Allein statt Fahrzeuge aufzubringen, entfloh dieser mit dem Schiffe aus dem Pontus. Doch in der Folge erhielt er die verdiente Strafe: denn da er sich beim Seuthes in Thrazien unbesonnener Weise in gewisse Händel mischte, verlor er durch den Lacedämonier Nikandros das Leben. Auch erhielten sie ein Schiff von dreißig Rudern und übergaben es dem Oberbefehl des Atheniensers Polykrates, der alle Schiffe, die er aufbrachte, der Armee zuführte. Die Waren derselben wurden herausgenommen und zu ihrer Sicherheit Wachen hinzugestellt. Die Schiffe brauchte man zur Fahrt. Während dem gingen die Griechen auf Beute aus: manche waren dabei glücklich, andre wieder nicht. Kleänet, der seine und eine andre Compagnie in eine gefährliche Gegend geführt hatte, büßte mit vielen seiner Leute das Leben ein.

2. Streifzug gegen die Driler

Da die Lebensmittel nicht mehr so in der Nähe zu erhalten waren, daß die Soldaten noch am nämlichen Tage zur Armee hätten zurückkehren können, so nahm Xenophon Wegweiser von den Trapezuntiern und führte die Hälfte des Heeres gegen die Driler, die andre aber ließ er zur Bewachung des Lagers zurück. Denn die Kolchier hatten sich, da sie aus ihren Wohnungen vertrieben waren, in großer Anzahl zusammengezogen und lauerten auf den Bergen. In die Gegenden aber, aus denen man sich leichter mit Lebensmitteln hätte versorgen können, wollten die Trapezuntier nicht hinführen, weil sie mit den Einwohnern in Freundschaft lebten. Zu den Drilern hingegen, der kriegerischen Völkerschaft am Pontus, die eine bergige und unwegsame Gegend bewohnte, zeigten sie sehr gern den Weg, weil sie von ihnen feindlich behandelt wurden. Als nun die Griechen dieses Bergland erstiegen hatten, steckten die Driler alle Plätze, die sie nicht für haltbar hielten, in Brand und zogen davon: man fand daher hier nichts als Schweine und Ochsen und einiges andre Vieh, was dem Feuer entflohen war.

In einem Platz aber, der ihre Hauptstadt hieß, hatten sich Alle zusammengezogen. Er war mit einem sehr tiefen Hohlwege umgeben, und die Zugänge waren schwierig. Die Peltasten, die den Hopliten um fünf oder sechs Stadien vorgeeilt waren, gingen über den Hohlweg, und da sie viele Schafe und andere Gegenstände von Wert erblickten, so griffen sie den Ort an. Auch folgten ihnen viele Lanzenträger, die auf Proviant ausgingen, sodaß über zweitausend Mann den Hohlweg passirten. Da ihr Angriff aber nicht hinreichte, den Platz zu erobern, – denn er war mit einem breiten Graben und einem mit Pallisaden und vielen hölzernen Türmen besetzten Walle umzogen – so schickten sie sich schon zum Abzuge an, als der Feind sie im Rücken angriff. Bei der Unmöglichkeit also, sich zurückzuziehen, indem man von hier aus in den Hohlweg nur einzeln herabsteigen konnte, schickten sie zum Xenophon, der die Hopliten anführte. Der Abgeordnete meldete: der Platz, vor dem sie ständen, sei mit vielen Gütern angefüllt, allein sie könnten ihn, weil er fest sei, nicht einnehmen; eben so wenig aber könnten sie sich zurückziehen, denn der Feind beunruhige den an und für sich schon schwierigen Rückzug durch Ausfälle.

Aus diese Nachricht rückte Xenophon an den Hohlweg, ließ die Hopliten halten und ging mit den Hauptleuten hinüber, um zu sehen, ob es ratsamer sei, die vorgerückten Truppen wieder herüber zu führen, oder, im Vertrauen auf die Eroberung, auch die Hopliten nachrücken zu lassen. Der Rückzug schien nicht ohne großen Verlust bewerkstelligt werden zu können; die Einnahme des Orts hingegen hielten die Hauptleute für möglich, und Xenophon stimmte ihnen in Vertrauen auf die Opfer, bei: denn die Opferpriester hatten ein Gefecht angekündigt, das einen glücklichen Ausgang nehmen würde. Er schickte also die Hauptleute ab, um die Hopliten herüber zu holen, ließ die Peltasten sich zurückziehen und untersagte ihnen, auf den Feind zu werfen oder zu schießen. Als die Hopliten ankamen, forderte Xenophon die Hauptleute auf, jeder von ihnen möchte seine Compagnie in eine Fassung setzen, bei der er sich von ihrer Bravour das Meiste verspräche: denn die Hauptleute, welche die ganze Zeit über um den Preis der Tapferkeit wetteiferten, standen einander nahe. Es geschah. Hierauf gab er Befehl, die Peltasten sollten sämmtlich die Hand am Riemen des Wurfspießes vorrücken, um auf das gegebene Zeichen sogleich abzuwerfen; die Bogenschützen sollten den Pfeil auf die Sehne legen, um aufs Commando zum Schusse fertig zu sein; die Gymneten sollten ihre Taschen mit Steinen gefüllt haben, und zugleich schickte er taugliche Personen ab, um diese Befehle bekannt zu machen. Nachdem nun Alles angeordnet war, die Hauptleute, die Unterhauptleute, und die sich ihnen gleich schätzten, sich wegen der Beschaffenheit des Orts, die nur eine einförmige Stellung zuließ, neben einander geordnet hatten, so daß einer den andern beobachten konnte, so wurde der Päan angestimmt, die Trompete erklang, zugleich riefen die Soldaten zum Kriegsgott ihr Alala, die Hopliten drangen im vollen Laufe vorwärts, und mit einander flogen Pfeile, Wurfspieße und Steine, teils mit den Schleudern, größtenteils auch mit bloßen Händen geworfen; ja Manche eilten auch mit Feuer heran. Vor der Menge der Geschosse zog sich der Feind aus den Verschanzungen und Türmen hinaus. Der Stymphalier Agasias und Philoxenus von Pelene legten deshalb die Waffen ab und stiegen in der bloßen Kleidung hinan, Einer half dem Andern hinauf, und Mancher war schon oben, so daß der Platz dem Ansehn nach erobert war. Auch die Peltasten und leichten Truppen drangen hinein und plünderten Jeder aufs beste. Xenophon aber stellte sich ans Tor und hinderte so viel als möglich das Eindringen der Hopliten; denn auf einigen befestigten Anhöhen ließen sich andre Feinde sehen. Nach einer kleinen Weile entstand innen ein Geschrei, Manche flohen mit dem, was sie erbeutet hatten, Andre aber auch mit Wunden zurück, und das Gedränge in dem Tore war groß. Man vernahm von den Herausstürzenden, inwendig sei eine Burg, der Feind habe in zahlreicher Menge einen Ausfall getan und schlage die Truppen in der Stadt.

Da befahl Xenophon dem Herold Tolmides auszurufen: »Jeder, der Beute zu machen wünsche, könne hineingehen.« Nun eilte eine große Menge in die Stadt, riß die Fliehenden mit sich fort, und der Feind wurde wieder auf seine Festung beschränkt. Außerhalb derselben machten die Griechen in allen übrigen Teilen des Orts Beute und brachten sie heraus. Die Hopliten aber stellten sich teils auf dem Walle, teils auf der Straße, die auf die Burg führte, in Schlachtordnung. Xenophon aber untersuchte mit den Hauptleuten, ob es möglich wäre, die Burg zu erobern; denn dann war der Rückzug gesichert, sonst aber äußerst schwierig: allein bei näherer Besichtigung fanden sie, daß der Platz schlechterdings unbezwinglich war. Sie machten sich nun zum Abzuge fertig, rissen die jedem zunächst stehenden Pallisaden nieder und schickten die zum Troß gehörigen Leute mit dem größten Teile der Hopliten auf Plünderung aus; diejenigen Soldaten aber, auf welche ihre Hauptleute das meiste Zutrauen setzten, wurden zurückbehalten.

Als nun der Rückzug begann, machte der Feind, bewaffnet mit Flechtschilden, Lanzen, Beinschienen und paphlagonischen Helmen in zahlreicher Menge einen Ausfall auf sie: andre stiegen auf die Häuser, die auf beiden Seiten der auf die Burg führenden Straße standen. Es war daher auch gefährlich, sie zu den auf die Burg führenden Toren zu verfolgen: denn sie wälzten große Balken herunter, wodurch man auf jeden Fall, man mochte bleiben oder gehen, in eine üble Lage kam, die durch die anrückende Nacht noch verschlimmert wurde. In der Verlegenheit dieses Kampfes gab ihnen eine Gottheit ein Rettungsmittel in die Hand. Auf einmal nämlich loderte rechts, von irgend Jemandem angezündet, ein Haus auf; und als es einstürzte, flohen die Feinde von den rechts liegenden Häusern. Xenophon durch diesen Zufall belehrt, gab sogleich Befehl, auch die Häuser zur linken Seite in Brand zu stecken. Da sie, von Holz erbaut, schnell in Flammen gerieten, so flüchteten sich die Feinde auch hier. Die Griechen hatten also nur noch mit denen zu tun, die ihnen gegenüber standen, und der Augenschein lehrte, daß diese ihnen auf dem Rückzuge aus der Stadt und über den Hohlweg in den Rücken fallen würden. Xenophon ließ daher die Soldaten, die außer dem Schusse standen, auf den Platz, der sie von dem Feinde trennte, Holz zusammentragen, und als genug beisammen war, anzünden. Auch wurden, um die Feinde aufzuhalten, die zunächst an dem Walle stehenden Häuser in Brand gesteckt. Und so gelang es ihnen denn endlich mit Mühe, durch das dem Feinde entgegengestellte Hindernis des Feuers, sich von diesem Platz zurückzuziehen. Die ganze Stadt mit ihren Häusern, Türmen und der Brustwehr, kurz Alles, nur die Burg ausgenommen, brannte nieder.

Am folgenden Tage traten die Griechen, mit Lebensmitteln versehen, ihren Rückmarsch an. Der Weg nach Trapezunt hinab flößte den Griechen, weil er jäh und schmal war, Besorgnis ein: sie suchten daher durch einen scheinbaren Hinterhalt den Feind zu täuschen. Ein gewisser Mysius nämlich, aus Mysien auch gebürtig, nahm vier oder fünf Kreter zu sich, blieb in einem Gehölze zurück und gab sich das Ansehn, als suchte er sich vor dem Feinde verborgen zu halten: allein ihre ehernen Schilde leuchteten hier und da durchs Gebüsch, und die Feinde, die den Schimmer wahrnahmen, befürchteten einen Hinterhalt. Unterdessen zog die Armee hinab, und als Mysius sie schon weit genug entfernt glaubte, gab er das Zeichen zur schleunigsten Flucht, die er nun mit den Seinigen ergriff. Die Kreter, aus Furcht, eingeholt und gefangen zu werden, flüchteten sich seitwärts vom Wege in den Wald, rollten sich an den Berglehnen hinunter und kamen glücklich davon. Mysius floh auf dem Wege fort und schrie nach Hilfe: man eilte herbei und nahm ihn verwundet auf. Seine Helfer zogen sich, da auf sie geschossen ward, nebst einigen Kretern, welche die Pfeilschüsse des Feindes erwiederten, zurück. So kamen sie Alle lebendig im Lager an.

3. Die spätere Verwendung des Beuteanteils für

Artemis

Chirisophus kam nicht, Fahrzeuge hatte man nicht in hinlänglicher Anzahl, und Lebensmittel waren auch nicht mehr zu bekommen: es wurde daher der Abmarsch beschlossen. Die Kranken, die Übervierziger, die Knaben und Weiber und alle Gerätschaften, die man entbehren konnte, wurden eingeschifft, und die zwei ältesten Anführer, Philesius und Sophänetus, gingen als hierzu verordnete Aufseher mit zu Schiffe; die Übrigen aber traten den Marsch an. Die Wege waren gebahnt, und sie erreichten nach einem dreitägigen Marsche Cerasus, eine griechische am Meere gelegene Stadt und Colonie von Sinope im kolchischen Gebiete. Hier blieben sie zehn Tage. Die Armee wurde gemustert und gezählt, und sie betrug achttausendsechshundert Mann: dies war der Überrest; die Andern waren durch das Schwert der Feinde, durch den Schnee und Manche auch durch Krankheit hingerafft worden. Hier teilten sie auch das aus dem Verkauf der Gefangenen gelöste Geld, und von dem für den Apoll und die ephesische Artemis bestimmten Zehnten nahm jeder Heerführer einen Teil für diese Gottheiten in Verwahrung. Für den Chirisophus nahm Neon von Asine einen Anteil in Empfang.

Als Xenophon in der Folge das Weihgeschenk für den Apoll hatte verfertigen lassen, legte er es in den atheniensischen Schatz zu Delphi nieder, nachdem er es mit seinem und dem Namen jenes Proxenus, der mit dem Klearch gefallen war, bezeichnet hatte; denn Proxenus war sein Gastfreund gewesen. Aber den Anteil der ephesischen Artemis ließ er damals, als er mit Agesilaus aus Asien nach Böotien marschirte, bewogen durch die Vermutung, auf dem Zuge mit Agesilaus einer Schlacht beiwohnen zu müssen, die auch nachher bei Koronäa vorfiel, bei Megabyzus, Tempelaufseher der Artemis zurück, mit dem Auftrage, ihm, wenn er am Leben bliebe, das Gold wieder zuzustellen, im entgegengesetzten Falle aber der Artemis ein Weihgeschenk verfertigen zu lassen, was ihr, seiner Meinung nach, am wohlgefälligsten wäre. Als Xenophon nachher, aus seinem Vaterlande verwiesen, schon in Skillus, einem von den Lacedämoniern bei Olympia erbauten Orte lebte, kam Megabyzus nach Olympia, um die Spiele zu sehen, und gab ihm das anvertraute Geld zurück. Xenophon kaufte dafür der Göttin, der Ortsbestimmung des Orakels gemäß, ein Stück Landes, das vom Selinus durchströmt wird. Der Fluß, der bei Ephesus am Tempel der Artemis vorbeifließt, führt auch diesen Namen. In beiden gibt es Fische und Muscheln: aber die Gegend am Skillus liefert auch noch alle Arten von Wild. Auch errichtete er der Göttin von dem geheiligten Gelde einen Tempel und Altar, und widmete ihr endlich den Zehnten von den Erzeugnissen der Landschaft zum beständigen Opfer. Alle Bürger und Nachbarn beiderlei Geschlechts nahmen an diesem Feste Teil, und die Gäste wurden auf Kosten der Göttin mit Mehl, Brod, Wein, Nachtisch und einem Anteile von dem Opferviehe, was die geweihte Trift, und dem Wilde, was der Forst lieferte, versorgt. Nämlich Xenophons und der andern Bürger Söhne und mit ihnen auch Männer, welche Lust dazu hatten, stellten für dieses Fest, teils auf dem heiligen Gebiete selbst, teils auf dem Pholögebirge, eine Jagd an, welche Schweine, Rehe und Hirsche einbrachte. Das Weihgebiet ist von dem Tempel des Zeus zu Olympia, gegen die Seite hin, wo man aus Lakonien nach Olympia reiset, an zwanzig Stadien entfernt und faßt Haine und wohlbedeckte Berge in sich, die Schweinen, Ziegen, Schafen und Pferden Nahrung gewähren und auch für das Zugvieh der Fremden, die zum Feste kommen, hinreichende Weide liefern. Den Tempel selbst umgibt ein Wald von Fruchtbäumen, die jedes Obst liefern, das bei gehöriger Reise frisch genossen werden kann. Der Tempel ist im Kleinen dem ephesischen ähnlich, und auch das aus Cypressenholz verfertigte Standbild gleicht dem goldenen zu Ephesus. Eine Säule, die am Tempel steht, enthält folgende Inschrift:

»Das der Artemis heilige Gebiet. Der jedesmalige Besitzer und Nutznießer weihe ihr jährlich den Zehnten und erhalte von dem Übrigen den Tempel in gutem Stande. Tut Jemand dies nicht, so wird es die Göttin ahnden.«

4. Die Mosynöken

Von Cerasus setzten diejenigen, die schon vorher gefahren waren, ihre Reise zur See, die Andern aber zu Lande fort. An den Grenzen der Mosynöken schickten sie den Timesitheus aus Trapezunt zu diesem Volke, dessen Gastfreund er war, mit der Anfrage, ob sie durch das mosynökische Gebiet als Freunde oder Feinde ziehen sollten. »Das sei ihnen gleichgiltig«, erwiederten sie, »denn sie verließen sich auf ihre festen Plätze.« Timesitheus erzählte hierauf, daß die weiterhin wohnenden Mosynöken mit diesen in Feindschaft lebten: man beschloß also, jene zu einem Bündnis einzuladen. Timesitheus, welcher abgeschickt wurde, brachte die Anführer derselben mit. Die griechischen Feldherrn gingen zu ihnen, und Xenophon, dessen Rede Timesitheus übersetzte, sprach zu ihnen: »Mysynöken, wir wünschen nach Griechenland zu gelangen, und zwar, da wir keine Schiffe haben, zu Lande; dieses Volk nun, das, wie wir hören, euer Feind ist, hindert uns daran. Wenn ihr nun wollt, so könnt ihr an uns Bundesgenossen haben, Alles von jenen euch zugefügte Unrecht zu rächen und endlich sie selbst euch unterwürfig zu machen. Verschmäht ihr aber unsern Antrag, so mögt ihr zusehen, woher euch wieder eine solche Kriegsmacht zu Hilfe kommen wird.«

Der Oberste der Mosynöken äußerte hierauf: »Wir wünschen dasselbe und sind bereit, das Bündnis zu schließen.« – »Wohlan nun«, fuhr Xenophon fort, »worin verlangt ihr unsre Hilfe, wenn wir eure Bundesgenossen sind, und was werdet ihr uns um unsern Marsch zu befördern, leisten können?« – »Wir sind stark genug«, erwiederten sie, »von der andern Seite in das Gebiet eurer und unserer Feinde einzufallen, und auch Schiffe und Leute herzusenden, die an eurer Seite kämpfen und euch den Weg zeigen werden.«

Nachdem dieser Vertrag gegenseitig beschworen war, gingen sie ab und kamen am folgenden Tage mit dreihundert einstämmigen Kähnen wieder. In jedem Kahne saßen drei Mann, je zwei davon stiegen aus und stellten sich in Reih und Glied, und der dritte blieb zurück. Diese letzteren fuhren mit den Fahrzeugen ab: die ersten aber stellten sich auf folgende Art in Schlachtordnung: sie traten in Haufen von ungefähr hundert Mann zusammen, so, daß sie gleich den Chören einander gegenüber standen. Alle führten Flechtschilde, die mit weißhaarigen Ochsenhäuten überzogen waren und die Form eines Epheublattes hatten; in der Rechten hielten sie einen sechselligen Spieß, der vorn in einer Spitze auslief, hinten aber am Schafte kugelförmig gerundet war; über den Knieen trugen sie Unterkleider, so dick, wie die leinenen Mäntelsäcke; ihren Kopf deckte ein lederner Helm, gleich dem paphlagonischen, aus dessen Mitte ein der Tiara sehr ähnlicher Haarwulst hervorragte; auch führten sie eiserne Hellebarden. Hierauf begannen Alle unter dem Vorgange eines Anführers zu singen und nach dem Takte zu marschiren. Sie zogen sich durch die Reihen des schweren Fußvolks der Griechen durch und gingen gerade auf den Feind gegen die Festung, die am leichtesten einzunehmen schien, los. Das Werk lag vor der Stadt, die sie ihre Hauptstadt nannten, in derselben aber war die höchste Festung der Mosynöken, die eben die Ursache ihres innern Krieges war; denn die jedesmaligen Besitzer derselben hielten sich für die Gebieter aller Mosynöken. Die damaligen Gewalthaber nun besaßen sie, wie die Mosynöken versicherten, mit Unrecht und maßten sich eines Gemeingutes zur Unterdrückung der Andern an.

An sie schlossen sich, blos um Beute zu machen, nicht auf Befehl der Feldherrn, auch einige Griechen an. Bei dem Vorrücken derselben verhielten die Feinde sich Anfangs ruhig: als jene aber der Festung nahe waren, so machten sie einen Ausfall, schlugen sie in die Flucht und hieben Mosynöken und auch einige der mit ihnen verbundenen Griechen nieder. Ihre Verfolgung setzten sie weit fort, bis sie griechische Hilfstruppen anrücken sahen; dann kehrten sie um, schnitten den Gebliebenen die Köpfe ab und zeigten sie den Griechen und ihren Feinden, wobei sie zugleich nach einem gewissen Takte tanzten und sangen. Die Griechen waren sehr aufgebracht, daß man dem Feinde Veranlassung gegeben hatte, noch kühner zu werden und daß die mit den Mosynöken verbundenen Griechen, ohngeachtet ihrer starken Anzahl, zugleich mit ihnen geflohen waren. So etwas hatten sie in dem ganzen Kriegszuge noch nicht getan. Xenophon ließ deshalb die Griechen zusammenkommen und sagte:

»Soldaten, laßt euch diesen Vorfall nicht kleinmütig machen; denn er ist, ohngeachtet seines Nachteils auf der andern Seite nicht minder vorteilhaft für uns. Zuerst gewährte er euch die Überzeugung, daß unsre künftigen Wegweiser wirklich Feinde jener Mosynöken sind, gegen die auch wir feindlich verfahren müssen. Dann haben diejenigen Griechen, die mit Vernachlässigung unserer Taktik sich einbilden, in Verbindung mit nichtgriechischen Truppen eben so viel als auf unserer Seite ausrichten zu können, die verdiente Strafe erlitten, so daß sie wol nicht leicht wieder unsre Stellungsart verlassen werden. Allein nun ist es eure Pflicht, den mit uns verbündeten Mosynöken eure Vorzüge zu bewähren und den Feinden es augenscheinlich zu machen, daß sie jetzt mit ganz andern Männern fechten als zuvor, da sie es mit ungeordneten Truppen zu tun hatten.«

Diesen Tag über verhielten sie sich ruhig. Am folgenden Tage aber, nachdem das Opfer, welches einen glücklichen Ausgang versprach, vollbracht und die Mahlzeit geendigt war, stellten sie sich in Colonnen, postirten die Mosynöken eben so auf den linken Flügel und nahmen die Bogenschützen in die Zwischenräume der Colonnen, doch so, daß sie darin von der Fronte der Hopliten noch etwas rückwärts standen. Nämlich unter den Feinden waren leichte Truppen, welche hervorliefen und mit Schleudern Anfälle machten; diesen nun taten die Bogenschützen und Peltasten Einhalt, die Andern aber marschirten langsam vorwärts, und zwar zuerst gegen die Burg, wo die Mosynöken und ihre Bundesgenossen den Tag zuvor waren zurückgeschlagen worden; denn hier standen die Feinde in Schlachtordnung. Den Angriff der Peltasten hielten die Feinde aus, ohne zu weichen: als aber die Hopliten nahe waren, nahmen sie die Flucht. Die Peltasten setzten ihnen sogleich nach und verfolgten sie aufwärts bis an die Hauptstadt; die Hopliten aber rückten in geschlossener Ordnung nach. Oben an den Häusern der Hauptstadt empfingen die Feinde, die sich daselbst alle zusammengezogen hatten, sie mit Wurfspießen und mit Lanzen von solcher Dicke und Länge, daß ein Mann daran zu tragen hatte, und mit diesen suchten sie ihren Gegner in der Nähe zurückzutreiben. Als aber die Griechen nicht wichen, sondern auf sie eindrangen, so nahmen sie die Flucht, und nun verließen alle zusammen die Stadt. Aber ihr König, der in einem hölzernen Turme wohnte, woselbst er, ohne sich daraus entfernen zu dürfen, auf öffentliche Kosten unterhalten wurde, wollte so wenig, wie die Besatzung jenes zuerst eroberten Forts heraus: sie wurden also daselbst zugleich mit ihren Schlössern verbrannt. Die Griechen plünderten die Stadt und fanden in den Häusern Vorräte von Broden, die, wie die Mosynöken sagten, nach Sitte der Vorfahren seit vorigem Jahr aufgeschüttet waren, nebst diesjährigem Getreide, das noch in den Halmen lag und größtenteils aus Spelt bestand. Auch fanden sie eingesalzenes Delphinenfleisch in Fässern, nebst dem Specke in Gefäßen, dessen sich die Mosynöken wie die Griechen ihres Öls bedienten. In den obern Stockwerken gab es eine Menge platter Nüsse ohne Spalt, deren sie sich häufig zur Speise bedienten, indem sie sie kochten und Brod daraus buken. Der Wein, den man hier fand, schmeckte unvermischt herbe und sauer, vermischt aber war er für Geruch und Geschmack angenehm. Nachdem die Griechen hier gegessen hatten, marschirten sie weiter und übergaben den Platz den mit ihnen verbündeten Mosynöken. Von den andern feindlichen Städten, auf die der Marsch führte, wurden die unhaltbarsten von den Einwohnern entweder verlassen oder freiwillig übergeben. Die meisten Plätze waren von dieser Beschaffenheit. Sie standen von einander, einige mehr, andere weniger, achtzig Stadien weit ab, und ihren wechselseitigen Zuruf konnten sie von einer Stadt zur andern vernehmen, so hoch und voller Klüfte war die Landschaft. Als sie in das Gebiet ihrer Bundesgenossen kamen, zeigten ihnen diese gemästete Kinder, die reichen Eltern angehörten, und mit gekochten Kastanien gefüttert, sehr zart und weiß und beinah eben so dick als lang waren; der Rücken war bunt bemalt und der Vorderleib ganz mit Blumen tättowirt. Mit den Weibspersonen, welche die Griechen bei sich führten, wollten sie sich hier vor Aller Augen begatten; denn das war so bei ihnen Sitte. Alle, Männer und Weiber, waren weiß. Diese Völkerschaft wurde von Allen, die dem Kriegszuge beigewohnt hatten, für die ungebildetste und dem griechischen Charakter unähnlichste unter Allen, durch deren Gebiet man gekommen war, erklärt: denn was Menschen gewöhnlich nur dann, wenn sie allein sind, vornehmen, taten sie vor allen Leuten; und waren sie allein, so handelten sie eben so, als wären sie in Gesellschaft; denn sie sprachen mit sich selbst, lachten für sich, und wo sie zufällig standen, tanzten sie, gleichsam als wollten sie sich vor Andern zeigen.

5. Zug durch der Chalyber und Tibarener Land

Dieses Land, sowohl den feindlichen als verbündeten Teil, durchzogen die Griechen in acht Märschen und kamen zu den Chalyben. Diese kleine, den Mosynöken unterwürfige Völkerschaft lebt meistens von der Arbeit in den Eisenbergwerken. Von ihr kamen sie zu den Tibarenen. Das Land derselben war viel flacher, und ihre Schlösser, die am Meere lagen, waren minder befestigt. Die Heerführer wollten diese angreifen, um der Armee einige Vorteile zu verschaffen: sie nahmen daher die Gastgeschenke, die ihnen die Tibarenen schickten, nicht an, sondern hießen sie bis nach beendigter Beratschlagung warten und opferten dann. Nach vielen Opfern taten endlich alle Seher den Ausspruch: »den Göttern mißfiele der Krieg gänzlich.« Jetzt nahmen sie die Geschenke an, und nach einem zweitägigen Marsche durch dies Land, wo sie sich friedlich betrugen, erreichten sie Kotyora, eine griechische Stadt und Colonie von Sinope, die im tibarenischen Gebiete liegt. Bis hierher hatte die Armee einen Weg zu Fuße gemacht, der in hundertzweiundzwanzig Märschen sechshundertzwanzig Parasangen oder achtzehntausendsechshundert Stadien betrug und in acht Monaten geendigt wurde. Die Griechen blieben hier fünfundvierzig Tage. Während derselben opferten sie zuvörderst den Göttern, dann stellten sie, nach ihren einzelnen Völkerschaften geordnet, Triumphaufzüge und gymnische Spiele an. Die Lebensmittel nahmen sie teils aus Paphlagonien, teils aus dem Gebiet von Kotyora; denn die hiesigen Einwohner brachten keine Lebensmittel zum Verkauf und wollten auch die Kranken nicht in die Stadt aufnehmen.

Unterdessen kamen Abgeordnete von Sinope, woselbst man für die Stadt Kotyora, die von jener abhing und ihr Tribut lieferte, und für ihr Gebiet, dessen Plünderung man erfahren hatte, besorgt war. Nach ihrer Ankunft im Lager hielt Hekatonymus, der für einen starken Redner galt, an der Spitze der Gesandtschaft folgenden Vortrag: »Kriegsmänner! Die Stadt Sinope hat uns abgesendet, um euch ihren Beifall zu bezeugen, daß ihr, geborene Griechen, Barbaren besiegt habt, und um euch ihre Teilnahme zu versichern, daß ihr aus so vielen, und, wie wir gehört haben, gefahrvollen Unternehmungen wohlbehalten bis hierher gekommen seid. Selbst geborne Griechen glauben wir nun, von euch Griechen vielmehr freundschaftliche als feindselige Behandlung erwarten zu dürfen, besonders, da wir euch nie eine Beleidigung zufügten. Dieses Kotyora nun ist unsere Pflanzstadt und wir haben ihr diese Landschaft, die wir den Barbaren abnahmen, übergeben; weshalb sie uns auch, wie Cerasus und Trapezunt, bestimmte Abgaben entrichtet. Jede Feindseligkeit also, die ihr gegen diese verüben möchtet, nimmt der Staat von Sinope so auf, als wäre sie ihm selbst widerfahren. Gleichwol haben wir vernommen, daß ihr mit Gewalt in die Stadt gedrungen seid, um für einen Teil eurer Leute Quartier zu nehmen, und daß ihr ohne gütliche Übereinkunft von dem Lande alle eure Bedürfnisse bezieht. Dies halten wir für unbillig: und wenn ihr dies Betragen fortsetzt, so sind wir genötigt, uns mit Korylas und den Paphlagoniern, und mit wem wir sonst nur können, zu verbinden.«

Auf diese Rede stand Xenophon auf und sprach im Namen des Heeres: »Sinopenser, wir müssen froh sein, daß wir nur mit Erhaltung unsers Leben und unserer Waffen hier angekommen sind: denn viele Beute mitzuführen und zugleich gegen die Feinde zu kämpfen, ließ sich nicht vereinigen. Als wir die griechischen Städte erreichten, bezahlten wir bei Trapezunt, weil man uns daselbst einen Markt anwies, unsre Bedürfnisse bar. Auch für die Achtung, die sie uns durch Absendung von Gastgeschenken an die Armee erzeigten, erwiesen wir ihnen gegenseitige Freundschaft: wir schonten zum Beispiel die Barbaren, mit denen sie in guten Verhältnissen standen und ihren Feinden, gegen die sie uns selbst anführten, taten wir den möglichsten Abbruch. Fraget sie, wie wir uns gegen sie betrugen: denn es sind Einige hier, die uns die Stadt als Wegweiser mitgab. Kommen wir aber an einen Ort, er sei griechisch oder nicht, wo man uns keine Lebensmittel zuläßt, da nehmen wir sie nicht aus Übermut, sondern weil wir müssen. Die Karduchen, Chaldäer und Tarchen, Völker, die, wenn gleich keine Untertanen des Königs, dennoch furchtbar genug sind, mußten wir uns zu Feinden machen weil uns die Not zwang, die Lebensmittel, die sie uns nicht zum Verkauf brachten, mit Gewalt zu nehmen. Die Makronen hingegen, die doch auch Barbaren sind, behandelten wir als Freunde und nahmen nichts von dem Ihrigen gewaltsam, weil sie uns Lebensmittel, so gut sie sie hatten, für Bezahlung überließen. Die Kotyoriten aber, die, wie ihr sagt, zu euch gehören, sind selbst Schuld, wenn wir ihnen etwas genommen haben: denn sie haben uns gar nicht als Freunde behandelt, sondern uns durch Zuschließung der Tore die Aufnahme versagt, ohne uns außerhalb einen Markt anzuweisen; was ihrer Versicherung nach auf Befehl eures hiesigen Statthalters geschehen ist. Was den Punkt der gewaltsamen Einquartierung betrifft, so haben wir zuvor gebeten, unsre Kranken unter Dach zu nehmen: als sie aber die Tore nicht öffneten, so drangen wir an der Seite, wo sie uns die Aufnahme verweigerten, in den Ort, ohne weitere Gewalttätigkeiten vorzunehmen. In den Quartieren zehren die Kranken für ihr Geld, und die Tore haben wir besetzt, um jene nicht in der Gewalt eures Statthalters zu lassen, sondern sie nach

Gefallen mit fortnehmen zu können. Wir Andern lagern, wie du siehst, in Ordnung unter freiem Himmel, fertig, denen, die uns wohlwollen, wieder gefällig zu sein, gegen Übelgesinnte aber uns zu wehren. Was übrigens deine Drohung anbelangt, euch, wenn ihr es für gut befindet, mit Korylas und den Paphlagoniern gegen uns zu verbinden, so wollen wir es nötigenfalls auch wol mit beiden Teilen aufnehmen; denn wir haben uns schon mit andern weit zahlreichern Feinden, als ihr sein würdet, geschlagen; und gefällt es uns, so können wir uns auch wol selbst den paphlagonischen Fürsten zum Freunde machen, denn, wie wir hören, wünscht er eure Stadt und die Seeplätze zu besitzen; wir wollen also suchen, ihn durch Begünstigung seiner Pläne für uns zu gewinnen.«

Hierauf gaben die übrigen Gesandten ihren Unwillen über die Äußerungen des Hekatonymus sehr deutlich zu erkennen. Ein Anderer unter ihnen trat hervor und sagte: »Wir sind nicht gekommen, um Krieg zu stiften, sondern euch unserer Freundschaft zu versichern. Wenn ihr nach Sinope kommt, so wird man euch mit gastlichen Geschenken empfangen: unterdessen aber werden wir den hiesigen Einwohnern Befehl geben, euch mit Allem, was in ihrem Vermögen steht, zu unterstützen; denn wir sehen, daß Alles so ist, wie ihr sagt.« Jetzt sendeten die Kotyriten Gastgeschenke, und die griechischen Heerführer bewirteten die Gesandten von Sinope. Unter vielen andern angelegentlichen Unterredungen, die hierbei vorfielen, zogen die Feldherrn auch über den noch rückständigen Marsch Erkundigung ein und besprachen sich mit den Gesandten über ihr beiderseitiges Interesse. Hiermit beschloß man den Tag.

6. Weiterzug zu Wasser beschlossen. Xenophon's

Colonieplan

Am folgenden Tage versammelten die Feldherrn das Heer und beschlossen, über den rückständigen Teil der Heimreise mit Zuziehung der Sinopeser zu beratschlagen. Denn bestimmte man die Reise zu Lande, so schien es vorteilhaft, Wegweiser von Sinope zu haben, da ihnen Paphlagonien bekannt war; bestimmte man die Reise zur See, so hielt man die Hilfe der Sinopeser für notwendig, weil sie allein im Stande wären, die Armee mit einer hinlänglichen Anzahl Fahrzeuge zu versorgen. Die Gesandten wurden also zur Versammlung berufen und ersucht, sie möchten die gute Aufnahme ihrer griechischen Landsleute damit beginnen, daß sie ihnen ihr Wohlwollen schenkten und sie mit ihrem besten Rate unterstützten. Hekatonymus stand nun auf und entschuldigte zuerst das, was er über eine mögliche Vereinigung mit dem paphlagonischen Fürsten gesagt hatte, womit er nicht habe sagen wollen, daß sie die Griechen bekriegen würden, sondern daß sie ungeachtet der Gelegenheit, sich mit den Barbaren zu verbinden, die Freundschaft der Griechen vorzögen. Dann, als man ihn aufforderte, seine Meinung zu sagen, begann er nach einem vorangeschickten Gebete:

»Wenn ich euch so rate, wie es nach meiner Überzeugung am besten ist, so fordere ich die Götter zum Segen für mich, wo nicht, zur Strafe gegen mich auf; denn wir sind hier versammelt, um gemeinschaftlich Rat zu halten, also in einer Angelegenheit, die allgemein für etwas Ehrwürdiges erkannt wird. Dann habe ich auch jetzt, je nachdem meine Vorschläge für nützlich oder schädlich erkannt werden, von Vielen unter euch entweder Beifall oder Verwünschung zu erwarten. Es ist mir freilich bekannt, daß die Schwierigkeiten für uns viel größer sind, wenn ihr die Reise zur See macht; denn wir werden dazu die Schiffe liefern müssen; daß hingegen die Landreise euch in Verlegenheit setzt, indem sie euch zu fechten zwingt. Gleichwol will ich nach meiner Überzeugung sprechen, denn ich kenne das Land der Paphlagonier und ihre Macht. In jenem findet man beides, die schönsten Ebenen und die höchsten Berge. Zuvörderst kenne ich den Ort, wo ihr euren Einmarsch bewerkstelligen müßt, nämlich nur da, wo sich die Straße zwischen zwei hohen Spitzen des Gebirges hinzieht. Hat man diese eingenommen, so kann man sie auch mit sehr weniger Mannschaft behaupten; sind sie aber schon besetzt, so würden alle Menschen mit einander nicht im Stande sein, durchzukommen. Davon kann ich euch durch den Augenschein überzeugen, wenn ihr Jemanden mit mir dahin abschicken wollt. Dann kenne ich auch ihre Ebenen, und ihre Reitermacht, die von den Barbaren selbst der ganzen Reiterei des Königs vorgezogen wird. Erst ganz kürzlich haben sie dem Befehle des Königs, der sie zu sich berief, nicht Folge geleistet, und ihr Fürst selbst ist noch stolzeren Sinnes. Wenn ich auch nun den Fall annehme, daß ihr den Gebirgspaß unvermerkt einnehmt oder ihnen in der Besetzung zuvorkommt, daß ihr auch auf der Ebene ihre Macht zu Pferde und zu Fuß, das heißt, mehr als hundertzwanzigtausend Mann, besiegt, so kommt ihr dann zu den Flüssen. Zuerst nämlich zu dem drei Plethren breiten Thermodon, wo der Übergang sehr schwierig sein dürfte, zumal wenn ein zahlreicher Feind vor der Fronte und im Rücken steht; zweitens zum Iris, dessen Breite auch drei Plethren beträgt; drittens zum Halys, nicht weniger als zwei Stadien breit, über welchen zu setzen also ohne Fahrzeuge nicht leicht möglich ist; wer aber wird euch diese verschaffen? Eben so ist der Pharthenius, zu dem ihr hinter dem Halys kommt, nicht zu passiren. Ich glaube daher, daß die Reise zu Lande für euch nicht nur schwierig, sondern schlechterdings unmöglich ist. Geht ihr aber zu Schiffe, so könnt ihr von hier nach Sinope und von Sinope nach Heraklea fahren, von Heraklea aus hat die Reise sowol zu Lande als zur See – denn es gibt in Heraklea Schiffe genug – keine weitere Schwierigkeit.« Diese Rede erregte bei Einigen den Argwohn, daß er nur aus Freundschaft für Korylas, dessen Gastfreund er war, so spräche, bei Andern sogar, daß er sich für diesen Rat schon würde bezahlen lassen; bei noch Anderen, er suche nur zu verhindern, daß durch die Landreise das Gebiet von Sinope nicht mitgenommen würde. Dem ungeachtet entschieden die Griechen durch Stimmenmehrheit für die Seereise. Hierauf sagte Xenophon: »Die Armee hat eurem Rate gemäß gewählt, doch nur unter der Bedingung, wenn Fahrzeuge in hinreichender Anzahl vorhanden sind, daß auch nicht Einer zurückbleiben darf; sonst aber, wenn ein Teil sich einschiffen, der andere aber zurückbleiben sollte, besteigen wir kein Schiff. Denn wir sehen ein, daß wir da, wo wir der stärkere Teil sind, für Sicherheit und Unterhalt nicht besorgt sein dürfen; da aber, wo der Feind uns überlegen ist, natürlich so gut wie Sklaven zu betrachten wären.« Die Abgeordneten verlangten hierauf, man möchte Gesandte schicken. Es wurden daher Kallimachus aus Arkadien, Ariston ans Athen, und Samolas aus Achaja in dieser Eigenschaft abgesendet.

Während dieser Zeit fiel Xenophon bei der Betrachtung der zahlreichen Menge griechischer Hopliten, Peltasten, Bogenschützen, Schleuderer und Reiter, Menschen, mit denen sich wegen ihrer Erfahrung schon was anfangen ließ, auf den seiner Meinung nach guten Gedanken, durch Anlegung einer Stadt im Pontus, wo es nicht wenig würde gekostet haben, eine solche Macht erst aufzustellen, Griechenlands Gebiet und Macht zu vergrößern. Diese Colonie schien ihm, wenn er die Menge Griechen und die benachbarten Bewohner des Pontus in Erwägung zog, in der Folge beträchtlich werden zu können. Dieser Sache wegen ließ er den Ambracioten Silanus, dessen sich Cyrus zum Zeichendeuter bedient hatte, zu sich kommen, und ehe er irgend Jemandem von der Armee seine Gedanken eröffnete, eine Opferbeschauung anstellen. Silanus aber, besorgt, es möchte zur Ausführung kommen und die Armee sich irgendwo niederlassen, verbreitete überall das Gerücht, Xenophon lege es darauf an, die Armee dazubehalten, eine Stadt zu erbauen und sich selbst Ruhm und Macht zu erwerben. Für seine Person nämlich wünschte Silanus so bald als möglich nach Griechenland zu kommen; denn er hatte jene dreitausend Dareiken, die ihm Cyrus, weil seine die zehn Tage betreffende Opferdeutung eingetroffen war, schenkte, noch ganz vollständig aufbewahrt. Einem Teile der Soldaten schien es selbst am vorteilhaftesten, dazubleiben, dem größeren aber nicht.

Timasion aus Dardanum und Thorax aus Böotien äußerte gegen einige anwesende Kaufleute ans Heraklea und Sinope: Wenn sie der Armee keinen Sold zahlten, um sich für die Abfahrt mit Lebensmitteln versorgen zu können, so würde diese zahlreiche Menge den Versuch machen, sich in dem Pontus festzusetzen. »Denn Xenophon«, fuhren sie fort, »hat den Plan, zu dessen Ausführung wir ihm behilflich sein sollen, sogleich nach Ankunft der Schiffe der Armee diese Eröffnung zu machen: Soldaten, wir sehen, daß ihr jetzt außer Stande seid, euch für die Seereise mit Lebensmitteln zu versorgen, und bei der Heimkunft den Eurigen etwas mitzubringen, wenn ihr daher in dem Umkreise des Pontus eine Landschaft, die ihr nach Belieben wählen könnt, einnehmen und dann Jedem freistellen wollt, nach Hause zu reisen oder dazubleiben, so habt ihr jetzt Schiffe, um sogleich, wo ihr nur wollt, eine Landung zu unternehmen.«

Die Kaufleute benachrichtigten ihre Städte hiervon, und in ihrer Gesellschaft ließ der Dardanier Timasion seinen Landsmann Erymachus und den Böotier Thorax mitreisen, um dort eben dasselbe vorzutragen. Die Bürger von Sinope und Heraklea ließen hierauf dem Timasion sagen: er solle das Geld in Empfang nehmen und durch sein Ansehn das Heer zum Absegeln vermögen. Mit Vergnügen nahm er diesen Auftrag an und hielt den Soldaten, als sie sich versammelt hatten, folgende Anrede:

»Fern, Soldaten, sei von uns der Gedanke, hier zu bleiben oder irgend Etwas Griechenland vorzuziehen. Und doch höre ich, daß gewisse Personen über diese Angelegenheit, ohne etwas davon gegen euch zu erwähnen, die Opfer zu Rate ziehen. Ich verspreche euch aber, wenn ihr mit dem Neumonde absegelt, Jedem unter euch einen Cyzicener[44] monatlichen Sold. Nach Troas werde ich euch bringen, woraus ich vertrieben wurde; meine Vaterstadt wird euch unterstützen, denn man wird mich mit Vergnügen aufnehmen. Ich selbst will euch in Gegenden führen, wo ihr euch ansehnlich bereichern sollt. Denn ich kenne Ätolien, Phrygien, Troas und das ganze Gebiet des Pharnabazus, jenes, weil es mein Geburtsland ist, dieses, weil ich daselbst mit Klearch und Dercyllidas zu Felde gedient habe.«

Gleich nach ihm stand der Böotier Thorax auf, der wegen des Oberbefehls über die Armee beständig Xenophon's Gegner war und sagte: »Wenn ihr den Pontus verlaßt, so steht euch der Chersones, ein schönes und wohlhabendes Land offen, wo Jeder nach Belieben dableiben oder nach Hause ziehen kann. Es ist ja lächerlich, einen Wohnplatz im Auslande zu suchen, wenn man ihn in Griechenland selbst weitläufig und äußerst fruchtbar haben kann. Bis ihr dort ankommt, verspreche ich euch, wie Timasion, Löhnung.« Dies Letztere sagte er, weil ihm bekannt war, was die Herakleer und Sinopenser dem Timasion, um die Abfahrt zu bewirken, versprochen hatten. Xenophon schwieg hierzu. Allein nun standen die Achäer Philesius und Lykon auf und sagten: es sei doch arg, daß Xenophon aus eigener Macht zum Dableiben überrede und dieser Sache wegen die Opfer erforsche, ohne der Armee davon eine Anzeige zu machen, noch sich hierüber öffentlich zu erklären. Dadurch fand sich Xenophon genötigt, aufzustehen und Folgendes zu sagen:

»Soldaten, ich erforsche die Opfer, wie ihr seht, nach meinem Vermögen, für euch und für mich, um so zu reden, zu denken und zu handeln, wie es für euch und mich am ehrenvollsten und vorteilhaftesten ist. Auch jetzt erst habe ich mich durch Opfer eben darüber zu belehren gesucht, ob es besser sei, über meinen Plan mit euch zu sprechen und zu unterhandeln, oder ihn gar nicht erst zu berühren. Der Seher Silanus indessen gab mir die Antwort, daß die Opfer – und das ist doch die Hauptsache, – einen glücklichen Erfolg versprächen: denn es war ihm bekannt, daß ich darin auch nicht unerfahren bin, da ich den Opferungen beständig beiwohne. Noch sagte er, die Opferanzeigen kündigten Hinterlist und Nachstellung gegen mich an, das mußte er nun freilich

44   Eine Goldmünze, ungefähr zwanzig Mark an Wert; benannt von der Stadt Cyzikus am Marmorameer.

am besten wissen, da er selbst damit umging, mich bei euch zu verkleinern, denn von ihm kommt das Gerücht her, als wenn ich jenen Gedanken schon auszuführen gedächte, ohne euch erst durch Gründe für ihn gewonnen zu haben. Allerdings würde ich, wenn ich eure Lage schwierig fände, es möglich zu machen suchen, daß ihr euch einer Stadt bemächtigt, dann könnte Jeder nach Belieben entweder bald absegeln oder so lange warten, bis er im Besitz einiges Vermögens im Stande wäre, bei der Heimkunft auch den Seinigen eine Freude zu machen. Da ich aber sehe, daß die Herakleer und Sinopenser euch Schiffe schicken und einige Personen vom Neumonde an Sold versprechen, so halte ich es für sehr gut, an den Ort unserer Bestimmung zu gelangen, und uns die erwünschte Reise noch bezahlen zu lassen. Ich gebe nun jene Gedanken nicht nur selbst auf, sondern kündige auch allen Denen, die deshalb zu mir kamen und seine Ausführung für nötig hielten, an, daß er aufgegeben werden muß. Denn meine Meinung ist diese: Wenn ihr in zahlreicher Menge, so wie jetzt, bei einander seid, so werdet ihr geachtet sein und den nötigen Unterhalt haben; denn dem Sieger fällt auch das Eigentum des Besiegten zu, trennt ihr euch aber, und diese Macht teilt sich in kleine Haufen, so könnt ihr euch weder Lebensmittel verschaffen, noch nach Wunsche fortkommen. Ich halte daher so wie ihr selbst die Abreise nach Griechenland für notwendig, und bleibt Jemand zurück oder wird über dem Vorhaben, uns zu verlassen, ehe noch die ganze Armee in Sicherheit ist, ergriffen, so müssen wir ihn, meiner Meinung nach, wie einen Verbrecher behandeln. Wer so denkt, wie ich, hebe die Hand auf.«

Dies geschah allgemein. Silanus aber erhob seine Stimme, um laut zu erklären, es wäre billig, die Abreise Jedem freizustellen. Die Soldaten aber ließen ihn nicht fortreden, sondern drohten, es an ihm zu ahnden, wenn sie ihn auf der Flucht ertappten. Als hierauf die Herakleer vernahmen, daß die Abfahrt beschlossen sei, und zwar selbst auf den Antrag, und die Stimmensammlung Xenophon's, so schickten sie zwar die Schiffe, allein in Rücksicht der Löhnungsgelder, die sie dem Timasion und Thorax versprochen hatten, täuschten sie die Erwartung derselben. Hierüber wurden diese, die den Sold schon zugesagt hatten, bestürzt, und da sie sich vor der Armee fürchteten, so vereinigten sie sich mit den andern Heerführern, denen sie ihre vorigen Maßregeln mitgeteilt hatten, – zu diesen gehörten aber Alle, den einzigen Neo von Asine, Untergeneral des noch abwesenden Chirisophus, ausgenommen, – und gingen zum Xenophon mit der Erklärung, sie bereuten ihr Verfahren und hielten es für das Beste, da man jetzt Schiffe hätte, in den Phasis einzulaufen und sich des Gebiets der Phasianer zu bemächtigen. Über diese aber herrschte damals des Äetes Sohn. Xenophon erwiederte: »Ich werde hierüber der Armee keinen Antrag stellen, wollt ihr, so laßt sie zusammenkommen und sagt es ihr selbst.« Der Dardanier Timasion eröffnete hierauf sein Gutachten, man müsse die Armee nicht zusammenrufen, sondern Jeder solle zuvor seine Hauptleute zu gewinnen suchen. Sie schieden nun, um dies auszuführen.

7. Xenophon's Verteidigung und Maßregeln gegen

Zuchtlosigkeit

Die Soldaten erfuhren es wieder, was man im Werke hatte, und Neo sagte ihnen: Xenophon habe die andern Heerführer auf seine Seite gebracht und gehe damit um, die Armee zu täuschen und sie wieder zum Phasis zu führen. Die Soldaten nahmen dies sehr übel auf, hielten Zusammenkünfte und traten truppweise zusammen, und es war sehr zu besorgen, sie möchten eine ähnliche Tat begehen, wie sie an den kolchischen Herolden und an den Marktaufsehern verübt hatten, von denen Alle, die sich nicht aufs Meer flüchteten, waren gesteinigt worden. Als Xenophon dies wahrnahm, beschloß er, sie aufs Eiligste zusammen kommen zu lassen und keine eigenmächtigen Versammlungen zu gestatten. Er ließ durch den Herold zur Versammlung rufen. Da sie den Herold vernahmen, liefen sie sehr begierig zusammen. Jetzt sprach Xenophon, ohne die Heerführer anzuklagen, daß sie zu ihm gekommen waren, folgendermaßen:

»Ich höre, Soldaten, daß Jemand mir nachredet, ich wollte euch betrügerischer Weise zum Phasis führen. Bei den Göttern, hört mich also. Und wenn ich schuldig befunden werde, so müsse ich diesen Platz nicht eher verlassen, bis ich gebührend bestraft worden bin; sind es aber meine Verleumder, welche die Schuld trifft, so handelt mit ihnen nach Verdienst. Es ist euch doch wol sicher bekannt, wo die Sonne auf- und wo sie untergeht, daß derjenige, der nach Griechenland kommen will, gegen Abend und umgekehrt, wer in die barbarischen Länder gelangen will, gegen Morgen zu reisen muß. Würde euch also wol irgend Jemand überreden können, daß die Sonne da untergehe, wo sie aufgeht, oder da aufgehe, wo sie untergeht? Ferner wißt ihr doch auch wol, daß der Nordwind aus dem Pontus nach Griechenland fährt, der Südwind aber zum Phasis; daher pflegt ihr auch, wenn der Nordwind weht, zu sagen, er sei günstig zur Fahrt nach Griechenland: wäre es also möglich, euch so zu täuschen, daß ihr bei Südwinde zu Schiffe gingt? Doch vielleicht werde ich euch einschiffen, wenn wir Windstille haben: wohl, ich fahre doch dann nur auf einem Schiffe, und ihr wenigstens auf hundert: wie könnte ich euch also mit Gewalt oder Täuschung bewegen, mit mir zu fahren? Ich will aber den Fall setzen, ihr kämt, von mir hintergangen und bezaubert, an den Phasis, ihr stiegt auch sogar ans Land, so würdet ihr doch gewahr werden, daß ihr nicht in Griechenland wäret; ich, euer Betrüger, stände dann einzeln gegen beinahe zehntausend wehrhafte Betrogene. Wie könnte sich ein einziger Mann zuverlässigerer Ahndung aussetzen, als wenn er so gegen sich selbst und gegen euch verführe? Doch, das ist Geschwätz einfältiger Menschen, die mir eure Hochachtung nicht gönnen. Wiewol, sie haben keine gerechte Veranlassung, mich zu beneiden; denn welchen von ihnen halte ich ab, entweder zu reden, wenn er einen heilsamen Rat für euch weiß, oder wenn er will, für euch und für sich selbst zu kämpfen, oder sorgfältig für eure Sicherheit zu wachen? Wie betrage ich mich ferner, wenn ihr eure Anführer wählt? Verdränge ich etwa da irgend Jemanden? nein, ich mache ihm Platz, er kann meinetwegen das Commando übernehmen, wenn er es nur zu euerm Besten führt. Doch dies sei genug über diesen Gegenstand. Glaubt aber Jemand von euch, daß er sich entweder durch eigenen Irrtum oder durch fremde Überredung in seiner guten Meinung von mir geirrt habe, der beweise dies öffentlich. Wenn ihr nun in diesen Rücksichten befriedigt seid, so trennt euch nicht eher, bis ihr gehört habt, welches Verfahren ich in der Armee aufkommen sehe. Wenn dies in der Art, wie wir schon ein Beispiel haben, fortgesetzt wird und sich weiter verbreitet, so ist es hohe Zeit, uns selbst zu beraten, daß wir uns nicht vor Göttern und Menschen, vor Freunden und Feinden als die schlechtesten und unwürdigsten Leute der Verachtung aussetzen.« – Die Soldaten in gespannter Erwartung, was das wäre, forderten ihn auf, es zu sagen. Er fuhr also fort:

»Ihr wißt doch, daß es auf dem Gebirge der Barbaren einige Ortschaften gab, die mit den Cerasuntiern im Bündnisse standen, und aus denen manche Einwohner herabkamen und uns Opfervieh und andere Waren, die sie hatten, zum Verkaufe brachten. Wie mich dünkt, gingen auch Einige von euch in das nächste Städtchen dieser Leute, kauften etwas und kamen wieder zurück. Der Hauptmann Klearatus, der es bemerkt hatte, daß der Ort klein, und weil die Einwohner mit uns in Frieden zu stehen glaubten, unbewacht war, zog bei Nachtzeit, ohne Jemandem von uns etwas zu sagen, gegen diese Menschen aus, um sie zu plündern. Er hatte den Plan entworfen, nach der Einnahme des Platzes nicht mehr zur Armee zurückzukehren, sondern das Fahrzeug zu besteigen, worin seine Zeltkameraden gerade die Küste befuhren, die etwaige Beute darauf zu packen, und so aus dem Pontus hinwegzusegeln. Dies war, wie ich jetzt einsehe, zwischen ihm und seinen Zeltgenossen in dem Fahrzeuge so verabredet. Er zog also so viele Mannschaft, als er dazu bereden konnte, zusammen und führte sie auf den Ort los. Indessen überraschte ihn noch auf dem Marsche der Tag und die Einwohner, welche zusammengelaufen waren, warfen und schossen nun von ihren Anhöhen herab und erlegten den Klearatus und viele von den Übrigen. Einige aber retteten sich nach Cerasus. Eben an dem Tage, als dies vorfiel, hatten wir uns hierher in Marsch gesetzt; von denen aber, welche zu Schiffe reisten, waren Einige noch nicht abgesegelt, sondern hielten sich noch in Cerasus auf. Hierauf kamen nach Aussage der Cerasuntier drei der älteren Männer aus dem Städtchen, um zu uns in die Versammlung zu gehen. Als sie uns aber nicht mehr antrafen, wendeten sie sich an die Cerasuntier und äußerten gegen diese ihre Verwunderung, was uns doch möchte bewogen haben, sie anzugreifen. Auf die Versicherung Jener, die Tat sei nicht Folge eines öffentlichen Auftrags, waren sie froh und wollten uns nachsegeln, um uns den Vorfall anzuzeigen und zu erklären, diejenigen, die sich dafür interessirten, möchten die Gebliebenen abholen, um sie zu begraben. Nun waren gerade Einige von den Griechen, die sich durch die Flucht gerettet hatten, noch in Cerasus. Als diese erfuhren, wohin die Barbaren wollten, unterfingen sie sich, sie mit Steinen zu werfen, und auch die Andern dazu aufzumuntern, und so mußten diese Menschen, drei Abgeordnete, mit Steinen bedeckt, ihr Leben einbüßen. Hierauf kamen die Cerasuntier zu uns und erzählten den Vorfall. Wir Heerführer waren darüber äußerst unwillig und beratschlagten mit den Cerasuntiern, wie es anzufangen wäre, um die gebliebenen Griechen zur Erde zu bestatten. Wir saßen hierbei außerhalb des Lagers, auf einmal hörten wir ein vielfaches Geschrei: »Schlagt zu! schlagt zu! wirf, wirf!« und sogleich sahen wir eine große Menge mit

Steinen in den Händen oder im Aufheben begriffen, heranlaufen. Die Cerasuntier, Augenzeugen der Tat, die bei ihnen verübt worden war, zogen sich aus Furcht zu ihren Schiffen zurück. Bei den Göttern! auch Einige von uns waren für sich besorgt. Ich indessen ging auf sie zu und fragte sie um die Veranlassung des Auflaufs. Einige von ihnen wußten sie selbst nicht, obwol sie Steine in den Händen hatten; als ich aber an Einen kam, dem sie bekannt war, so sagte mir dieser: »Die Marktaufseher behandeln die Armee äußerst unbillig.« In demselben Augenblicke wurde Einer gewahr, daß der Marktmeister Zelarch ans Meer zurückging und schrie auf, nun rannten sie ihm nach, als hätte sich ein Eber oder Hirsch sehen lassen. Die Cerasuntier, die jene auf sich zukommen sahen und glaubten, es sollte ihnen gelten, entflohen eilends und stürzten sich ins Meer, und mit ihnen auch Einige der Unsrigen, und wer nicht schwimmen konnte, ertrank. Was meint ihr wol, wofür diese sich fürchteten? Zu Leide getan hatten sie uns doch nichts, sie besorgten also, es möchte uns gleich den Hunden eine Art von Wut befallen haben. Wenn das so fortgeht, so gebt Acht, in welchen Zustand das Heer geraten wird. Krieg anzufangen oder Frieden zu schließen, wird dann nicht mehr das Werk eurer gemeinschaftlichen Beschlüsse sein, sondern Einer, dem es einfällt, wird die Armee nach eigenem Gutdünken führen, wohin er will. Wenn die Gesandten zu uns kommen, entweder um Frieden zu bitten oder in einer andern Angelegenheit, so werden Leute, denen dies gerade beliebt, durch die Ermordung derselben uns die Gelegenheit rauben, ihre Anträge zu vernehmen. Ferner werden diejenigen Befehlshaber, die ihr durch gemeinschaftliche Beschlüsse wählt, gar kein Ansehen haben. Wer sich aber selbst zum Anführer bestimmt und sich einfallen läßt, schlagt zu! schlagt zu! zu rufen, der wird Macht genug besitzen, nach Willkür sowol einen Befehlshaber als einen Gemeinen unter euch ohne Verhör zu töten, wenn er sich nur Helfershelfer zu verschaffen weiß, wie wir eben erst gesehen haben. Laßt uns aber einmal sehen, was diese selbstgewählten Anführer auch angerichtet haben. Wenn der Marktaufseher Zelarch auch Unrecht tat, so ist er nun abgesegelt, ohne dafür bestraft worden zu sein, ist er aber unschuldig, so entfloh er vom Heere aus Furcht, um nicht ohne Urteil und Recht sein Leben einzubüßen. Die Steiniger der Gesandten haben es nun dahin gebracht, daß wir allein unter den Griechen nicht mit Sicherheit nach Cerasus gehen können, außer mit bewaffneter Macht. Die Gebliebenen, deren Auslieferung zum Begräbnisse uns von ihren Besiegern selbst vorher angeboten wurde, können wir nun, so viel haben sie bewirkt, auch nicht einmal mehr durch einen Herold ohne Gefahr abholen, denn wer wird als Herold hingehen wollen, wenn er selbst Herolde erschlagen hat? Deshalb haben wir auch die Cerasuntier ersucht, jene zu begraben. Ob dies Alles nun so schicklich und recht ist, darüber erklärt euch jetzt, damit, wenn dies Betragen Sitte werden sollte, Jeder für sich selbst wachen und sich nach einer befestigten Anhöhe für sein Lager umsehen kann. Glaubt ihr aber, daß dies Handlungen wilder Tiere, aber nicht menschlicher Wesen sind, so sucht ihnen ein Ziel zu setzen, wo nicht, beim Zeus! wie wollen wir dann ruchloser Taten schuldig mit Frohsinn den Göttern opfern? Wie wollen wir mit den Feinden kämpfen, wenn wir selbst einander ermorden? Welche friedliche Stadt wird uns aufnehmen, wenn sie die Zügellosigkeit unter uns wahrnimmt? Wer wird mit Vertrauen uns Lebensmittel zuführen, wenn wir in den Angelegenheiten des Markts öffentlich so auffallende Verbrechen begehen? Und was den Ruhm anbetrifft, welchen Ruhm könnten wir wol besonders erwarten? Wer wird uns solche Menschen wol rühmen? Wir wenigstens, das weiß ich, würden Personen, die sich so betrügen, schlechte Menschen nennen.« Nun standen Alle auf und sagten: die Urheber dieser Verbrechen müßten bestraft werden, Niemand sollte in der Folge so zügellos verfahren, und wer es sich unterfinge, müßte sterben, die Feldherrn sollten die Schuldigen zur Verantwortung ziehen und auch gegen andere Vergehen, die seit Cyrus' Tode möchten begangen worden sein, sollte gerichtlich verfahren werden. Das richterliche Amt übertrugen sie den Hauptleuten. Auch wurde auf Xenophon's Anraten, dem die Seher beipflichteten, die Entsündigung der Armee beschlossen und ausgeführt.

8. Gericht über die Feldherren

Man beschloß ferner, auch die Feldherrn sollten von ihrem bisherigen Betragen Rechenschaft ablegen. Es geschah, und Philesius und Xanthikles mußten wegen Nachlässigkeit in der Bewachung der Schiffsladungen eine Geldstrafe von zwanzig Minen erlegen. Sophänetus wurde um zehn Minen gestraft, weil er als Oberaufseher der Transportschiffe seine Pflichten vernachlässigt hatte. Auch gegen Xenophon traten Einige mit der Klage auf, er habe sie geschlagen und übermütiger Weise beschimpft. Xenophon stand auf und befahl dem, der zuerst gesprochen hatte, den

Ort zu nennen, wo er wäre geschlagen worden. Da, versetzte dieser: »Wo wir in dem tiefsten Schnee vor Kälte beinah' umkamen.« – »Nun wirklich«, sagte Xenophon, »wenn ich bei solchem Wetter, wie du es beschreibst, wo uns der Proviant fehlte und nicht so viel Wein vorhanden war, um daran riechen zu können, wo Viele dem Übermaß der Mühseligkeit erlagen, wo uns der Feind auf dem Fuße folgte, wenn ich da noch übermütig war, so muß ich gestehen, daß ich an Übermut noch die Esel übertreffe, die auch, wie man sagt, vor Kitzel die Müdigkeit nicht gewahr werden. Doch sage mir«, fuhr er fort, »warum bekamst du denn Schläge? verlangte ich etwas von dir und schlug dich, weil du es mir nicht geben wolltest? oder forderte ich etwas zurück? oder geriet ich mit dir einer Liebschaft wegen in Streit? oder mißhandelte ich dich in der Trunkenheit?« Als er dies Alles verneinte, so fragte ihn Xenophon weiter: »Dienst du unter den Hopliten?« – »Nein.« – »Unter den Peltasten?« – »Auch nicht; ich hatte, von meinen Zeltkameraden dazu bestellt, ein Maultier zu treiben, obwol ich übrigens ein Freigeborner bin.« Nun erkannte er ihn und fragte: »Bist du nicht der, der den Kranken fortbrachte?« – »Jawol, der bin ich: du zwangst mich dazu, da du die Gerätschaften meiner Kameraden zerstreutest.« – »Nun, mit dieser Zerstreuung ging es so zu: ich verteilte dies Gepäck unter Andre mit dem Befehl, es mir wieder zuzustellen, es wurde mir Alles richtig eingeliefert, und ich gab es dir wieder zurück, nachdem du mir jenen Menschen gezeigt hattest. Laßt euch aber doch erzählen, wie das zusammen hängt; es ist der Mühe wert. Ein Mann, der nicht mehr weiter marschiren konnte, blieb liegen; ich kannte ihn weiter nicht, als daß er zu uns gehörte. Um ihn nicht umkommen zu lassen, gab ich dir den Befehl, ihn fortzubringen; denn der Feind, wie mich dünkt, war uns im Rücken.« – Der Mensch bejahte dies. – »Ich hatte dich vorausgeschickt«, fuhr Xenophon fort, »und als ich mit dem Nachzuge vorwärts rückte, traf ich dich wieder an, als du eben eine Grube machtest, um den Menschen zu verscharren. Ich trat hinzu und lobte dich. Allein, während wir noch dastanden, zuckte der Mensch mit dem Beine. Alle Anwesenden schrieen: »Er lebt!« nur du sagtest: »Meinetwegen so viel er will; ich aber bringe ihn nicht weiter.« Darauf schlug ich dich, da hast du Recht: denn du schienst es mir gewußt zu haben, daß er lebte.« – »Nun aber«, versetzte dieser, »war er nicht dennoch gestorben, als ich ihn dir nachher zeigte?« – »Ja sterben«, sagte Xenophon, »müssen auch wir Alle: soll man aber deshalb uns lebendig begraben?« Nun schrieen Alle: dieser habe noch zu wenig Schläge bekommen. Xenophon forderte jetzt, daß jeder Andre, der bestraft worden wäre, den Grund davon angeben sollte; und als Niemand auftrat, so sprach er selbst:

»Ich läugne nicht, Soldaten, daß ich Viele ihrer ordnungswidrigen Aufführung wegen gezüchtigt habe, Leute, die es sich zwar gefallen ließen, durch euch, die ihr auf dem Marsche geschlossen bliebt, und wo es nötig war, fochtet, geschützt zu sein, selbst aber ihre Reihen verließen und voraus eilten, um zu plündern und mehr Beute zu machen als ihr. Wenn wir es Alle so gemacht hätten, so wäre wol von uns kein Mann mehr am Leben. Auch den Trägen, der nicht aufstehen wollte, sondern sich lieber den Feinden aussetzte, schlug ich und zwang ihn zum Fortmarsch. Als ich selbst einmal bei jener durchdringenden Kälte, während ich noch auf Einige wartete, die sich zum Marsche erst fertig machten, eine gute Weile gesessen hatte, konnte ich kaum aufstehen und die Beine ausstrecken. Seit dieser eigenen Erfahrung trieb ich Jeden, den ich niedersitzen und einschlafen sah, zum Gehen an. Denn Bewegung und Anstrengung brachte eine gewisse Wärme und Biegsamkeit hervor: aber beim Niedersitzen und Ruhen verdickte sich, wie ich bemerkte, das Blut und die Zehen froren ab. So ist es, wie ihr selbst wißt, Vielen gegangen. Dann habe ich vielleicht auch einen Andern, der irgendwo, um auszuruhen, stehen blieb, und sowol euch beim Vortrabe, als uns beim Nachzuge am Marschiren hinderte, mit der Faust geschlagen, um ihn den feindlichen Wurfspießen zu entziehen. Jetzt, nachdem sie gerettet sind, steht es diesen Leuten frei, mich zur Verantwortung zu ziehen, wenn ich ihnen etwas zu Leide tat: wären sie aber den Feinden in die Hände gefallen, wegen welcher Beleidigung, und wenn sie auch noch so groß war, hätten sie dann Genugtuung fordern können? Laßt mich reden, wie mir's ums Herz ist: habe ich Jemanden zu seinem Besten gezüchtigt, so halte ich mich eben so, wie Eltern oder Lehrer in Ansehung ihrer Kinder oder Schüler, ihm Genugtuung zu geben, für verpflichtet. Schneiden und brennen doch bisweilen die Ärzte in wohltätigen Absichten. Haltet ihr mein damaliges Verfahren für eine Folge des Übermuts, so überlegt doch nur, daß ich jetzt, Dank sei den Göttern, mutigern und raschern Sinnes bin und mehr Wein trinke als damals: und dennoch schlage ich Keinen, denn ich sehe euch in Sicherheit. Wenn bei einem Sturm das Meer hochgeht, seht ihr da nicht, wie der Befehlshaber auf dem vordern und der Steuermann auf dem hintern Teile des Schiffes gegen seine Leute schon eines Winks wegen aufgebracht wird? Denn auch das geringste Versehen unter solchen Umständen kann Alles zu Grunde richten. Die Rechtmäßigkeit der Schläge aber, die ich jenen Leuten gab, habt ihr damals selbst bestätigt: denn nicht mit Stimmentäfelchen, sondern mit Waffen versehen, standet ihr da, im Stande, wenn es euch beliebte, ihnen beizustehen: aber, beim Zeus! ihr kamt weder diesen Strafbaren noch mir in ihrer Bestrafung zur Hilfe. Also bestärktet ihr die Feigherzigen in ihrer Zügellosigkeit, indem ihr dazu schwiegt. Denn daß die Menschen, die jetzt am Meisten pochen, damals die größten Feiglinge waren, würdet ihr, glaube ich, bei einiger Aufmerksamkeit wohl finden. So bestand damals der thessalische Faustkämpfer Boiskus darauf, keinen Schild zu tragen, weil er krank wäre: und jetzt hat er, wie ich höre, viele Kotoriten beraubt. Wollt ihr daher klug handeln, so verfahrt mit ihm auf die entgegengesetzte Art, wie man es mit den Hunden macht; denn böse Hunde pflegt man am Tage anzubinden, des Nachts aber loszulassen: was aber diesen Menschen betrifft, so werdet ihr wohl tun, ihn des Nachts anzubinden und am Tage loszulassen. Übrigens aber befremdet es mich, daß ihr dessen, womit ich mir etwa die Unzufriedenheit Eines oder des Andern unter euch zuzog, recht wohl gedenkt und mir nichts verschweigt: daß ich aber diesen gegen Kälte schützte, Jenen den Feinden entriß, hier Einem in Krankheit, dort Einem in Mangel zur Hilfe kam, daran denkt Keiner mehr. Eben so habt ihr die Fälle vergessen, wo ich meinen Beifall äußerte, wenn Jemand eine rühmliche Tat beging, wo ich jeden braven Mann nach meinen Kräften zu ehren suchte. Und doch ist es schön, gerecht, tugendhaft und angenehm, mehr des Guten als des Bösen zu gedenken.«

Jetzt standen sie auf mit der Erinnerung an Xenophon's Verdienste um sie und Alles lief zu seiner Ehre ab.

Sechstes Buch

1. Festmahl der griechischen Führer. Chirisophus

Oberfeldherr

Während ihres hiesigen Aufenthalts verschafften sie sich ihre Lebensmittel teils durch Einkauf auf dem Markte, teils durch Streifzüge ins paphlagonische Gebiet. Doch auch die Paphlagonier überfielen sehr häufig die hier und da umherstreifenden Griechen und beunruhigten des Nachts auch diejenigen, die weiter vorwärts vom Lager ihre Zelte hatten. Dies vermehrte noch die feindliche Stimmung beider Teile gegen einander. Korylas aber, der derzeitige Regent von Paphlagonien, ließ den Griechen durch Gesandte, die Pferde und schöne Kleidungen mitbrachten, die Eröffnung tun: er sei geneigt, gegen die Griechen keine Feindseligkeiten auszuüben, wenn er nicht von ihnen dazu gereizt würde. Die Feldherrn antworteten: sie würden hierüber mit der Armee zu Rate gehen. Unterdessen zogen sie die Gesandten zur Tafel nebst noch andern Personen, die, nach ihrem Urteil, billiger Weise eingeladen werden mußten. Nachdem man nun einige der erbeuteten Ochsen und andres Schlachtvieh geopfert hatte, wurde ein reichliches Mahl aufgesetzt, wobei man auf Binsenlagern ruhte und aus hölzernen Bechern, dergleichen man in dieser Gegend gefunden hatte, trank. Nach dem Trankopfer und dem Schlusse des Päan standen zuerst die Thrazier auf und begannen nach dem Takte der Flöte einen Waffentanz, worin sie mit Leichtigkeit hohe Sprünge machten und ihre Seitengewehre schwangen: zuletzt hieben sie auf einander los, so daß Jedermann glaubte, sie träfen einander; es war aber blos ein Kunstgriff. wenn der Eine niedersank. Die Paphlagonier schrieen hierbei laut auf. Wenn der Sieger seinem Gegner die Rüstung abgenommen hatte, so ging er, den Sitalkas singend, von dem Platze hinweg: andre Thrazier aber trugen den Besiegten, als ob er tot wäre, davon, obschon ihm nicht das Geringste fehlte. Jetzt erhoben sich die Änianen und Magneten und führten einen Waffentanz auf, den sie Karpäa nennen. Er wurde auf folgende Art gehalten: der Eine legte seine Waffen neben sich, säete und pflügte und sah sich dabei, als ob er sich fürchtete, oft um. Da kam ein Räuber heran; beim Anblick desselben ergriff er die Waffen, ging ihm entgegen und kämpfte mit ihm vor dem Pfluggespann. Der Flötentakt leitete hierbei ihre Bewegungen. Endlich fesselte der Räuber den Mann und führte die Stiere davon. Bisweilen band auch der Pflüger dem Räuber die Hände auf den Rücken, spannte ihn neben die Stiere und trieb ihn zum Ziehen an. Nun trat ein Mysier auf, beide Hände mit leichten Schilden bewaffnet. Bald nahm er im Tanze eine Stellung an, als ob er mit zwei Gegnern zu tun hätte, bald tat er, als ob er sich mit den Schilden gegen Einen deckte, bald drehete er sich im Kreise herum und stürzte sich, die Schilde in den Händen, über den Kopf. Ein Schauspiel, dem man mit Vergnügen zusah. Zuletzt tanzte er persisch, wobei er die Schilde zusammenschlug, auf die Kniee fiel und wieder aufstand. Dies Alles tat er nach dem Takte der Flöte. Hierauf kamen die Mantineer und andre Arkadier, so schön, als sie es nur vermochten, ausgerüstet, auf den Platz, schritten unter Begleitung von Flötenmusik im Takte einher, sangen den Päan und tanzten, wie in den feierlichen Aufzügen zu den Tempeln der Götter. Die Paphlagonier erklärten es für etwas Außerordentliches, daß alle diese Tänze in den Waffen ausgeführt würden. Als der Mysier ihr Erstaunen wahrnahm, führte er eine Tänzerin mit Bewilligung des Arkadiers, dem sie gehörte, vor: aufs Schönste von ihm gerüstet und mit einem leichten Schilde versehen, tanzte sie den pyrrhithischen Tanz mit vieler Leichtigkeit. Das Beifallklatschen war groß und die Paphlagonier fragten, ob denn auch die Weiber zugleich mit ihnen gekämpft hätten? Diese eben sind es, war die Antwort, die den König aus dem Lager vertrieben. Hiermit beschloß man die Nacht.

Am folgenden Tage führte man die Gesandten in die Versammlung der Armee, und diese beschloß, daß unter den Griechen und Paphlagoniern keine Feindseligkeiten stattfinden sollten. Nach dieser Erklärung traten die Gesandten ihre Rückreise an. Da jetzt die Anzahl der vorhandnen Fahrzeuge groß genug schien, so schifften die Griechen sich ein und fuhren, Paphlagonien zur Linken, mit gutem Winde einen Tag und eine Nacht hindurch. Am andern Tage erreichten sie Sinope und liefen in den sinopischen Hafen Harmene ein. Sinope liegt in Paphlagonien und ist eine Colonie von Milet. Die Einwohner schickten den Griechen Gastgeschenke, dreitausend Scheffel Gerstenmehl und fünfzehnhundert Eimer Wein. Hier stieß auch Chirisophus mit dreirudrigen Schiffen zu ihnen. Die Griechen hatten erwartet, daß er ihnen etwas mitbringen würde: allein er brachte nichts als die Nachricht; daß der Admiral

Anaxibius und Andre sie lobten, und daß Ersterer das Versprechen gegeben habe, so bald sie aus dem Pontus heraus wären, sollten sie Löhnung erhalten.

In Harmene verweilte das Heer fünf Tage. Da sich die Soldaten Griechenland nun näher sahen, fiel ihnen der Gedanke, doch nicht mit leeren Händen nach Hause zu kommen, schon mehr als vorher aufs Herz. Sie glaubten daher, ein Oberfeldherr, den sie sich wählten, würde besser als mehrere Anführer die Kräfte der Armee bei Tag und Nacht leiten und benutzen können: denn auf diese Art blieben Dinge, die Verschwiegenheit forderten, eher geheim; und Angelegenheiten hingegen, bei denen es aufs Zuvorkommen ankäme, würden weniger verzögert, da man keine Rücksicht bedürfte, wie vorher, wo sich die Feldherrn in der Ausführung nur immer nach der Stimmenmehrheit richteten, sondern das Gutachten eines Einzigen vollzogen werden müßte. Von diesen Gedanken geleitet, wendeten sie sich an Xenophon. Die Hauptleute kamen zu ihm, eröffneten ihm die Gesinnungen der Armee, und Jeder suchte ihn unter Äußerungen seiner Zuneigung zur Annahme des Oberbefehls zu bewegen. Xenophon war dem Vorschlage insofern nicht abgeneigt, als er sich davon größere Ehre bei seinen Freunden und einen wichtigen Ruf in seiner Vaterstadt versprach und auch der Armee vielleicht nützlich werden zu können hoffte. Diese Gedanken also reizten ihn, sich das Obercommando zu wünschen. Überlegte er aber wieder, in Hinsicht auf die Unbekanntschaft aller Menschen mit der Zukunft, die Möglichkeit der Gefahr, auch den vorher erworbenen Ruhm zu verlieren, so wurde er unschlüssig. In dieser schwankenden Gemütsstimmung hielt er es fürs Beste, die Götter um Rat zu befragen. Er brachte also zwei Opfertiere dar und opferte Zeus dem Könige: denn die Verehrung dieser Gottheit war ihm von dem Orakel zu Delphi empfohlen worden; und von hier leitete er auch jenen Traum her, der ihm kurz zuvor erschien, ehe ihm eine der Feldherrnstellen übertragen wurde. Auch erinnerte er sich jenes Adlers, der ihm, als er von Ephesus abreiste, um sich den Cyrus vorstellen zu lassen, zur Rechten schrie und der Auslegung des Sehers, der ihn begleitete: diese Vorbedeutung sei zwar wichtig, deute auf Macht und Ruhm, aber auch auf Arbeit und Mühe, denn die Vögel wären einem sitzenden Adler am meisten aufsässig; auch verspräche der Umstand des Sitzens keine Vorteile, denn der Adler finde seinen Unterhalt besser im Fluge. Da Xenophon also opferte, gab ihm die Gottheit sehr deutliche Winke, weder um den Oberbefehl anzuhalten, noch ihn, wenn er ihm auch übertragen würde, anzunehmen. Dies Letztere geschah wirklich. Die Soldaten versammelten sich und stimmten einmütig für die Wahl eines Oberfeldherrn, und nach diesem Beschlusse wurde Xenophon in Vorschlag gebracht. Sobald es für entschieden angesehen werden konnte, daß man ihn wählen würde, wenn Jemand die Stimmen sammelte, so stand er auf und sagte: »Soldaten, ich freue mich zwar, denn ich bin ein Mensch, über eure für mich so ehrenvolle Gesinnung, danke euch dafür und bitte die Götter um die Kraft, zu eurem Glücke etwas beitragen zu können. Allein, daß ihr mich vor Andern zum Feldherrn erwählt, da ein Lacedämonier gegenwärtig ist, dies ist, meiner Meinung nach, weder für euch, noch für mich vorteilhaft, sondern würde es euch erschweren, im Notfall von den Lacedämoniern Unterstützung zu erhalten und meine eigne Sicherheit, wie ich glaube, in einige Gefahr setzen. Denn es ist mir bekannt, daß sie auch den Krieg gegen mein Vaterland nicht eher endigten, bis die ganze Stadt sich darein fügte, den Lacedämoniern auch über sich den Oberbefehl einzuräumen. Nach dieser Erklärung endigten sie sogleich den Krieg und belagerten Athen nicht länger. Wenn ich nun, durch diese Erfahrung belehrt, dennoch mich dem Verdachte aussetzte, ihr Ansehn, wie ich nur könnte, zu verringern, so begreife ich wohl, daß sie mich sehr bald in meine Grenze zurückweisen würden. Was eure Erwartung anbelangt, unter dem Commando eines Einzigen weniger dem Parteigeiste ausgesetzt zu sein, als unter mehreren Anführern, so seid überzeugt, nie werdet ihr mich, wenn ihr einen andern Oberfeldherrn erwählt, gegen ihn aufsässig finden; denn ich bin der Meinung, daß derjenige, der sich im Kriege dem Oberanführer widersetzt, sich gegen seine eigne Sicherheit auflehnt: übertragt ihr mir aber das Commando, so würde mich es gar nicht befremden, wenn manche Personen euch und mir ihre Unzufriedenheit bemerklich machten.«

Nach dieser Erklärung standen sie auf und drangen noch weit mehr in ihn, das Obercommando zu übernehmen. Der Stymphalier Agasias sagte: »Es wäre lächerlich, wenn das so weit gehen sollte, daß die Lacedämonier es zum Beispiel auch übel nähmen, wenn bei einer Gasterei die Gesellschaft zu ihrem Zechkönige keinen Lacedämonier wählte. Wenn das gelten sollte«, fuhr er fort, »dann müßten wir auch wol, dem Ansehn nach, keine Compagnien anführen, weil wir Arkadier sind.« – Ein lautes Getöse bezeugte den Beifall, den Agasias sich durch diese Rede erwarb. Da nun Xenophon sah, daß es einer noch stärkern Erklärung bedurfte, trat er hervor und sagte: »Soldaten, um euch völlig zu uberzeugen, so schwöre ich euch heilig, bei allen Göttern und Göttinnen, ich suchte, sobald ich eure Gesinnungen merkte, durch ein Opfer zu erforschen, ob es vorteilhaft sei, für euch, mir den Oberbefehl zu übertragen und für mich, ihn anzunehmen: allein die Götter gaben mir in den Opfern so deutliche Anzeigen für die Ablehnung dieses Oberbefehls, daß sie sogar ein Laie verstanden hätte.«

Nun endlich wurde Chirisophus gewählt. Hierauf trat dieser hervor und sagte: »Seid überzeugt, Soldaten, ich würde mich nicht aufgelehnt haben, wenn ihr auch einen Andern gewählt hättet. Für Xenophon ist es vorteilhaft, nicht gewählt worden zu sein, da Dexippus ihn sogar jetzt schon beim Anaxibius nach bestem Vermögen verleumdete, von mir aber zum Schweigen gebracht wurde. Ich glaube, sagte er, Xenophon wollte lieber den Dardanier Timasion, der unter das Klearchische Corps gehört, als mich, einen gebornen Lacedämonier zum Mitanführer haben. Da ihr also mich gewählt habt, so werde auch ich mich bemühen, nach meinem Vermögen euch nützlich zu sein. Haltet euch nun bereit, morgen, wenn uns der Wind günstig ist, abzusegeln. Die Fahrt geht nach Heraklea: ihr Alle müßt daher streben, mit einander dort anzukommen. Das Übrige wollen wir nach unserer Ankunft daselbst überlegen.«

2. Landung bei Herakles. Trennung in einzelne Heeresteile

Am folgenden Tage segelten sie bei gutem Winde ab und fuhren zwei Tage am Lande hin. Auf dieser Fahrt betrachteten sie die Küste des Jason, wo die Argo, der Erzählung nach, anlegte und die Mündungen der Flüsse Thermodon, Iris, Halys und Parthenius. Hinter dem letztern erreichten sie Heraklea, eine griechische Stadt und Colonie von Megara, in der Landschaft der Mariandyner. Sie legten neben der Halbinsel Acherusias an. Hier soll Herkules zum Cerberus hinabgestiegen sein, und man zeigt jetzt noch das Wahrzeichen dieser Unternehmung, eine mehr als zwei Stadien tiefe Höhle. Die Herakleer schickten hierauf den Griechen Gastgeschenke, nämlich dreitausend Scheffel Gerstenmehl, zweitausend Eimer Wein, zwanzig Ochsen und hundert Schafe. Durch die dortige Ebene fließt der Lykus, dessen Breite etwa zwei Plethren beträgt.

Die Soldaten versammelten sich hier und beratschlagten, ob die noch rückständige Reise auf dem Pontus zu Lande oder zu Wasser gemacht werden müsse. Der Achäer Lykon stand auf und sagte: »Soldaten, ich wundere mich über die Heerführer, daß sie sich keine Mühe geben, uns Reisezehrung zu verschaffen: denn mit den Gastgeschenken kommt die Armee nicht drei Tage lang aus, und eine Gegend, woraus wir uns mit Proviant für die Reise versorgen könnten, gibt's hier nicht. Ich rate daher, von den Herakleern nicht weniger als dreitausend Cyzicener zu verlangen.« – »Nein«, sagte ein Anderer, »nicht weniger als eine monatliche Löhnung, zehntausend Cyzicener. Wir müssen sogleich in unserer jetzigen Versammlung Gesandte in die Stadt abfertigen und dem erhaltenen Bescheide gemäß dann unsre Maßregeln treffen.« Hierauf wurde zum Behuf dieser Gesandtschaft erstlich Chirisophus, weil man ihn zum Oberfeldherrn gewählt hatte, und dann auch von Einigen Xenophon in Vorschlag gebracht. Allein sie lehnten diesen Auftrag in entschiedenster Weise ab: denn sie hatten beide den Grundsatz, von einer griechischen und verbündeten Stadt nur freiwillige, aber keine erzwungnen Lieferungen zu nehmen. Da man also sah, daß sie dieses Geschäft eben nicht mit Wärme betreiben würden, so wurden Lykon aus Achaja, Kallimachus ans Parrhasia, und Agasias aus Stymphalus abgeordnet. Diese eröffneten der Stadt das Verlangen der Armee, und Lykon fügte, wie es hieß, sogar Drohungen hinzu, wenn man nicht dieses Alles bewilligte. Die Herakleer erwiederten, sie würden hierüber beratschlagen. Unmittelbar darauf aber führten sie alle Güter vom Lande in die Stadt zusammen, verlegten den Markt mit Lebensmitteln eben dahin, schlossen die Tore zu, und dann sah man sie die Mauern besetzen.

Die Urheber dieser Verwirrung beschuldigten jetzt die Heerführer, den Plan verdorben zu haben. Die Arkadier und Achäer traten zusammen, besonders von dem Parrhasier Kallimachus und dem Achäer Lykon dazu verleitet. Ihre Behauptungen waren folgenden Inhalts: es wäre doch schimpflich, daß ein einziger Athenienser über Peloponnesier und Lacedämonier commandirte, ohne der Armee Truppen zugeführt zu haben; ihnen fielen die Beschwerden und Andern die Vorteile zu. »Wir sind es doch«, fuhren sie fort, »denen man die Rettung zu danken hat; denn diese wurde durch die Arkadier und Achäer bewirkt, die übrigen Truppen kamen dagegen nicht in Betracht.« – Und wirklich bestand mehr als die Hälfte des Heeres aus Arkadiern und Achäern. – »Wenn ihr also weise seid, so haltet zusammen, wählt euch Anführer aus eurer Mitte, setzt den Marsch allein fort und sucht euch einige Vorteile zu verschaffen.« Dies wurde beschlossen. Alle Arkadier und Achäer, die unter dem Chirisophus standen, verließen ihn und Xenophon, vereinigten sich und wählten unter sich selbst zehn Anführer, die das, was die Mehrheit unter ihnen beschlossen hätte, ausführen sollten. Chirisophus verlor also das Obercommando am sechsten oder siebenten Tage nach seiner Erwählung.

Xenophon war nun zwar Willens, den Marsch mit ihnen gemeinschaftlich zu machen, weil er diese Maßregel für sicherer hielt, als jeden Heerhaufen getrennt von den andern ziehen zu lassen; allein Neon redete ihm zu, besonders zu marschiren, denn nach Chirisophus' Aussage habe Kleander, Statthalter von Byzanz geäußert, er werde mit dreirudrigen Fahrzeugen in den Hafen von Kalpe kommen. Er gab ihm also deswegen diesen Rat, damit Niemand als sie selbst mit ihren Soldaten den Vorteil, auf den Galeeren abzusegeln, benutzen könne. Chirisophus, der wegen jener Vorfälle aufgebracht war und seitdem gegen die Armee eine Abneigung hatte, stellte ihm frei, zu tun, was er wollte. Xenophon aber, der noch mit dem Gedanken umging, das Commando niederzulegen und auf dem Pontus zu Schiffe abzureisen, brachte Herkules, dem Führer, ein Opfer und forschte bei der Gottheit, ob es vorteilhafter wäre, an der Spitze der noch unter der Fahne stehenden Truppen den Marsch fortzusetzen oder die Armee zu verlassen: die Anzeigen der Gottheit in den Opfern befahlen ihm aber, mit seinem Corps zu ziehen. So trennte sich also das Heer in drei Haufen: die Arkadier und Achäer, über viertausendfünfhundert Mann stark, bestanden aus lauter Hopliten; Chirisophus hatte an tausendvierhundert Hopliten und gegen siebenhundert thrazische Peltasten, die Klearch mitgebracht hatte; Xenophon führte tausendsiebenhundert Hopliten und ungefähr dreihundert Peltasten, auch hatte er allein Reiterei an vierzig Mann.

Nachdem die Arkadier von den Herakleern Schiffe erhalten hatten, fuhren sie zuerst ab, um rasch in Bithynien einzufallen und recht viel Beute zu machen. Sie landeten im Hafen von Kalpe, beinahe in der Mitte von Thrazien. Chirisophus marschirte unmittelbar von Heraklea aus durchs Land: nach seinem Eintritt ins thrazische Gebiet aber zog er längs dem Meere hin; denn er war schon krank. Xenophon aber reiste zu Schiffe und landete an der Grenze zwischen Herakleotis und Thrazien und marschirte nun mitten durchs Land.

3. Xenophon entsetzt die von Thrakern

eingeschlossenen Arkader

Wir haben bisher gesehen, wie Chirisophus das Obercommando verlor und das Heer der Griechen sich teilte. Die Unternehmungen jedes Corps waren folgende: die Arkadier rückten nach ihrer Landung in dem Hafen von Kalpe gegen die ersten Ortschaften vor, die etwa fünfzig Stadien vom Meere lagen. Nach Anbruch des Tages führte jeder Heerführer seine Abteilung gegen ein Dorf; war es aber von beträchtlicher Größe, so vereinigten sich gegen dasselbe zwei Colonnen. Ein Hügel war der verabredete Punkt, wo sich sämmtliche Truppen wieder vereinigen sollten, und da sie unvermutet eingefallen waren, so brachten sie auch wirklich eine Menge Sklaven und Schafe zusammen. Die Thrazier aber, die sich durch die Flucht gerettet hatten, – deren war aber eine große Anzahl, die als leichtbewaffnete Truppen den Hopliten unter den Händen entwischten, – sammelten sich wieder und griffen nun zuerst die Colonne des Smikres, eines der arkadischen Heerführer, an, als er eben, stark mit Beute belastet, sich nach dem Bestimmungsorte zurückzog. Anfänglich verteidigten sich die Griechen unter fortgesetztem Marsche, allein bei einem Hohlwege, durch den sie sich durchziehen mußten, schlug sie der Feind, und Smikres mit allen seinen Leuten blieb auf dem Platze. Von einer andern Colonne, die Hegesander, einer der zehn Anführer commandirte, kamen nur Hegesander selbst nebst acht Mann mit dem Leben davon. Die andern Anführer vereinigten sich wieder, manche mit, manche ohne Beute. Nach diesem glücklichen Erfolge riefen die Thrazier einander auf und zogen sich in der Nacht stark zusammen. Mit Anbruch des Tages umringten sie mit einem zahlreichen Corps von Reiterei und Peltasten den Hügel, wo sich die Griechen gelagert hatten. Ihre Menge wuchs immer mehr an, und sie machten Anfälle auf die Hopliten, ohne daß diese ihnen beikommen konnten. Denn die Griechen hatten weder Bogenschützen noch Truppen, die den Wurfspieß führten, noch Reiterei. Die Feinde hingegen bedienten sich bei ihren Anfällen zu Fuß und zu Pferde der Wurfwaffen, und wenn die Griechen auf sie losgingen, zogen sie sich leicht und schnell wieder zurück. Sie griffen von mehreren Seiten zugleich an und verwundeten viele Griechen, ohne daß Einer von ihnen selbst getroffen wurde. Die Griechen waren also nicht im Stande, den Platz zu verlassen, und die Thrazier schnitten ihnen endlich auch das Wasser ab. In dieser äußerst mißlichen Lage wurde ein Vertrag vorgeschlagen, die übrigen Vergleichspunkte machten keine Schwierigkeit, nur wollten die Thrazier den Griechen, die darauf drangen, keine Geißeln bewilligen, und dies hielt die Sache auf. So standen also die Angelegenheiten der Arkadier.

Chirisophus zog in aller Sicherheit an der Küste hin und kam im Hafen von Kalpe an. Xenophon aber nahm seinen Marsch mitten durchs Land. Die Reiterei desselben, welche vorauszog, stieß auf einige alte Leute, die irgend wohin reisten; diese wurden zum Xenophon geführt, der sie befragte, ob sie irgend ein andres griechisches Corps wahrgenommen hätten. Sie erzählten jene Vorfälle ausführlich und benachrichtigten ihn, daß jetzt die Griechen auf dem Hügel ringsum eingeschlossen von der ganzen Macht der Thrazier belagert würden. Xenophon ließ diese Menschen in sichere Verwahrung nehmen, um sich ihrer nötigenfalls als Wegweiser zu bedienen, stellte hierauf zehn Vorposten aus, ließ das Heer zusammenkommen und sagte:

»Soldaten, ein Teil der Arkadier ist auf dem Platze geblieben, und der Rest wird auf einem Hügel belagert. Kommen diese noch um, so ist es, wie ich wenigstens glaube, auch um uns geschehen, da der Feind so zahlreich und so unternehmend ist. Wir können daher, meines Erachtens, nichts Besseres tun, als jenem Corps so schnell als möglich zu Hilfe kommen, und wenn es sich noch hält, mit ihm vereinigt fechten, um nicht, wenn wir nur allein noch übrig wären, auch die Gefahren allein bestehen zu müssen. Lagern können wir uns also erst, wenn wir uns das Abendbrod durch einen tüchtigen Tagemarsch verdient haben. Unterwegs mag Timasion mit der Reiterei vorausziehen, auf uns Acht geben und die vorliegende Gegend beobachten, damit uns nichts entgeht.« Zugleich schickte er einige leichte Truppen auf die Flügel und auf die Anhöhen, um sogleich von ihnen ein Zeichen zu erhalten, wenn sie von irgend einer Seite etwas gewahr würden und befahl ihnen, alles Brennbare, was sie antreffen würden, in Brand zu stecken. »Denn«, sagte er, »hier zu entfliehen, ist nicht wohl möglich, da es zu weit ist, nach Heraklea zurückzugehen, oder Crysopolis zu erreichen, und der Feind so nahe steht. Nach Kalpe, wo Chirisophus, wenn ihm nichts zugestoßen ist, wol angelangt sein wird, ist freilich der kürzeste Weg: allein fürs Erste finden wir dort keine Schiffe, um abzusegeln und hätten wir auch keine Lebensmittel, um nur einen Tag da bleiben zu können. Überdies wäre es, wenn die eingeschlossenen Griechen aufgerieben würden, nachteiliger für uns, blos mit Chirisophus' Truppen verstärkt die Gefahren des Krieges bestehen zu müssen, als wenn wir, nachdem jenes Corps gerettet wäre, uns Alle zusammenzögen und gemeinschaftlich für unsere Wohlfahrt sorgten. Wir müssen also vorwärts, fest entschlossen jetzt, entweder rühmlich zu sterben oder die schönste Tat, die Rettung so vieler Griechen zu vollbringen, und vielleicht sind diese Umstände eine Schickung der Gottheit, um jene Griechen, die sich für klüger hielten als uns, für ihren Hochmut zu demütigen, uns aber, die wir unsere Unternehmungen mit den Göttern beginnen, vor ihnen auszuzeichnen. Wohlan nun, folgt mir nach und seid aufmerksam, um die gegebenen Befehle vollziehen zu können.« Mit diesen Worten begann er den Marsch. Die Reiterei zerstreute sich, so weit es sicher war, und steckte auf ihrem Zuge Alles in Brand; auch die Peltasten, welche die Anhöhen erstiegen, zündeten alles Brennbare an, was sie erblickten, und wenn etwas stehen geblieben war, worauf das Hauptcorps stieß, so wurde es von diesem in Flammen gesetzt, so daß die ganze Gegend zu brennen und ein großes Heer anzurücken schien. Als es Zeit war, besetzten sie einen Hügel und schlugen das Lager auf. Hier erblickten sie die feindlichen Feuer, – denn sie waren nur etwa vierzig Stadien davon entfernt, – und zündeten nun auch ihrerseits so viele Feuer an, als sie nur konnten. Nach der Abendmahlzeit wurde Allen Befehl gegeben, die Feuer so schnell als möglich auszulöschen, dann wurden die Posten für diese Nacht ausgestellt, und man begab sich zur Ruhe. Mit Anbruch des Tages beteten sie zu den Göttern, stellten sich in Schlachtordnung und rückten nun mit der möglichsten Schnelligkeit vorwärts. Timasion und seine Reiterei, die mit den Wegweisern voranzogen, kamen auf dem Hügel, wo die Griechen waren belagert worden, an, ehe sie es bemerkten. Hier trafen sie nun weder ihre Waffenbrüder noch den Feind an, – wovon sie Xenophon und das Heer benachrichtigten, – sondern alte Weiber und Männer, wenige Schafe und zurückgelassene Ochsen. Anfänglich staunten sie und wußten sich die Sache nicht zu erklären, endlich aber erfuhren sie von den zurückgebliebenen Leuten, daß die Thrazier sogleich Abends, die Griechen aber am Morgen ihren Abmarsch genommen hätten, ohne daß sie wüßten, wohin. Auf diese Nachricht brach Xenophon mit seinen Leuten nach beendigter Frühmahlzeit auf und eilte, um sich mit den Andern bei Kalpe zu vereinigen. Auf dem Marsche sahen sie die Fußtapfen der Arkadier und Achäer gegen Kalpe zu gerichtet, und als sie dort zusammenkamen, waren sie froh, einander wieder zu sehen und umarmten sich wie Brüder. Die Arkadier erkundigten sich bei Xenophon's Leuten, warum sie die Feuer ausgelöscht hätten? »Anfänglich«, fuhren sie fort, »da wir keine Feuer mehr sahen, erwarteten wir, ihr würdet den Feind in der Nacht angreifen, und dieser mochte wol, wie es uns schien, dasselbe befürchten, denn er nahm ungefähr um diese Zeit seinen Abzug. Als ihr aber nicht kamt und die Zeit verlaufen war, so vermuteten wir, ihr hättet euch auf die Nachricht von unserm Schicksale aus Furcht gegen das Meer zu geflüchtet, da beschlossen wir, uns nicht von euch zu trennen, und so nahmen wir unsern Marsch hierher.«

4. Herstellung der alten Heeresverfassung. Streifzüge

auf Lebensmittel

Sie brachten also diesen Tag hier auf dem Ufer am Hafen zu. Dieser Ort, der Hafen von Kalpe benannt, liegt in dem asiatischen Thrazien. Dieses Thrazien erstreckt sich von der Mündung des Pontus, wenn man von derselben rechts hinsegelt, bis nach Heraklea. Eine mit Rudern getriebene Trireme hat von Byzanz bis Heraklea sehr gut einen ganzen Tag zu segeln. In der Mitte zwischen beiden trifft man keine andere, weder gegen die Griechen freundschaftlich gesinnte, noch griechische Stadt an, sondern nur bithynische Thrazier, die, wie man sagt, alle Griechen, die ihnen durch Schiffbruch oder auf eine andere Art in die Hände fallen, auf eine grausame Art behandeln. Der Hafen von Kalpe liegt gerade mitten zwischen Heraklea und Byzanz. Es ist eine in die See hervorragende Landschaft, deren Meerseite aus einem schroffen, und wo er am niedrigsten ist, wenigstens zwanzig Klafter hohen Felsen besteht; der mit dem festen Lande zusammenhängende Teil dieser Erdzunge ist höchstens vier Plethren breit, der Raum aber des ganzen Landstrichs könnte eine Bevölkerung von zehntausend Menschen fassen. Der Hafen, dessen Ufer gegen Westen sieht, ist dicht am Felsen. Eine Quelle von süßem und reichlich fließendem Wasser, die noch zu diesem

Gebiete gehört, entspringt nahe an der See. Holz wächst hier auf der Küste in Menge und von mehreren Arten, besonders aber sehr vieles und schönes Schiffsbauholz. Der Berg am Hafen erstreckt sich beinahe zwanzig Stadien ins Land und ist auf dieser Seite erdig und steinlos, auf der Seeseite aber ist er über zwanzig Stadien weit mit einem Walde von mancherlei und großen Holzarten dicht bewachsen. Die übrige Gegend ist schön, weitläufig und enthält viele sehr volkreiche Dörfer. Denn der Boden trägt Gerste, Weizen, alle Arten von Hülsenfrüchten, Buchweizen, Sesamkraut, Feigen in Menge, viele Weinstöcke, die einen lieblichen Wein liefern, kurz Alles, nur nicht Ölbäume. So war das Land beschaffen. Die Griechen hatten sich auf der Küste ans Meer gelagert: denn sie wollten durch ihr Lager keine Veranlassung zur Erbauung einer Stadt geben; ja sie argwöhnten sogar, man habe sie, weil Einige eine Stadt zu erbauen wünschten, planmäßig deswegen hierhergeführt. Denn die meisten Soldaten waren nicht aus Mangel an Lebensmitteln hinüber geschifft, um für diesen Kriegszug in Sold zu treten, sondern gelockt durch den Ruf von Cyrus' Heldencharakter brachten Manche noch Vermögen mit, das sie dabei zusetzten; eine andere der vorigen sehr unähnliche Classe bestand aus solchen Leuten, die teils ihren Eltern entlaufen waren, teils ihre Kinder verlassen hatten, um einiges Vermögen für sie zu erwerben und dann wiederzukommen; denn sie hatten gehört, daß auch die andern in Cyrus' Diensten angestellten Personen sich sehr gut stünden. Von diesen Beweggründen früher geleitet, wünschten sie sich jetzt natürlich nach Griechenland zurück.

Früh am Tage nach ihrer Vereinigung erforschte Xenophon die Opfereingeweide eines Streifzuges wegen, den der Mangel an Lebensmitteln notwendig machte, womit er zugleich die Absicht verband, die Gebliebenen zur Erde bestatten zu lassen. Nach verrichtetem Opfer folgten ihm auch die Arkadier, und sie begruben die meisten Toten auf der Stelle, wo sie gefallen waren – denn sie lagen schon seit fünf Tagen und konnten nicht weiter gebracht werden, – Einige aber, die am Wege lagen, trugen sie zusammen und beerdigten sie, so gut es die jetzigen Umstände erlaubten, aufs Feierlichste; denen aber, die sie fanden, errichteten sie einen großen Grabhügel und einen hohen Scheiterhaufen und legten Kränze darauf. Nach Endigung dieses Geschäfts gingen sie ins Lager zurück, und nach genossener Abendmahlzeit begaben sie sich zur Ruhe. Am folgenden Tage kamen alle Soldaten zusammen, vorzüglich auf den Ruf des Hauptmanns Agasias aus Stymphalus, des Hauptmanns Hironymus aus Elis und anderer arkadischen Veteranen. Es wurde beschlossen, denjenigen mit dem Tode zu bestrafen, der noch einmal den Vorschlag machte, die Armee zu teilen; ferner sollte die letztere ihre vorige Verfassung bekommen und unter ihren vorigen Anführern stehen; endlich wählte man an Chirisophus' Stelle, der, ungeachtet der angewendeten Arzneimittel, schon an einem Fieber gestorben war, Neon von Asine. Jetzt stand Xenophon auf und sagte: »Soldaten, daß wir die Reise zu Lande fortsetzen müssen, liegt, wie mich dünkt, am Tage; denn wir haben keine Schiffe. Es ist aber notwendig, bald aufzubrechen, denn zu einem längern Aufenthalt fehlen euch die Lebensmittel. Wir also wollen opfern: ihr aber müßt euch, da der Feind Mut bekommen hat, mehr als irgend jemals aufs Schlagen gefaßt machen.« Hierauf opferten die Heerführer in Beisein des Sehers Arexion aus Arkadien. Denn Silanus aus Ambracia hatte sich auf einem gemieteten Schiffe von Heraklea aus geflüchtet. Die Opfer gaben aber für den Abmarsch keine glücklichen Anzeichen. Man setzte also für diesen Tag die Unternehmung aus. Einige nahmen sich die Freiheit, zu sagen: Xenophon habe, in der Absicht hier eine Colonie anzulegen, dem Seher die Aussage, daß die Vorbedeutung des Opfers dem Abmarsch nicht günstig wäre, in den Mund gegeben. Xenophon ließ nun durch den Herold bekannt machen: dem morgenden Opfer könnte Jeder nach Belieben beiwohnen, und wenn sich noch ein Seher im Heere befinde, so möchte er kommen, um die Besichtigung des Opfers mit vorzunehmen. Nun kamen Viele zum Opfer. Dreimal erforschte man wieder die Eingeweide des Abmarsches, ohne glückliche Anzeigen zu finden. Die Soldaten wurden hierüber sehr bestürzt, denn die Lebensmittel, die sie mitgebracht hatten, waren beinah' aufgezehrt, und andere waren hier nirgends zu kaufen. Als sie sich hierauf wieder versammelt hatten, sprach Xenophon: »Soldaten, unserm Marsche sind, wie ihr seht, die Opferanzeigen noch nicht günstig, und doch sehe ich euch Mangel leiden: wir müssen also, glaube ich, fortfahren, hierüber den Willen der Götter zu erforschen.« Da trat Einer auf und sagte: »Natürlich können die Opfer unserer Absicht nicht günstig sein; denn wie ich von einer Person, die gestern zufälliger Weise zu Schiffe hier ankam, gehört habe, so ist ja Kleander, der Statthalter von Byzanz, im Begriff, mit Transportschiffen und Galeeren hierher zu kommen.« Hierauf beschloß man einmütig, dazubleiben. Allein auf Lebensmittel mußte man notwendig ausgehen: man schlachtete also aufs Neue drei Opfer für diese Unternehmung, ohne eine Vorbedeutung des glücklichen Erfolges wahrzunehmen. Schon kamen die Soldaten vor Xenophon's Zelt und klagten ihm den Mangel an Proviant: er erklärte ihnen aber seinen Entschluß, sie zu keiner Unternehmung anzuführen, die von den Opfern widerraten würde.

Am folgenden Tage wurde wieder geopfert: und weil Alle dabei interessirt waren, so schloß beinahe die ganze Armee einen Kreis um das Opfer. Als nun kein Opfervieh mehr vorhanden war, ließen die Anführer das Heer nicht zu einer Unternehmung, sondern zur Beratschlagung zusammenkommen, und Xenophon sprach: »Vielleicht haben sich die Feinde zusammengezogen und wir müssen kämpfen. Wenn wir also das Gepäck auf einem festen Platz zurückließen und in Schlachtordnung vorrückten, so würden uns die Opfer vielleicht günstiger sein.« – Als die Soldaten dies hörten, schrieen sie: es wäre kein fester Ort nötig, man sollte nur aufs Eiligste opfern. Da man nun keine Schafe mehr hatte, so wurden Zugochsen gekauft und geopfert. Xenophon ersuchte den Arkadier Kleanor, sich mit Eifer zu einer Unternehmung anzuschicken, wenn jetzt etwa die Opfer günstig wären. Allein auch diesmal waren sie es nicht.

Neon, der an Chirisophus' Stelle Feldherr geworden war, suchte bei dem Anblick des drückenden Mangels der Mannschaft, sich ihr gefällig zu bezeigen, und da er mit einer gewissen Person aus Heraklea gesprochen hatte, die ihm versicherte, in der Nähe Dörfer zu kennen, wo man sich mit Proviant versorgen könnte, so ließ er durch den Herold bekannt machen: Alle, welche Lust hätten, möchten nach Lebensmitteln ausziehen, er würde sie anführen. Hierauf machte sich ein Corps von ungefähr zweitausend Mann mit Stangen, Schläuchen, Säcken und andern Gerätschaften versehen, auf den Weg. Als sie nach ihrer Ankunft in den Dörfern sich zerstreuten, um die Lebensmittel einzutreiben, wurden sie von dem Vortrabe eines Cavalleriecorps des Pharnabazus, das den Bithyniern zu Hilfe gekommen war, und mit diesen vereinigt die Griechen wo möglich von einem Einfalle in Phrygien abhalten wollte, überfallen. Diese Reiterei hieb nicht weniger als fünfhundert Griechen nieder; die übrigen entflohen auf einen Berg. Einer von den Flüchtlingen brachte die Nachricht von dieser Begebenheit ins Lager. Xenophon nahm nun, da das heutige Opfer nicht günstig gewesen war, einen Zugochsen – denn anderes Schlachtvieh hatte man nicht – zum Opfer und zog dann mit Allen, die nicht über fünfzig Jahr alt waren, dem geschlagenen Corps zu Hilfe, vereinigte sich mit dem Reste desselben und kehrte ins

Lager zurück. Es war schon gegen Sonnenuntergang, und die Griechen hielten in der größten Niedergeschlagenheit ihre Mahlzeit, als auf einmal eine Anzahl Bithynier aus dem Gebüsche hervorbrach, die Vorposten überfiel und sie teils niederhieb, teils bis in das Lager verfolgte. Auf den Lärm, der dadurch entstand, griffen die Griechen allgemein zu den Waffen. Allein es schien nicht ratsam, den Feind zu verfolgen und bei Nachtzeit das Lager abzubrechen, denn die Gegend war waldig: sie stellten daher blos hinreichend starke Vorposten aus und blieben die Nacht über unter dem Gewehr.

5. Begräbnis der Gefallenen. Kampf mit Pharnabazus

So nun wurde die Nacht zugebracht. Mit Tagesanbruch aber führten die Feldherrn das Heer, das ihnen mit Waffen und Gepäck folgte, in jene haltbare Gegend. Am Eingange in dieselbe zogen sie, noch vor der Stunde der Frühmahlzeit, einen Graben und besetzten ihn überall mit Pallisaden, drei Stellen ausgenommen, wo sie Tore ließen. Nun kam auch ein Schiff von Heraklea mit Gerstenmehl, Schlachtvieh und Wein. Xenophon stand früh auf und opferte wegen des Ausmarsches der Armee, und gleich das erste Opfer versprach einen glücklichen Erfolg. Schon am Ende der Feierlichkeiten erblickte der Seher Arexion aus Parrhasia einen glückweissagenden Adler und forderte Xenophon auf, die Truppen anzuführen. Sie passirten den Graben und traten unter die Waffen; darauf wurde durch den Herold bekannt gemacht, nach geendigter Frühmahlzeit sollte das Heer gerüstet ausmarschiren, das Gepäck aber und die Sklaven zurücklassen. Alle zogen nun aus, nur Neon nicht, weil man für gut befunden hatte, diesen zur Bedeckung des Lagers stehen zu lassen. Allein seine Hauptleute und Soldaten, die sich schämten, bei dem Ausmarsch der Andern zurückzubleiben, gingen von ihm ab und ließen nur diejenigen im Lager stehen, die über fünfundvierzig Jahr alt waren. Ehe die Armee noch fünfzehn Stadien zurückgelegt hatte, stieß sie schon auf Tote. Diejenigen Soldaten, welche auf dem Flügel, wo man die ersten Körper erblickte, das Hintertreffen ausmachten, blieben stehen und begruben alle Tote, die in dem Umfange des Flügels lagen. Nach der Beerdigung derselben rückte die Armee weiter, und bei den ersten Körpern, auf die man wieder stieß, blieben diejenigen, die an dem Orte gerade das Hintertreffen bildeten, abermals stehen, und so wurden Alle, die in dem Bezirke der Armee lagen, begraben. Als sie auf die Straße kamen, die zu den Dörfern führt, lagen die Toten haufenweise. Man trug sie zusammen und begrub sie.

Es war schon Nachmittags, als die Armee über die Dörfer hinaus vorrückte und alle Lebensmittel, deren man habhaft werden konnte, hinter die Fronte gebracht wurden. Auf einmal erblickten sie den Feind, der, stark an Reiterei und Fußvolk, in phalangischer Stellung, von einigen gegenüber stehenden Anhöhen herabkam; Spithridates und Rhatines nämlich rückten mit den Hilfstruppen, die Pharnabazus schickte, heran. Beim Anblicke der Griechen machte der Feind in einem Abstande von ungefähr fünfzehn Stadien Halt. Sogleich schlachtete der griechische Seher Arexion Opfer, und schon das erste gewährte glückliche Anzeigen. Xenophon sagte hierauf: »Heerführer, ich rate, hinter der Fronte Reservecorps aufzustellen, um durch sie, wo es nötig ist, die Hauptarmee zu unterstützen und den in Verwirrung gebrachten Feind durch geordnete und frische Truppen angreifen zu lassen.« Der Vorschlag wurde allgemein gut geheißen. »Ihr nun«, fuhr er fort, »marschirt voraus gerade auf den Feind zu, um nicht zu zaudern, nachdem die beiderseitigen Armeen einander erblickt haben: ich werde nur die Reservecorps, meinem Gutbefinden gemäß, abteilen und dann wieder kommen.« Hierauf rückte die Armee langsam vorwärts, Xenophon aber sonderte vom Hintertreffen drei Corps, jedes zweihundert Mann stark, ab, und ließ das eine, angeführt von dem Achäer Samolas, auf dem rechten Flügel ungefähr in dem Abstande eines Plethrums, folgen, das andre, unter dem Commando des Arkadiers Pyrias, stellte er in die Mitte, und das dritte, commandirt von dem Athenienser Phrasias, auf den linken Flügel. Als beim Fortrücken der Armee das Vordertreffen an ein großes und unwegsames Waldtal kam, machte es in der Ungewißheit, ob es zu passiren sei, Halt, und rief den Heerführern und Hauptleuten zu, ans Vordertreffen heranzukommen. Xenophon, der sich wunderte, was den Marsch aufhielte und sogleich jenen Zuruf vernahm, eilte mit größter Geschwindigkeit hin. Die Anführer kamen zusammen, und Sophänetus, der älteste von ihnen, erklärte es für eine unrichtige Maßregel, durch einen so beschwerlichen Paß zu ziehen. Schnell unterbrach ihn Xenophon durch folgende Anrede:

»Ihr wißt doch, Soldaten, daß ich euch nie wissentlich in Gefahr setze: denn ich sehe es ein, nicht Ruhm, sondern Lebenserhaltung ist der Zweck eurer Tapferkeit. In der jetzigen Lage aber können wir ohne

Kampf nicht von dannen kommen: denn wenn wir nicht auf den Feind losgehen, so wird er uns auf dem Rückmarsche verfolgen und angreifen. Überlegt also, ob es besser ist, auf den Feind loszugehen und selbst anzugreifen, oder umzukehren und uns rückwärts angreifen zu lassen. Bedenkt wenigstens, daß es durchaus gegen die Ehre ist, dem Feinde den Rücken zu kehren: daß hingegen auch der furchtsamere Krieger ermutigt wird, wenn er dem Feinde nachsetzen kann. Was mich betrifft, ich wollte lieber mit der Hälfte der Mannschaft einem Feinde nachsetzen, als mit einer doppelt starken Macht mich zurückziehen. Ich bin überzeugt, ihr erwartet nicht, daß diese, wenn wir sie angreifen, uns Stand halten: aber Allen ist einleuchtend, daß sie, wenn wir vor ihnen weichen, Mut genug haben werden, uns zu verfolgen. Sollten Truppen, die im Begriff sind, zu schlagen, die Gelegenheit, zuvor einen beschwerlichen Paß zurückzulegen, nicht mit Begierde ergreifen? Den Feinden wünsche ich zwar, daß ihnen, um sich zurückzuziehen, die Gegend in jeder Richtung wegsam genug schiene: uns aber kann auch dieser Paß zum Beweise dienen, daß nur der Sieg uns retten kann. Ich wundre mich aber, wie Jemand diese Bergschlucht für furchtbarer halten kann, als andre Gegenden, durch die wir unsren Marsch genommen haben. Wird etwa die Ebene, wenn wir nicht die Reiterei besiegen, mindere Schwierigkeiten für uns haben? Wie wollen wir über die schon überstiegenen Berge kommen, wenn uns so viele leichte Truppen verfolgen? Doch gesetzt, wir kämen wohlbehalten ans Meer, was für ein Abgrund ist erst der Pontus selbst! Dort haben wir weder Schiffe, um abzusegeln, noch Lebensmittel, um dazubleiben: sobald wir also dort angekommen wären, sogleich müßten wir wieder auf Lebensmittel ausgehen. Es ist also besser, jetzt, wo wir gesättigt sind, als morgen, wenn wir hungern, zu fechten. Soldaten, die Opferung, der Vogelflug, die Anzeigen der Eingeweide, Alles verspricht uns einen glücklichen Erfolg: vorwärts gegen den Feind! Da er uns Alle gesehen hat, so gewinne er keine Zeit, ruhig zu essen, oder sich willkürlich zu lagern.«

Die Hauptleute forderten ihn nun auf, die Armee anzuführen, und Niemand widersprach. Er tat es und befahl, Jeder sollte da, wo er eben stünde, in das Waldtal vorrücken: denn in dieser breiten Stellung glaubte er die Armee schneller hindurch führen zu können, als wenn er sie über die Brücke beim Walde defiliren ließ. Nach dem Durchmarsch ritt er an der Fronte herunter und sagte:

»Soldaten, erinnert euch, in wie vielen Schlachten ihr durch der Götter Hilfe die Feinde besiegtet, und wie nachteilig es ist, vor dem Feinde zu fliehen; bedenkt, daß wir vor den Toren Griechenlands sind. Wohlan, folgt dem führenden Herkules und muntert euch einander namentlich auf: es ist ein erhebender Gedanke, sich jetzt durch eine mannhafte und edle Rede und Tat ein Andenken bei denen zu stiften, bei welchen wir es wünschen.«

Nach dieser im Vorüberreiten gehaltenen Anrede führte er sogleich das Centrum vorwärts; die Peltasten schlossen sich an die Flügel an, und man ging auf den Feind los. Xenophon hatte Befehl gegeben, die Lanzen auf der rechten Schulter zu halten, bis die Trompete das Zeichen gäbe: dann aber sie zum Angriff zu fällen und Schritt für Schritt vorzurücken, ohne daß Jemand im Laufe den Feind angriffe. Hierauf wurde das Feldgeschrei gegeben: »Zeus, Retter! Führer Herkules!« Die Feinde, die ihre Stellung für vorteilhaft hielten, blieben stehen. Bei mehrerer Annäherung aber erhoben die griechischen Peltasten ein Geschrei und liefen, ehe sie noch Befehl hatten, auf den Feind los. Die feindliche Reiterei und das Corps der Bithynier brach gegen sie los und trieb sie zurück. Als ihnen aber der Phalanx der Hopliten entgegen rückte, unter dem Klange der Trompete den Päan begann, dann das Kriegsgeschrei erhob und die Lanzen fällte, da hielten die Feinde nicht länger Stand, sondern nahmen die Flucht. Timasion und seine Reiter setzten ihnen nach und hieben so Viele nieder, als sie bei ihrer geringen Anzahl vermochten. Der linke Flügel der Feinde also, dem die griechische Reiterei gegenüber gestanden hatte, war sogleich zersprengt: ihr rechter Flügel aber, da man ihn nicht sonderlich verfolgen konnte, setzte sich auf einer Anhöhe. Als aber die Griechen sahen, daß dieser Halt machte, so hielten sie es für die leichteste und sicherste Maßregel, auch noch diesen anzugreifen und gingen also sogleich, unter Anstimmung des Päan auf ihn los. Der Feind aber erwartete sie nicht. Die Peltasten verfolgten ihn, bis auch der rechte Flügel zerstreuet war: doch war der Verlust auf Seiten des Feindes sehr gering, da seine zahlreiche Reiterei den Griechen furchtbar war. Als aber die Griechen wahrnahmen, daß die Reiterei des Pharnabazus noch beisammen stand und mit den bithynischen Reitern, die sich mit ihr vereinigten, den Vorfällen in der Ebene zusah, so beschlossen sie, ungeachtet ihrer Müdigkeit, auch noch auf diese mit der möglichsten Anstrengung einen Angriff zu unternehmen, um ihr nicht Zeit zu lassen, sich zu erholen und neuen Mut zu sammeln. Sie ordneten sich also und rückten vorwärts. Nun floh die Reiterei die Anhöhe herunter, nicht anders, als ob sie von berittenen Truppen verfolgt würden: denn sie hatten ein waldiges Tal vor sich; da dies aber die Griechen nicht wußten, so kehrten sie, weil es schon spät war, vom Nachsetzen zurück. Als sie den Platz erreichten, wo der erste Angriff geschah, so errichteten sie ein Siegeszeichen und marschirten ans Meer zurück, wo sie um Sonnenuntergang ankamen, denn sie hatten bis zum Lager sechzig Stadien zu gehen.

6. Beilegung des Zwiespalts mit Kleander. Von Kalpe nach Chrysopolis

Hierauf suchten die Feinde das Ihrige zu retten, und führten ihre Hausgenossen und ihre Güter fort, wohin und so weit sie nur konnten. Die Griechen aber zogen während der Zeit, wo sie Kleander mit den Galeeren und Transportschiffen, auf die sie hofften, erwarteten, täglich mit dem Zugvieh und den Sklaven aus und brachten ohne Furcht Weizen, Gerste, Wein, Hülsenfrüchte, Buchweizengrütze und Feigen zusammen; denn das Land hatte Alles, nur Öl nicht. Wenn die Armee Rasttag hatte, durften Einzelne auf Beute ausgehen, die ihnen dann blieb: wenn aber Jemand auf einem Streifzuge des ganzen Heeres abwärts ging und besonders Beute machte, so war diese, einem Beschlusse gemäß, Eigentum der Gesammtheit. Jetzt hatte man großen Überfluß an Bedürfnissen aller Art: denn von allen Seiten her kamen Lebensmittel aus den griechischen Städten, und die vorbeisegelnden Schiffer legten hier gern an, denn sie hatten gehört, es sollte in dieser Gegend, die mit einem Hafen versehen sei, eine Stadt angelegt werden. Auch die in der Nachbarschaft wohnenden Feinde, bewogen durch das Gericht, Xenophon würde auf dem Platze eine Stadt bauen, ließen ihn durch Abgeordnete fragen: was sie zu tun hätten, um als Freunde angenommen zu werden? Xenophon stellte sie eben den Soldaten vor, als Kleander mit zwei Galeeren, aber ohne Transportschiffe anlangte. Die Armee war gerade auswärts, als er kam, und einige andere Soldaten waren, um zu plündern, auf den Berg gegangen und hatten eine Menge Schafe erbeutet. Aus Besorgnis, man möchte sie ihnen wegnehmen, verabredeten sie mit Dexippus, der von Trapezunt auf einen fünfrudrigen Schiffe entwichen war, er solle die Schafe in Verwahrung nehmen, einen Teil davon für sich behalten und die andern ihnen zurückgeben. Er trieb sogleich die herumstehenden Soldaten von der Gegenpartei, welche das Vieh für Gemeingut erklärten, fort, ging zum Kleander und sagte, die Soldaten wollten ihm die Schafe wegnehmen. Kleander befahl, den Schuldigen vor ihn zu bringen. Dexippus ergriff einen und führte ihn fort, Agastas aber, der eben dazu kam, nahm ihn wieder weg, denn der Mensch stand unter seiner Compagnie. Die andern Soldaten, welche gegenwärtig waren, fingen an auf den Dexippus mit Steinen zu werfen und nannten ihn einen Verräter. Viele von der Schiffsmannschaft erschraken darüber und flohen, und Kleander mit ihnen, ans Meer. Xenophon aber und die andern Heerführer hielten die Soldaten ab und sagten zum Kleander, es wäre so schlimm nicht gemeint, der Vorfall wäre nur eine Folge des Beschlusses, den die Armee gefaßt hätte. Kleander aber, teils von Dexippus aufgehetzt, teils außerdem schon ärgerlich, daß er sich geflüchtet hatte, erklärte, er würde absegeln und durch Herolde bekannt machen lassen, daß jede Stadt sie als Feinde zurückweisen sollte. Damals aber führten die Lacedämonier den Oberbefehl über alle Griechen. Die Sache schien der Armee gefährlich zu sein, und man bat ihn, doch das nicht zu tun. Allein er äußerte, auf keine Weise ließe er sich davon abbringen, als wenn ihm sowol der Eine, der zuerst mit Steinen geworfen, als der Andre, der den Soldaten weggerissen hätte, ausgeliefert würden. Agasias aber war es, dessen Auslieferung er eigentlich wünschte, ein Mann, den Dexippus deshalb besonders verleumdet hatte, weil er ihn als Xenophons beständigen Freund kannte. In dieser Verlegenheit ließen die Feldherrn das Heer zusammenkommen. Zwar Einige von ihnen betrachteten Kleander als eine unwichtige Person, Xenophon aber, der den Vorfall für bedeutend hielt, stand auf und sagte:

»Soldaten, mir scheint die Sache nicht unwichtig, wenn Kleander in dieser Stimmung gegen uns, seiner Drohung gemäß, absegelt: denn wir sind schon nahe an den griechischen Städten; die Lacedämonier aber herrschen in Griechenland, und schon ein Einzelner von ihnen ist im Stande, in den Städten Alles durchzusetzen. Wenn uns dieser also erstlich von Byzanz ausschließt, wenn er ferner auch den Befehlshabern der andern Städte andeuten läßt, uns, als pflichtvergessene und den Lacedämoniern ungehorsame Menschen nicht aufzunehmen, wenn endlich diese Schilderung von uns auch dem Admiral Anaxibius zu Ohren kommt; so wird es uns, da die Lacedämonier in der jetzigen

Periode zu Lande und zur See den Oberbefehl führen, in beiden Fällen, wir mögen bleiben oder absegeln wollen, schwer werden, unsern Vorsatz auszuführen. Es ist also unbillig, wenn eines oder zweier Menschen wegen wir Übrigen alle von Griechenland ausgeschlossen werden sollten: wir müssen daher tun, was sie haben wollen; denn auch die Städte, aus denen wir gebürtig sind, gehorchen ihnen. Da nun Dexippus, wie ich höre, gegen Kleander geäußert hat, Agasias würde das ohne meinen Befehl nicht getan haben, so will ich euch und Agasias von der Schuld befreien, wenn Agasias selbst mich für die Ursache irgend eines dieser Vorfälle erklärt, und ich bekenne mich der härtesten Strafe schuldig und will sie leiden, wenn ich von dem Steinwerfen oder irgend einer andern gewaltsamen Handlung der Urheber bin. Auch bin ich der Meinung, daß jeder Andere, der den Kleander für schuldig erklärt, sich dem Urteile desselben unterwerfen müsse; denn so nur wird die Schuld von euch abgewälzt werden. Wie aber jetzt die Sachen stehen, so wäre es traurig, wenn wir, statt Lob und Ehre in Griechenland einzuernten, worauf wir rechneten, nicht einmal den Andern gleichgeschätzt, sondern von den Städten Griechenlands ausgeschlossen würden.«

Jetzt stand Agasias auf und sagte: »Ich schwöre, Soldaten, bei Göttern und Göttinnen aufs Heiligste, daß weder Xenophon, noch irgend ein Anderer von euch mir den Soldaten wegzureißen auftrug, sondern es empörte mich, einen braven Mann von meiner Compagnie vom Dexippus, der euch, wie ihr wißt, im Stiche ließ, fortschleppen zu lassen, und da riß ich ihn weg, das gestehe ich. Ihr braucht mich nicht auszuliefern, ich werde mich selbst, wie Xenophon sagt, dem Kleander stellen, um mich seiner willkürlichen Verfügung zu unterwerfen. Ihr dürft deshalb mit den Lacedämoniern nicht brechen, sondern reiset gefahrlos, wohin Jeder wünscht. Wählt indessen Einige unter euch, um mich zum Kleander zu begleiten, und, falls ich etwas übergehen sollte, für mich zu sprechen und zu handeln.« Die Armee erlaubte ihm, seine Begleiter nach Belieben zu wählen. Er wählte die Heerführer und ging mit diesen und den von ihm weggerissenen Soldaten zum Kleander, welchen Jene auf folgende Art anredeten:

»Die Armee, Kleander, schickt uns zu dir und fordert dich auf, wenn du dich über Alle beklagst, selbst ein Verhör anzustellen und gegen die Schuldigen nach Willkür zu verfahren. Wenn du aber Einen oder Zwei oder Mehrere beschuldigst, so macht sie es diesen zur Pflicht, sich selbst deinem Urteil zu unterwerfen. Trifft also deine Klage Einen von uns, so stehen wir jetzt vor dir; trifft sie einen Andern, so sage es, denn es wird sich dir keiner entziehen, der uns selbst wird gehorchen wollen.«

Hierauf trat Agasias hervor und sagte: »Ich bin es, Kleander, der diesen Mann hier Dexippus' Händen entriß und letztern zu schlagen befahl. Denn diesen hier kannte ich als einen braven Mann, vom Dexippus aber war mir bekannt, daß er, von der Armee zum Befehlshaber eines Schiffes von fünfzig Rudern bestimmt, das wir uns von den Trapezuntiern ausgebeten hatten, um damit Fahrzeuge zu unserer Abreise zusammenzubringen, davon segelte, und an der Armee, mit der er glücklich so weit gekommen war, zum Verräter wurde. Durch seine Schuld also haben wir die Trapezuntier um ein Lastschiff von fünfzig Rudern gebracht und sind nun in ihren Augen schlechte Menschen. Seinetwegen hätten wir Alle zu Grunde gehen können, denn er hörte es so gut wie wir, daß es unmöglich war, wenn wir zu Lande fortzogen, über die Flüsse zu setzen und glücklich nach Griechenland zu kommen. Ihm also habe ich diesen braven Mann entrissen. Wurde er von dir oder einem Andern aus deiner Begleitung, nicht aber von einem der Menschen, die uns heimlich verlassen haben, fortgeführt, so sei überzeugt, ich hätte von alledem nichts getan. Bedenke nun, daß du, wenn ich jetzt sterben muß, eines feigen und schlechten Menschen wegen einem tapfern und rechtschaffenen Manne das Leben nimmst.« Kleander erwiederte: »Dexippus hat meinen Beifall nicht, wenn er so handelte; allein, wenn er der ärgste Bösewicht war, so mußte er doch, meines Erachtens, keine Gewalttätigkeit leiden, sondern eurem eignen jetzigen Verfahren gemäß erst nach Verhör und Urteil gestraft werden. Jetzt geht indessen und laßt mir diesen Mann hier. Wenn ichs euch werde sagen lassen, dann kommt zum Verhör. Da dieser es selbst bekennt, den Soldaten weggerissen zu haben, so habe ich nun nichts weder gegen die Armee noch irgend einen Andern.« Hierauf sagte der weggerissene Soldat: »Ungeachtet, Kleander, deiner Meinung von mir, als wenn eine gesetzwidrige Handlung der Grund meiner Verhaftung war, so habe ich doch Niemanden weder geschlagen noch geworfen, sondern ich erklärte blos die Schafe für ein Gemeingut, weil laut des Beschlusses der Armee die Beute, die Jemand für seine Person machte, während das Heer ausmarschirt wäre, Eigentum der Gesammtheit sein sollte. Dies waren meine Worte, und da ergriff mich dieser Mann und führte mich fort, um dadurch den Andern den Mund zu schließen und von der Beute, die er, der Verordnung zuwider, den Plünderern aufbewahren wollte, seinen Anteil zu nehmen.« – Hierauf erwiederte Kleander: »Nun, da du ein so guter Redner bist, so bleib nur hier, damit wir auch über dich beratschlagen können.« Hierauf hielt Kleander mit seinen Leuten die Vormahlzeit. Xenophon aber versammelte die Armee und schlug vor, Abgeordnete zu Kleander zu schicken und für die Verhafteten bitten zu lassen. Man beschloß nun, die Heerführer, die Hauptleute und den Spartaner Drakontius nebst Andern, die man hierzu für tauglich hielt, abzufertigen, um sich bei Kleandern für die Loslassung der beiden Männer aufs Dringendste zu verwenden. Bei ihrer Ankunft sprach Xenophon: »Die Leute, Kleander, sind in deiner Gewalt; die Armee hatte es dir freigestellt, über diese und über sie Alle nach Willkür zu verfügen. Jetzt verlangen und bitten sie von dir, beiden das Leben und sie der Armee wieder zu schenken; denn sie haben vormals im Dienste derselben Vieles erduldet. Gewährst du ihnen diese Bitte, so versprechen sie gegenseitig, dir, wenn du sie anführen willst und die Götter Gnade verleihen, von ihrer Ordnungsliebe, ihrem Gehorsam gegen den Feldherrn und mit göttlicher Hilfe von ihrer Unerschrockenheit gegen den Feind Beweise zu geben. Auch ersuchen sie dich, wenn du zu ihnen kommst und den Oberbefehl übernimmst, mit Dexippus, mit ihnen selbst und den Andern, in Rücksicht ihres Betragens eine Prüfung vorzunehmen und dann Jeden nach seinem Werte zu behandeln.« Kleander erwiederte hierauf: »Bei den Dioskuren! hier ist sogleich meine Antwort: die Männer gebe ich euch los, ich selbst werde kommen, und wenn es die Götter zulassen, euch nach Griechenland führen. Diese Anträge sind sehr verschieden von der Schilderung, die man mir von Einigen unter euch machte, nach welcher sie die Armee zum Abfall von den Lacedämoniern zu bewegen suchten.«

Sie nahmen diese Äußerungen mit Beifall auf und gingen mit den Verhafteten zurück. Kleander, der nun für den Abmarsch Opfer brachte, beobachtete gegen Xenophon ein sehr gefälliges Betragen, und sie wurden Gastfreunde. Als Kleander nun auch die Pünktlichkeit bemerkte, mit der die Soldaten die erhaltenen Befehle vollzogen, so vermehrte dies seine Neigung, das Obercommando zu übernehmen. Als aber die Opfer, die er drei Tage nach einander brachte, keine glückliche Vorbedeutung gewährten, so ließ er die Heerführer zusammen kommen und sagte: »Die Anzeichen der Eingeweide sind meinem Vorsatze, die Armee anzuführen, nicht günstig; doch laßt euch dies nicht anfechten; denn dem Ansehen nach ist es euch beschieden, die Truppen abzuführren. Brecht also auf; wenn ihr nach Griechenland kommt, werden wir euch mit der möglichsten Freundschaft empfangen.« Die Soldaten beschlossen hierauf, ihm die zum Gemeingut gehörigen Schafe zu schenken, er nahm sie an, schenkte sie ihnen aber wieder zurück und segelte nun ab. Die Soldaten aber verteilten den gesammelten Proviant und die übrige Beute und marschirten nun durch Bithynien. Als sie aber auf dem geraden Wege, den sie eingeschlagen hatten, nichts antrafen, so beschlossen sie, um doch nicht mit leeren Händen in das freundschaftliche Gebiet zu kommen, einen Tag- und Nachtmarsch in das Bithynische zurückzumachen. Dies geschah, sie erbeuteten viele Sklaven und Schafe und erreichten in sechs Tagen Chrysopolis in Chaledonien, wo sie sieben Tage verweilten und ihre Beute verkauften.

Siebtes Buch

1. Erstürmung von Byzanz. Des Spartaners Anaxibius'
Abreise

Die Taten der Griechen auf ihrem Hinmarsch mit Cyrus bis zur Schlacht, die Geschichte ihres Rückmarsches nach Cyrus' Falle bis an den Pontus, die Begebenheiten ihrer Land- und Seereise vom äußersten Pontus bis Chrysopolis in Asien, außerhalb der Mündung desselben – Alles dies ist in den vorigen Büchern erzählt worden.

Hierauf schickte Pharnabazus aus Besorgnis, die Armee möchte in sein Gebiet einfallen, zum Admiral Anaxibius, der sich gerade in Byzanz befand und ließ ihn bitten, die Armee aus Asien überzusetzen mit dem Versprechen, ihm dafür alle Gegendienste, die er verlangte, zu erzeigen. Anaxibius ließ die Anführer und Hauptleute der Armee nach Byzanz kommen und versprach, den Soldaten Löhnung zu geben, wenn sie übersetzen wollten. Die Andern erwiderten: sie würden die Sache überlegen und ihm Antwort sagen. Xenophon aber sagte ihm sein Vorhaben, jetzt schon die Armee zu verlassen und zu Schiffe abzugehen. Anaxibius jedoch forderte ihn auf, mit der Armee überzusetzen und dann erst seinen Abschied zu nehmen. Xenophon versprach, es zu tun. Unterdessen ließ der thrazische König Seuthes Xenophon durch einen Abgeordneten, Midosates, auffordern, die Überfahrt der Armee zu befördern, mit dem Versprechen, diese Mitwirkung solle ihn nicht gereuen. Xenophon erwiederte: »Die Armee wird ohne dies übersetzen; deshalb darf Seuthes weder mich, noch irgend einen Andern bezahlen: nach bewerkstelligter Überfahrt aber werde ich abgehen; er kann aber mit Personen, die bei der Armee bleiben und für seine Absichten brauchbar sind, nach Gutbefinden in Unterhandlung treten.«

Hierauf setzte die ganze Armee nach Byzanz über. Anaxibius aber zahlte ihnen keinen Sold, sondern in der Absicht, sie zu mustern und dann sogleich fortzuschicken, ließ er durch den Herold bekannt machen: die Armee sollte mit Waffen und Gepäck aufmarschiren. Die Soldaten wurden unwillig hierüber, weil sie kein Geld hatten, um sich auf dem Marsch mit Lebensmitteln zu versehen, und packten verdrossen ein.

Xenophon, der mit dem Statthalter Kleander Gastfreundschaft geschlossen hatte, ging zu ihm und in Begriff bald abzusegeln, umarmte er ihn zum Abschiede. Kleander aber sagte zu ihm: »Tue das nicht, sonst ziehst du dir Verantwortung zu: denn schon jetzt geben gewisse Personen dir die Schuld, daß die Armee mit dem Ausmarsche so zögert.« Xenophon erwiederte: »Dafür kann ich nicht; sondern die Soldaten haben deswegen keine Lust zum Abzuge, weil ihnen der Proviant und die Mittel, ihn anzuschaffen, fehlen.« – »Demungeachtet«, sagte Kleander, »rate ich dir, die Stadt so zu verlassen, als wolltest du mit der Armee abziehen und erst nach dem Abmarsche der letztern fortreisen.« – »So laß uns«, sagte Xenophon, »zum Anaxibius gehen und die Sache so mit ihm verabreden.« Dies geschah. »Macht es so«, erwiederte er, »und laßt die Armee aufs Schleunigste mit allem Gepäck ausmarschiren und ihr bekannt machen, daß Jeder, der bei der Musterung und Zählung nicht zugegen sein würde, dafür verantwortlich gemacht werden sollte.« Hierauf zogen zuerst die Heerführer und dann die Übrigen aus. Beinah Alle waren schon aus der Stadt, und Eteonikus stand an dem Tore, um, wenn sie sämmtlich hinaus wären, das Tor zu schließen und den Riegel vorzuschieben, als Anaxibius die Heerführer und Hauptleute zu sich berief und sagte: »Mit Proviant versorgt euch in den thrazischen Dörfern, denn da gibt es viel Gerste, Weizen und andre Lebensmittel, und dann marschirt in den Chersones, wo euch Cyniskus Löhnung geben wird.« Einige Soldaten mochten dies gehört haben, oder einer von den Hauptleuten verbreitete es unter der Armee. Die Heerführer erkundigten sich hierauf, ob Seuthes mit den Lacedämoniern im Kriege oder Frieden stünde, und ob man über den heiligen Berg oder um ihn herum mitten durch Thrazien marschiren müßte.

Während dieser Unterredung griffen die Soldaten zu den Waffen und rannten auf die Tore zu, um wieder in die Stadt zu kommen. Eteonikus, und die bei ihm waren, schlossen bei dem Anblicke der heranlaufenden Hopliten zu und schoben den Riegel vor. Die Soldaten schlugen an und riefen, es wäre das ungerechteste Verfahren gegen sie, sie auszustoßen und den Feinden blos zu stellen, und wenn man ihnen nicht freiwillig die Tore öffnete, so würden sie sie einschlagen. Eine Anzahl von ihnen lief ans Meer und stieg an dem Vorrande über die Mauer in die Stadt: und als diejenigen Soldaten, die sich noch inwendig in der Stadt befanden, gewahr wurden, was draußen vorging, hieben sie die Riegel mit Äxten durch und öffneten die Tore. Jene drangen nun ein. Als Xenophon sah, was vorging und besorgte, die Truppen möchten plündern und dadurch der Stadt, ihm und sich selbst das größte Unheil zuziehen, so lief er mit und drang unter dem Getümmel zugleich in die Stadt. Bei diesem gewaltsamen Eindringen des Heeres flohen die Byzantiner vom Markte, Einige auf die Schiffe, Andre nach Hause, und die in ihren Wohnungen waren, liefen heraus; Manche ließen die Galeeren ins Meer, um sich darauf zu flüchten: Alle aber hielten sich, als wäre die Stadt erobert, für verloren. Eteonikus flüchtete sich auf die Erdzunge; Anaxibius lief ans Meer, fuhr in einem Fischerkahne nach der Burg zu und ließ sogleich Besatzungstruppen aus Chalcedon herüber kommen, weil er die Besatzung der Burg nicht für stark genug hielt, dem Angriffe der Truppen zu widerstehen. Als die Soldaten Xenophon erblickten, liefen sie zahlreich herbei und sagten: »Nun, Xenophon, kannst du ein Mann werden: Stadt, Galeeren, Geld sind in deiner Gewalt, und alle diese Krieger stehen dir zu Gebot; jetzt, wenn du willst, kannst du uns Wohlstand, jetzt können wir dir Macht und Größe verschaffen.« Er antwortete ihnen: »Ihr habt Recht, ich werde es tun. Ist dies nun euer Wunsch, so stellt euch aufs Eiligste unter die Waffen.« In der Absicht nämlich, sie zu beruhigen, forderte er selbst sie und durch sie wieder die Andern auf, zu diesem Zwecke sich unter die Waffen zu stellen. Sie ordneten sich selber in Reih' und Glied; die Hopliten standen in kurzer Zeit fünfzig Mann hoch, und die Peliasten schlossen sich im Laufe an beide Flügel an. Als sie unter den Waffen standen und nun ruhig waren, forderte Xenophon die Armee zur Beratschlagung auf und sagte:

»Daß ihr aufgebracht seid, Soldaten, und euch durch die Täuschung aufs Unwürdigste behandelt glaubt, darüber wundere ich mich nicht. Allein, wenn wir, um unsre Leidenschaft zu befriedigen, an den hier anwesenden Lacedämoniern, ihres Betruges wegen, Rache nehmen und die Stadt, die uns nichts zu Leide tat, ausplündern wollen, so überlegt, was daraus entstehen wird. Wir sind dann die erklärten Feinde der Lacedämonier und ihrer Bundesgenossen: welchen Krieg wir uns aber dadurch zuziehen würden, läßt sich begreifen, wenn man sich nur der neulichen Begebenheiten erinnert, von denen wir Augenzeugen waren. Denn im Anfange des Krieges, den wir Athenienser gegen die Lacedämonier und ihre Bundesgenossen führten, hatten wir teils zur See, teils auf den Werften, eine Seemacht von nicht weniger als vierhundert Galeeren; auf der Burg lagen große Geldsummen vorrätig; die jährlichen

Einkünfte vom Lande und von den auswärtigen Besitzungen betrugen nicht weniger als tausend Talente; wir beherrschten alle Inseln, besaßen viele Städte in Asien und in Europa, außer vielen andern eben dies Byzanz, wo wir jetzt sind: und dennoch wurden wir so gänzlich bezwungen, wie euch Allen bekannt ist. Was für ein Schicksal hätten wir nun wol zu erwarten, jetzt, da Lacedämonier und Achäer im Bündnisse stehen, und die Athenienser und alle ihre damaligen Bundesgenossen sich an sie angeschlossen haben? Jetzt, wo Tissaphernes und alle auswärtigen Staaten, die an der See liegen, unsre Feinde sind? Jetzt, da selbst der morgenländische König, gegen den wir auszogen, um ihm die Krone und wo möglich das Leben zu nehmen, unser heftigster Feind ist? Wer ist bei der Vereinigung aller dieser Schwierigkeiten sinnlos genug, für uns noch Sieg zu erwarten? Bei den Göttern! laßt uns diese Wut verbannen und uns nicht einen schimpflichen Tod zuziehen, durch einen Krieg, der unsre Väter, unsre eignen Freunde und Hausgenossen treffen müßte, da sie alle in den Städten wohnen, die gegen uns zu Felde ziehen würden. Und mit Recht würden sie dies tun, wenn wir die erste griechische Stadt, bei der wir ankämen, verwüsteten; da wir doch keine barbarische Stadt, auch nach dem Siege, hätten besetzen wollen. Ehe ich diese Tat von uns sehe, wünsche ich lieber zehntausend Klafter unter die Erde zu sinken! Ich rate euch also, sucht euer Recht, aber als Griechen, gehorsam dem Volke, das in Griechenland den Oberbefehl führt: und findet ihr kein Gehör, so müßt ihr euch doch nicht nach erlittenem Unrechte noch der Verbannung aus Griechenland aussetzen. Ich schlage also vor, dem Anaxibius durch Abgeordnete sagen zu lassen: »Wir sind nicht in die Stadt zurückgekommen, um Gewalttätigkeiten zu verüben, sondern um von euch, wo möglich, einige Unterstützung zu erhalten, und wenn uns dies mißlingt, wenigstens um euch zu zeigen, daß kein Betrug, sondern Gehorsam uns zum Ausmarsch vermochte.«

Dies wurde beschlossen, man schickte Hieronymus aus Elis als Sprecher, den Arkadier Eurylochus und den Achäer Philesius ab, um dies vorzutragen. Während nun die Soldaten noch warteten, kam der Thebaner Cöratades heran, ein Mann, den nicht Verbannung aus Griechenland zum Herumreisen trieb, sondern die Begierde, eine Armee anzuführen, zu welchem Zweck er jeder Stadt und jedem Volke, wo man eines Anführers bedurfte, seine Dienste anbot. In dieser Absicht kam er auch jetzt und sagte: er sei bereit, sie in das sogenannte Delta von Thrazien zu führen, wo sie viele treffliche Beute machen würden;

während des Marsches aber wolle er sie im Überfluß mit Essen und Trinken versorgen. Mit diesem Antrage gelangte zugleich die Antwort des Anaxibius an die Armee, die er sagen ließ: Ihr Gehorsam solle sie nicht gereuen, er würde seiner Regierung davon Bericht erstatten und ihnen nach seinem Vermögen zu dienen suchen. Hierauf nahmen die Soldaten den Cöratades zum Anführer und marschirten aus der Stadt. Er machte sich verbindlich am folgenden Tage mit Opfervieh, einem Seher und mit Lebensmitteln zum Essen und Trinken wieder bei der Armee einzutreffen. Nach ihrem Ausmarsche ließ Anaxibius die Tore schließen und den Herold bekannt machen, jeder Soldat, der sich noch in der Stadt betreffen ließe, sollte verkauft werden. Am folgenden Tage kam Cöratades mit Opfervieh und einem Seher zurück; ihm folgten zwanzig Männer mit Gerstenmehl, noch andere zwanzig mit Wein, drei mit Öl, einer mit Knoblauch, so schwer er tragen konnte, und endlich einer mit Zwiebeln. Dies Alles ließ er, wie zur Verteilung, niederlegen und opferte nun.

Xenophon aber ließ Kleander rufen und bat ihn, ihm die Erlaubnis zu bewirken, daß er nach Byzanz hineinkommen, und von da aus unter Segel gehen dürfte. Kleander kam mit der Antwort: »Nur mit der äußersten Mühe konnte ich die Bewilligung für dich erhalten; denn Anaxibius meinte: es sei nicht ratsam, die Soldaten an den Mauern der Stadt und dich in ihr zu haben, während die Byzantiner unruhig und unter sich selbst uneinig wären, doch möchtest du nur kommen, wenn du mit ihm absegeln wolltest.« Xenophon nahm also von der Armee Abschied und ging mit Kleander in die Stadt. Cöratades opferte am ersten Tage nicht glücklich und verteilte auch nichts unter die Soldaten. Als er nun am folgenden Tage, zur Opferfeier bekränzt, bei den Opfertieren am Altare stand, gingen der Dardanier Timasion, der Asinäer Neon und Orchomenier Kleanor zu ihm und sagten: er möchte nicht opfern, weil er die Armee nicht anführen könnte, ohne ihr zuvor Lebensmittel zu verschaffen. Nun ließ er diese verteilen. Da ihm aber noch so viel fehlte, daß jeder Soldat nur für einen Tag lang versorgt war, tat er auf seine Feldherrnschaft Verzicht und ging mit den Opfertieren davon.

2. Weitermarsch nach Perinth. Xenophon verhandelt

mit Fürst Seuthes

Neon von Asine, die Achäer Phryniskus, Philesius und Xanthikles und der Dardanier Timasion, welche bei der Armee blieben, rückten in die thrazischen Dörfer bei Byzant vor und schlugen hier ihr Lager auf. Die Heerführer waren nicht einig: denn Kleanor und Phryniskus wollten zum Seuthes marschiren, der sie dadurch gewonnen hatte, daß er dem Einen ein Pferd und dem Andern eine Frau zum Geschenk machte; Neon aber wollte in den Chersones, weil er sich schmeichelte, wenn sie auf lacedämonisches Gebiet kämen, das Commando der ganzen Armee zu erhalten; Timasion endlich gab sich Mühe, die Soldaten wieder zur Rückkehr nach Asien zu bewegen, und diese pflichteten ihm bei. Als sich aber die Sache in die Länge zog, verkauften viele Soldaten ihre Waffen hier und da auf dem Lande und segelten ab, so wie Jeder Gelegenheit fand; Manche zerstreuten sich auch nach einem solchen Verkauf in die Städte. Anaxibius freute sich über die Nachricht, daß das Heer auseinander ginge; denn durch diesen Erfolg glaubte er sich den Pharnabazus besonders zu verpflichten. Auf der Rückfahrt von Byzanz begegnete dem Anaxibius bei Cyzikus Aristarch, Kleanders Nachfolger in der Statthalterschaft zu Byzanz und benachrichtigte ihn, daß Polus, sein Nachfolger im Obercommando der Flotte, sogleich im Hellespont ankommen würde. Anaxibius trug dem Aristarch auf, alle Soldaten von der Armee des Cyrus, die er noch in Byzanz antreffen würde, zu verkaufen: denn Kleander hatte keinen verkauft, sondern vielmehr die menschenfreundliche Verfügung getroffen, daß die Kranken in die Häuser angenommen und verpflegt werden mußten. Aristarch verkaufte also sogleich nach seiner Ankunft wenigstens vierhundert Mann. Anaxibius schiffte nach Parium und ließ den Pharnabaz durch einen Abgeordneten um die Erfüllung seines Versprechens mahnen. Allein dieser, benachrichtigt, daß Aristarch als Statthalter nach Byzanz käme und Anaxibius nicht mehr die Flotte commandirte, nahm nun auf den Letztern keine Rücksicht mehr, sondern knüpfte die Unterhandlungen in Betreff der Cyrischen Armee, in denen er mit Anaxibius gestanden hatte, jetzt mit dem Aristarch an. Hierauf ließ Anaxibius den Xenophon rufen und befahl ihm, Alles aufzubieten, um aufs Eiligste zur Armee

zu segeln, ihre Auflösung zu verhindern, die bereits zerstreute Mannschaft nach Möglichkeit wieder zusammenzubringen, die Truppen nach
Perinth zu führen und aufs Schnellste nach Asien überzusetzen. Zugleich
händigte er ihm einen Brief ein, gab ihm eine Person mit, die den
Perinthiern befehlen sollte, den Xenophon so schnell als möglich mit
Vorspann zur Armee bringen und ließ ihn auf einem Schiffe von dreißig
Rudern absegeln. Nach beendigter Fahrt kam Xenophon bei der Armee
an: die Soldaten empfingen ihn mit Frohlocken und folgten ihm sogleich
willig, in Hoffnung, aus Thrazien nach Asien übergesetzt zu werden.

Auf die Nachricht von der Wiederkunft Xenophon's fertigte Seuthes
den Medosates zur See an ihn ab und ließ ihn ersuchen, die Armee
ihm zuzuführen, und unterstützte die Bitte durch alle mögliche Versprechungen, die er für zweckdienlich hielt. Xenophon lehnte diesen Antrag
aber gänzlich ab, und der Gesandte kehrte wieder zurück. Nach der
Ankunft der Griechen bei Perinth trennte sich Neon von der Armee
und schlug mit ungefähr achthundert Mann ein eignes Lager auf: die
ganze übrige Armee stand an den Mauern Perinths beisammen. Hierauf
unterhandelte Xenophon der Fahrzeuge wegen, um sobald als möglich
nach Asien überzusetzen. Während dem kam auf Anstiften des Pharnabazus der Statthalter Aristarch aus Byzanz mit zwei Triremen an und
untersagte dem Schiffseigner die Überfahrt der Armee und dieser, zu
der er selbst kam, verbot er ebenfalls, nach Asien überzusetzen. Xenophon erwiederte: »Anaxibius habe es befohlen und ihn deshalb herge-
schickt.« – »Anaxibius«, versetzte Aristarch, »ist nicht mehr Admiral,
ich aber bin hier Statthalter, und wen ich von euch ertappe, den lasse
ich ins Wasser werfen.« Mit diesen Worten ging er in die Stadt. Am
folgenden Tage ließ er die Anführer und Hauptleute der Armee zu sich
rufen. Schon waren sie nahe an der Stadt, als Jemand Xenophon den
Wink gab: wenn er hineinginge, so würde er festgesetzt und entweder
hier bestraft, oder dem Pharnabazus ausgeliefert werden. Auf diese
Nachricht schickte er die Andern voraus und sagte: er habe sich vorge-
nommen zu opfern. Er trennte sich also und suchte durch ein Opfer
zu erforschen, ob ihm die Götter das Unternehmen, die Armee zum
Seuthes zu führen, genehmigten; denn einerseits sah er das Mißliche
der Überfahrt, da der Mann, der sie verhindern wollte, Triremen hatte:
anderseits aber wollte er nicht in den Chersones marschiren, um sich
dort einschließen zu lassen und die Armee den größten Mangel an allen
Bedürfnissen auszusetzen.

Hiermit beschäftigte sich also Xenophon. Die Heerführer und Hauptleute aber kamen vom Aristarch zurück und meldeten ihm die Äußerung desselben: vor der Hand möchten sie nur gehen, Abends aber wiederkommen. Jetzt sah man die Hinterlist noch deutlicher. Da nun Xenophon in den Opfern keine Anzeichen fand, die ihm und dem Heere den Zug zum Seuthes widerraten hätten, so nahm er den Hauptmann Polykrates, einen Athenienser und von der Abteilung jedes Heerführers – Neon ausgenommen, – den vertrautesten Gemeinen zu sich und ging in der Nacht sechzig Stadien weit zu dem Lager des Seuthes. In der Nähe desselben stieß er auf verlassene Wachtfeuer und glaubte anfänglich, Seuthes habe seine Stellung verändert: als er aber Getümmel vernahm und Seuthes Leute einander zurufen hörte, so merkte er, daß Seuthes die Feuer vor den Nachtwachen habe deswegen anzünden lassen, damit diejenigen, die sich dem Lager näherten, in dem Scheine der Flammen sichtbar wären, ohne den Standort der im Finstern stehenden Wachen entdecken zu können. Nach dieser Wahrnehmung schickte Xenophon den Dolmetscher, den er gerade bei sich hatte, voraus, um dem Seuthes zu melden, Xenophon sei da und wünsche mit ihm zu sprechen. Als er ihre Frage, ob es der Athenienser Xenophon aus dem Lager wäre? bejaht hatte, liefen sie frohlockend und eilend zum Seuthes, und bald darauf kamen gegen zweihundert Peltasten an, empfingen den Xenophon mit seiner Begleitung und führten ihn zum Seuthes. Dieser befand sich auf einem Turme und ließ für sich die größte Wachsamkeit beobachten. Rings um den Turm standen die Pferde gezäumt: denn aus Furcht ließ er die Pferde nur des Tages weiden und in der Nacht unter der Aufsicht der Wache. Schon ehemals nämlich verlor, wie man erzählte, sein Ahnherr Teres, der in dieser Gegend ein starkes Heer stehen hatte, durch die Einwohner dieser Landschaft viele Leute und sein Gepäck. Thynier heißen die Eingebornen und sie sind, der Beschreibung nach, zur Nachtzeit unter allen die gefährlichsten Feinde.

Bei ihrer Annäherung hieß er den Xenophon mit zwei Andern, die er nach Belieben wählen könne, hereinkommen. Dies geschah. Zuerst umarmten sie sich und tranken einander, nach thrazischer Sitte, Wein aus hörnernen Bechern zu. Auch Medosates, dessen sich Seuthes in allen vorkommenden Fällen als Gesandten bediente, war bei ihm. Nun leitete Xenophon die Unterredung ein: »Seuthes, du schicktest den Medosates zuerst nach Chalcedon an mich ab, mit der Bitte, die Überfahrt der

Armee aus Asien zu befördern und dem Versprechen, mir dafür deine Erkenntlichkeit zu beweisen. Dies war die Aussage des Medosates.« Hiermit wendete er sich gegen den Letzteren und fragte ihn: »Ist das, was ich sagte, der Wahrheit gemäß?« Es wurde bejaht. – Xenophon: »Nachher, als ich von Parium zur Armee zurückgekehrt war, kam Medosates wieder, mit dem Versprechen von dir, wenn ich dir die Armee zuführte, mich nicht nur übrigens als Freund und Bruder zu behandeln, sondern mir auch die Seeplätze, die in deiner Gewalt sind, einzuräumen.« Hierbei fragte er den Medosates wieder: »Hast du nicht so gesagt?« Auch dieses bejahete er. »Wohlan«, fuhr Xenophon fort, »sage nun dem Seuthes meine Antwort, die ich dir in Chalcedon gab.« Medosates: »Erstlich antwortetest du, die Armee würde nach Byzanz übersetzen, und deshalb dürfte weder dir, noch einem Andern etwas gezahlt werden; du selbst aber würdest nach der Überfahrt abreisen, was auch wirklich geschah.« Xenophon: »Was erwiederte ich dir, da du nach Selybria kamst?« Medosates: »Es ginge nicht an, sagtest du, sondern ihr würdet nach Perinth marschiren und nach Asien übersetzen.« – »Nun aber«, sagte Xenophon, »komme ich mit diesem Phryniskus, einem der Heerführer und diesem Polykrates, einem Hauptmann, und draußen stehen Männer, von denen jeder das größte Vertrauen seines Generals besitzt; nur von dem Lacedämonier Neon ist keiner dabei. Willst du also unsern Verhandlungen noch mehr Zuverlässigkeit verschaffen, so laß auch diese hereinrufen. Geh, Polykrates, und sage ihnen meinen Befehl, die Waffen draußen zu lassen; du selbst laß auch dein Schwert zurück, und dann komm' wieder.« Seuthes versicherte hierauf, gegen keinen Athenienser Mißtrauen zu hegen; denn er wüßte, daß sie seine Verwandten wären[45] und schätzte sie daher als wohlwollende Freunde. Als nun die betreffenden Personen hereingekommen waren, fragte Xenophon zuerst den Seuthes, wozu er die Armee zu brauchen gedächte. Er antwortete: »Mäsades war mein Vater; er herrschte über die Melanditen, Thynier und Tranipsen. Da der Staat der Odrysen aber in Verfall geriet, so wurde mein Vater aus diesem Lande vertrieben und starb an einer Krankheit. Ich wurde als Waise bei Medokus, dem jetzigen Könige, erzogen. Als ich in die Jünglingsjahre trat, war es mir unerträglich, an fremdem Tische leben zu müssen, und ich bat daher täglich bei der

---

45   Bezieht sich auf die circa tausend Jahre vorher stattgefundene Vermählung des Tereus mit Pandions Tochter, Prokne aus Athen.

Tafel den König, mir ein Truppencorps so zahlreich als möglich zu geben, teils um an denen, die uns vertrieben hatten, Rache zu nehmen, teils um mich nicht länger auf eine hündische Art blos füttern zu lassen. Er gab mir hierauf die Leute und die Pferde, die ihr sehen werdet, sobald es Tag sein wird. Jetzt nähre ich mich nun mit diesen Leuten von der Beute, die ich in meinem väterlichen Gebiete mache. Wenn ihr aber meine Macht verstärkt, so hoffe ich mit Hilfe der Götter mein Reich leicht wieder zu erobern: und dies ist es, um was ich euch bitte.« – »Bestimme nun«, sagte Xenophon, »wie viel du, wenn wir zu dir kommen, der Armee, den Hauptleuten und Generalen zu geben vermagst, damit diese davon Nachricht bringen können.« Er versprach hierauf jedem Gemeinen einen Cyzicener, einem Hauptmann zwei, einem General vier, nebst so viel Land als er wünschte, wie auch Ochsengespanne und einen ummauerten Seeplatz. »Wenn wir aber«, sagte Xenophon, »ungeachtet unserer Bemühung, die Armee doch nicht dazu bereden können, sondern die Furcht vor den Lacedämoniern sie abhält, würdest du wol diejenigen, die zu dir kommen wollten, in dein Gebiet aufnehmen?« – »Sie sollen«, erwiederte er, »meine Brüder sein, an meinem Tische essen und an Allem, was wir erwerben können, Anteil nehmen. Dir aber, Xenophon, will ich eine Tochter geben, und hast du eine Tochter, so will ich sie nach thrazischer Sitte kaufen und ihr Bisanthe zum Sitze geben, die schönste Stadt, die ich am Meere besitze.«

3. Verbindung mit Seuthes. Thrakisches Gastmahl.

Überfälle

Auf diese Erklärung zogen die Abgeordneten nach gegebenem und empfangnem Handschlage fort und langten noch vor Tage im Lager an, wo Jeder diejenigen, die ihn abgeschickt hatten, von dem Erfolge benachrichtigte. Nachdem es Tag geworden war, ließ Aristarch die Heerführer und Hauptleute zu sich rufen: allein sie hielten es nicht für ratsam, zu ihm zu gehen, sondern das Heer zusammenzurufen. Alle, nur Neons Corps, das an zehn Stadien entfernt stand, ausgenommen, versammelten sich. Nach der Zusammenkunft stand Xenophon auf und sprach:

»Soldaten, dahin abzusegeln, wohin wir wünschen, daran hindert uns dieser Aristarch, der mit Triremen versehen ist, und es wäre gefährlich, Transportschiffe zu besteigen. Eben derselbe befiehlt uns, mit Gewalt über den heiligen Berg in den Chersones einzudringen. Wenn wir nach Übersteigung des Berges dort ankommen, so will er euch, wie er sagt, nicht mehr, wie in Byzanz, verkaufen oder hintergehen; sondern ihr sollt vielmehr Löhnung erhalten und nicht mehr wie jetzt übersehen und dem Mangel ausgesetzt werden. So sagt dieser; Seuthes aber verspricht, wenn ihr zu ihm kommt, euch wohl zu tun. Überlegt jetzt also, ob ihr sogleich hier oder dann erst hierüber entscheiden wollt, wenn ihr in einer Gegend angekommen seid, wo ihr Lebensmittel habt. Meinem Bedünken nach müssen wir, da wir hier kein Geld zum Einkaufe haben, und ohne Geld Lebensmittel zu nehmen uns nicht gestattet wird, in die Dörfer einrücken, wo die schwächern Einwohner unsre Verproviantirung nicht hindern können: dann könnt ihr, mit Lebensmitteln versorgt und unterrichtet, wozu Dieser oder Jener eure Dienste verlangt, wählen, wie es euch am vorteilhaftesten scheint. Wer meiner Meinung ist, hebe die Hand auf.« – Alle taten dies. »Geht nun«, fuhr er fort, »und macht euch fertig, um auf erhaltnen Befehl sogleich eurem Führer zu folgen.«

Die Armee brach nun unter Xenophon's Anführung auf. Zwar suchte Neon und andre Personen beim Aristarch, sie zum Umkehren zu bereden; allein sie fanden kein Gehör. Als sie ungefähr dreißig Stadien vorgerückt waren, kam ihnen Seuthes entgegen. Sobald ihn Xenophon ansichtig ward, forderte er ihn auf, näher heranzureiten, um ihm vor den Ohren so vieler Zeugen als möglich zu eröffnen, was er für vorteilhaft hielt. Seuthes kam heran und Xenophon sprach: »Wir richten unsern Marsch dahin, wo sich die Armee mit Lebensmitteln versorgen kann: dort wollen wir die Anträge von dir und den Lacedämoniern anhören und dann unserm Vorteil gemäß eine Wahl treffen. Führst du uns also in eine Gegend, wo wir reichlichen Unterhalt finden, so wollen wir uns als deine Gastfreunde betrachten.« Seuthes erwiederte: »Ja, ich weiß eine Menge Dörfer, die beisammen liegen und Lebensmittel aller Art enthalten, in einer Entfernung, daß uns der Marsch dahin zur Vormahlzeit recht gute Eßlust machen wird.« – »Wohlan, sei unser Führer«, sprach Xenophon. Als sie nun Nachmittags dort ankamen, versammelten sich die Soldaten, und Seuthes hielt folgende Anrede:

»Ich wünsche, Soldaten, daß ihr mit mir einen Kriegszug unternehmt, und verspreche euch monatlich einen Cyzicener und den Hauptleuten und Generalen den gewöhnlichen Sold; außerdem aber will ich noch diejenigen, die sich auszeichnen, besonders belohnen. Mit Essen und Trinken muß euch, wie jetzt, das Land versorgen: die Beute aber, die ihr macht, bedinge ich billiger Weise mir aus, um euch von dem daraus gelösten Gelde euren Sold zu zahlen. Dem Geschäft, den geschlagenen und flüchtigen Feind zu verfolgen und aufzusuchen sind wir selbst gewachsen, da aber, wo er sich widersetzt, wollen wir ihn mit eurer Hilfe besiegen.«

Xenophon fragte ihn: »Wie weit vom Meere soll dir das Heer folgen?« – »Nirgends weiter«, erwiederte er, »als sieben Tagemärsche; an vielen Orten nicht so weit.« Hierauf wurde Jedem gestattet, seine Meinung zu sagen. Viele erklärten nun, daß sie Seuthes' Bedingungen annehmlich fänden. »Es ist Winter«, sagten sie, »wer auch will, kann jetzt nicht nach Hause schiffen, und auf freundschaftlichem Gebiete zu leben, ist nicht möglich, wenn man die Lebensmittel kaufen muß; auf feindlichem Boden aber Quartier und Proviant zu nehmen, ist in Seuthes' Gesellschaft, dem so viele Vorteile zu Gebote stehen, sicherer, als ohne ihn; und empfangen wir noch außerdem Sold, so müssen wir diesen als einen Gewinn betrachten.« – Hierauf sagte Xenophon: »Wenn Jemand entgegengesetzter Meinung ist, so sage er es; wo nicht, so stimmt und beschließt hierüber.« Niemand widersprach, der Vorschlag wurde durch Abstimmung genehmigt, und Xenophon eröffnete dem Seuthes ihren Entschluß, mit ihm zu ziehen.

Hierauf aßen die übrigen Griechen, nach ihren Abteilungen geordnet, unter Zelten, die Heerführer und Hauptleute aber zog Seuthes in dem nächsten Dorfe zur Tafel. Am Eingange, wo sie zur Mahlzeit gehen wollten, trafen sie einen gewissen Heraklides aus Maronea: dieser ging zu Jedem heran, der seiner Schätzung nach so viel hatte, um dem Seuthes etwas schenken zu können. Zuerst machte er sich an gewisse Personen aus Parium, die in der Absicht gekommen waren, um mit Medokus, Könige der Odrysen, ein Bündnis zu schließen und deshalb sowol für ihn als seine Gemahlin Geschenke bei sich führten und sagte zu ihnen: »Bis zum Medokus habt ihr vom Meere landeinwärts zwölf Tagereisen, Seuthes aber, nachdem er diese Armee an sich gezogen hat, wird über das Küstenland herrschen. Als euer Nachbar ist er dann wol im Stande, euch zu nützen oder zu schaden. Wenn ihr also weise seid, so gebt ihm das, was ihr mit euch führt: so macht ihr einen vorteilhaftern Gebrauch davon, als durch eine Schenkung an den Medokus, der weit von hier entfernt ist.« Er erreichte seinen Zweck bei ihnen. Dann wendete er sich zu dem Dardanier Timasion, weil er gehört hatte, daß dieser ausländische Trinkgeschirre und Tapeten besaß und sagte: »Es ist ein eingeführter Gebrauch, daß die vom Seuthes eingeladenen Gäste ihm Geschenke machen. Wird Seuthes hier mächtig, so ist er im Stande, sowol dich in deine Heimat zurückzuführen, als dich hier zum reichen Manne zu machen.« So sprach und warb er bei Jedem für Seuthes. Auch zum Xenophon kam er und sagte: »Du bist aus einer so großen Stadt gebürtig, stehst beim Seuthes im größten Ansehn und wirst vielleicht in diesem Lande feste Plätze nebst Ländereien zu erhalten wünschen, womit auch schon Andre von euch beschenkt worden sind: es ist daher auch deiner Würde gemäß, dem Seuthes durch die prächtigsten Geschenke deine Achtung zu bezeugen. Mein Rat ist gut gemeint: denn ich bin überzeugt, daß du dich in eben dem Grade besser bei ihm stehen wirst, als du dich vor Andern durch größere Geschenke auszeichnest.« Xenophon geriet hierbei in Verlegenheit, denn bei seiner Überfahrt von Parium hatte er nicht mehr als einen Bedienten, und Geld gerade nur so viel, als zur Reise nötig war. Als nun die vornehmsten der anwesenden Thrazier, die Heerführer und Hauptleute der Griechen und einige Abgeordnete der Städte sich drinnen versammelt hatten, setzten sie sich im Kreise zur Mahlzeit. Hierauf wurden für alle Gäste dreifüßige Pfannen, ungefähr zwanzig an der Zahl, angefüllt mit Fleischstücken, woran große gesäuerte Brode angeheftet waren, hereingebracht. Jedem Gaste aber wurden nach Landessitte die Gerichte immer vorgelegt, und hiermit machte Seuthes den Anfang, indem er die neben ihm liegenden Brode in kleinere Stücke brach und sie nach Gutdünken unter die Gäste verteilte. Mit dem Fleische machte er es eben so und ließ nur so viel übrig, als er selbst verzehren wollte. Die Andern, neben welchen die Speisen standen, verfuhren auf gleiche Art. Ein gewisser Arkadier, Namens Aristos, ein starker Esser, nahm, ohne sich um das Verteilen zu bekümmern, ein Brod, woran ein Mensch auf drei Tage genug haben konnte, setzte die Fleischpfanne auf die Knie und schmauste. Es wurden Hörner mit Wein gefüllt, herumgereicht, und Alle nahmen sie; als aber der Mundschenk das Horn dem Aristos zubrachte, so sagte dieser, indem er bemerkte, daß Xenophon nicht mehr aß: »Gib es nur dem da, der hat schon Zeit, ich aber noch nicht.« Seuthes, der die Stimme hörte, fragte den Mundschenken, was Jener gesagt habe. Der Mundschenk erzählte es, denn er verstand griechisch; da entstand ein allgemeines Gelächter.

Im Fortgange des Weingelags trat ein Thrazier, der ein weißes Pferd hatte, herein, nahm ein volles Horn und sagte: »Ich trinke dir zu, Seuthes, und schenke dir dies Pferd, auf ihm verfolge, wen du willst, du wirst ihn einholen, und ziehst du dich zurück, so darf dir vor keiner Verfolgung bange sein.« Ein Anderer brachte einen jungen Sklaven und machte ihn auf gleiche Art zum Geschenk. Ein Dritter brachte dem Seuthes Kleider für seine Gemahlin. Auch Timasion trank ihm zu und verehrte ihm eine silberne Schale und eine Tapete, hundert Minen an Wert. Ein gewisser Athenienser Gnesippus stand auf und sagte: »Es ist eine alte sehr löbliche Sitte, daß begüterte Personen der Ehre wegen dem Könige etwas schenken, der König aber denen, die nichts haben; so nur würde ich in den Stand gesetzt, dir durch ein Geschenk meine Ehrfurcht zu bezeigen.« Xenophon war noch unschlüssig, was er tun sollte, denn als der angesehenste Gast saß er dem Seuthes am nächsten. Heraklides gab nun dem Mundschenken Befehl, Xenophon das Horn zu reichen. Dieser, schon etwas berauscht, nahm getrost das Horn, stand auf und sagte: »Was mich betrifft, Seuthes, ich schenke dir mich selbst, und diese meine Gefährten, zu treuer Freundschaft; keiner unter ihnen ist anders gesinnt, sondern Alle wollen mich selbst noch in der Freundschaft gegen dich übertreffen. Und jetzt sind sie hier, nicht um von dir noch mehr zu verlangen, sondern vielmehr begierig, Arbeiten und Gefahren für dich zu übernehmen. Durch sie wirst du mit Hilfe der Götter, teils durch Wiedereinnahme der Besitzungen deines Vaters, teils durch Eroberung neuer Ländereien, der Herr eines weitläufigen Gebiets werden. Vieler Pferde, vieler Männer und schöner Weiber wirst du dich bemächtigen, ohne sie als Beute wegnehmen zu dürfen; denn sie werden freiwillig kommen und dir Geschenke bringen.« – Seuthes stand auf, trank mit ihm zugleich, und dann spritzten sie den Weinrest aus dem Horne auf einander. Hierauf traten Cerasuntier herein, die auf Flöten und aus ungegerbter Ochsenhaut verfertigten Trompeten nach dem Takte bliesen, – eine Musik, die den Tönen des Magadis glich – und hiermit das Zeichen gaben. Seuthes selbst stand nun auf, sang mit lauter Stimme ein Kriegslied und machte mit vieler Leichtigkeit Sprünge, als ob er einem Geschoß ausweichen wollte. Auch Possenreißer traten auf.

Gegen Sonnenuntergang standen die Griechen auf und sagten: »Es ist Zeit, die Nachtposten auszustellen und die Losung zu gehen. Du, Seuthes, gib Befehl, daß kein Thrazier zur Nachtzeit ins griechische Lager komme; denn unsre Feinde sind Thrazier, und ihr und unsre Bundesgenossen seid es auch.« Als sie fortgingen, stand Seuthes zugleich auf, ohne daß man ihm einen Rausch ansah, ging mit hinaus, rief die Heerführer allein zu sich und sagte: »Griechen, die Feinde wissen noch nichts von unserm Bündnisse; wenn wir sie also angreifen, ehe sie Anstalten zur Flucht oder zur Gegenwehr treffen können, so werden wir auf leichte Art an Gütern und Menschen große Beute machen.« Die Heerführer gaben ihm Beifall und forderten ihn auf, sie gegen den Feind zu führen. Er erwiderte: »Haltet euch fertig und erwartet mich; zu gehöriger Zeit werde ich zu euch kommen und euch, vereint mit meinen Peltasten, mit der Götter Hilfe anführen.« Xenophon sagte: »Überlegt, ob nicht bei einem nächtlichen Marsche der griechische Kriegsgebrauch vorteilhafter ist; auf unsern Tagemärschen nämlich bildet, je nachdem die Gegend beschaffen ist, bald das schwere, bald das leichte Fußvolk, bald die Reiterei den Vortrab, zur Nachtzeit aber müssen nach griechischer Kriegssitte immer die langsamsten Truppen voranmarschiren. Denn bei dieser Ordnung wird die Trennung der Armeecorps am besten vermieden und es bleibt am wenigsten unbemerkt, wenn sie von einander abkommen. Getrennte Truppen stoßen oft wol gar auf einander, und fügen sich gegenseitig, weil sie einander nicht kennen, Schaden zu.« Seuthes erwiderte: »Ihr habt Recht, ich werde euren Gebrauch befolgen, und diejenigen Alten, die dieser Gegend am kundigsten sind, euch zu Führern geben und mich mit der Reiterei hinten an die Armee anschließen, und sobald es nötig ist, schnell voranrücken.« Der Verwandtschaft wegen gaben die Athenienser die Losung. Nach dieser Verabredung begaben sie sich zur Ruhe.

Gegen Mitternacht kam Seuthes mit geharnischter Reiterei und gerüsteten Peltasten, und nachdem er die Wegweiser übergeben hatte, zogen die Hopliten voran, die Peltasten folgten und die Reiterei machte den Beschluß. Nach Tagesanbruch rückte Seuthes vor die Fronte und lobte die griechische Einrichtung: »Ich selbst, sagte er, bin oft, wenn ich bei Nachtzeit auch nur mit weniger Mannschaft marschirte, mit der Reiterei vom Fußvolke getrennt worden. Nun aber erblicken wir uns bei Tagesanbruch, wie es sich gehört, Alle auf einem Platze beisammen. Bleibt nun hier und ruht aus; ich will nur einige Erkundigung einziehen und dann wieder kommen.« Mit diesen Worten ritt er fort und zog auf einem Wege, den er entdeckt hatte, über einen Berg. Als er vielen Schnee antraf, sah er sich auf dem Wege um, ob etwa vorwärts- oder rückwärtsgehende Fußtapfen von Menschen zu sehen wären. Da er aber den Weg unbetreten fand, kam er schnell zurück und sagte: »Soldaten, es wird gut gehen, so Gott will, denn wir können den Feind unvermutet überfallen. Ich ziehe nun mit der Reiterei voraus, damit uns keiner, den wir erblicken, entwischt und den Feind von unserer Ankunft benachrichtigt. Folgt nach, und wenn ihr uns nicht mehr seht, so laßt euch nur vom Huftritt der Pferde leiten. Sind wir über den Berg hinweg, so treffen wir eine Menge wohlhabender Dörfer an.« Um den Mittag hatte er schon die Höhe erstiegen, und nach einem Blicke auf die untenliegenden Dörfer kam er zu den Hopliten herangeritten und sagte: »Meine Reiter sollen jetzt in die Ebene und die Peltasten in die Dörfer schnell vorrücken; folgt aufs Eiligste nach, um uns beizustehen, wenn wir Widerstand finden.« Xenophon stieg jetzt vom Pferde, und auf Seuthes' Frage, warum er jetzt, da man der Eile bedürfte, abstiege, antwortete er: »Weil ich weiß, daß du nicht blos mich nötig hast; die Hopliten werden schneller und williger laufen, wenn ich selbst sie zu Fuß anführe.« Hierauf zog Seuthes fort und mit ihm Timasion, an der Spitze von vierzig griechischen Reitern. Xenophon aber ließ aus den Compagnien die dreißig- und minderjährigen Soldaten, die zum schnellen Marsche geschickt waren, zusammentreten und marschirte mit ihnen eilfertig voran; Kleanor aber führte den übrigen Teil des griechischen Heeres. Als sie in den Dörfern eintrafen, kam Seuthes mit ungefähr fünfzig Reitern herangesprengt und sagte: »Was du gesagt hast, Xenophon, geschah. Wir überraschten zwar die Feinde, aber die Reiterei schweift mir nun ohne Anführer herum, indem einer hier, der andere dort nachsetzt und ich besorge, die Feinde möchten sich irgendwo zahlreich zusammenziehen und den Unsern Schaden zufügen, und doch müßt ihr auch diese Dörfer mit einiger Mannschaft besetzt halten, denn sie sind sehr volkreich.« – »Wohlan«, sagte Xenophon, »ich werde mit meinen Leuten hier die Anhöhen besetzen, dem Kleanor aber gib Befehl, die Phalanx auf der Ebene an den Dörfern hin auszudehnen.« Dies wurde ausgeführt und man erbeutete ungefähr tausend Sklaven, zweitausend Ochsen und zehntausend Stück anderes Weidevieh. Hierauf übernachteten sie hier.

4. Zug gegen die Thynier

Als Seuthes am folgenden Tage, um den Andern Furcht einzujagen und zu zeigen, was ihnen bevorstünde, wenn sie sich nicht unterwürfen, die Dörfer bis auf den Grund niedergebrannt, und kein Haus stehen gelassen hatte, rückte er weiter. Die Beute schickte er mit dem Heraklides nach Perinth zum Verkauf, um davon den Soldaten ihre Löhnung zu zahlen. Er lagerte sich mit den Griechen in der thynischen Ebene. Die Einwohner verließen ihre Wohnungen und flohen auf die Berge. Es lag ein tiefer Schnee, und die Kälte war so heftig, daß das Wasser, was man zum Essen holte und der Wein in den Gefäßen gefror. Vielen Griechen erfroren Nasen und Ohren. Unter diesen Umständen begriff man, warum die Thrazier Kopf und Ohren mit Fuchspelzen verwahrten, warum ihre Bekleidung nicht blos die Brust, sondern auch die Schenkel umhüllte, und warum sie zu Pferde nicht einen gewöhnlichen Überwurf, sondern ein bis auf die Füße reichendes Oberkleid trugen. Seuthes schickte einige Gefangene auf die Berge zurück und ließ den Geflüchteten sagen, wenn sie nicht in ihre Wohnungen zurückkehren und sich unterwerfen wollten, so würde er ihre Dörfer und ihr Getreide in Brand stecken und sie dem Hungertode Preis geben. Hierauf kamen die Weiber und Kinder und Alten herab. Die junge Mannschaft aber lagerte sich in den Dörfern am Gebirge. Als Seuthes dies erfuhr, gab er Xenophon Befehl, ihm sogleich mit den jüngsten Hopliten zu folgen. Sie brachen des Nachts auf und erreichten mit Tagesanbruch die Dörfer. Wegen der Nähe des Gebirges entfloh der größte Teil der Feinde; die, welche dem Seuthes in die Hände fielen, stieß er Alle mit dem Spieße nieder. Da nun ein gewisser Episthenes von Olynth, der in schöne Knaben und Jünglinge schwärmerisch verliebt war, einen schönen jungen Menschen mit der Pelta bewaffnet erblickte, der eben in die Jünglingsjahre trat und jetzt sterben sollte, lief er zum Xenophon und bat ihn flehentlich, dem schönen Jünglinge beizustehen. Xenophon ging zum Seuthes und bat ihn, dem jungen Menschen das Leben zu schenken, zugleich schilderte er ihm den Charakter des Episthenes und erzählte, daß er einmal eine Compagnie anwarb, ohne dabei auf etwas Anderes als Schönheit zu sehen und sich mit diesen Leuten sehr brav hielt. Seuthes fragte ihn: »Wolltest du wol, Episthenes, für diesen hier sterben?« Er streckte seinen Hals hin und sagte: »Hau' zu, wenn es der Jüngling befiehlt, und mir dafür Dank weiß.« Seuthes fragte nun diesen: ob er den Griechen statt seiner töten sollte? Der Jüngling widersetzte sich und bat flehend, sie beide am Leben zu lassen. Nun umarmte Episthenes den Jüngling und sagte: »Jetzt, Seuthes, mußt du dich um ihn mit mir schlagen, denn ich lasse den Knaben nicht los.« Seuthes lachte und ließ es so gut sein. Da er es für zuträglich hielt, diese Gegend besetzt zu halten, damit diejenigen, die sich aufs Gebirge geflüchtet hatten, aus den Dörfern keine Lebensmittel holen könnten, so zog er sich selbst etwas weiter herunter und schlug in der Ebene sein Lager auf. Xenophon aber nahm mit ausgewählten Truppen seine Stellung in dem höchsten Dorfe am Berge, und die übrigen Griechen lagerten sich neben ihm, im Gebiet der sogenannten Bergthrazier.

Wenige Tage nachher kamen die Thrazier von dem Gebirge herab zum Seuthes und unterhandelten mit ihm über die Geiseln und Friedensbedingungen. Auch Xenophon ging zu ihm und machte ihn aufmerksam darauf, daß er mit seinen Leuten in einer gefährlichen Gegend und ganz in der Nähe des Feindes stände; er wünschte lieber außerhalb des Dorfes an irgend einem haltbaren Orte zu stehen, als in den Häusern, wo die Truppen der Gefahr einer gänzlichen Niederlage ausgesetzt wären. Seuthes aber hieß ihn gutes Muts sein und zeigte ihm die anwesenden Geiseln. Auch baten einige Thrazier, die von den auf dem Gebirge stehenden Feinden herab gekommen waren, Xenophon, den Friedensvertrag zu befördern. Er versprach es, suchte sie zu beruhigen und versicherte, es würde ihnen nichts geschehen, wenn sie sich dem Seuthes unterwürfen. Allein die Absicht ihrer Eröffnung war nur, die Gelegenheit auszuforschen. Dies trug sich am Tage zu. In der darauf folgenden Nacht kamen die Thynier vom Berge herunter und unternahmen einen Angriff. Ihre Führer waren die Hausbesitzer, denn Andern würde es schwer geworden sein, in der Dunkelheit die Wohnungen in den Dörfern zu finden, zumal, da die Häuser der Schafe wegen ringsum mit großen Pfählen verzäunt waren. Sie kamen vor alle Türen und warfen teils Wurfspieße hinein, teils schlugen sie mit Keulen an, die sie, ihrer Aussage nach, brauchen wollten, um damit den Lanzen die Spitzen abzuschlagen; teils legten sie Feuer an und riefen Xenophon beim Namen mit der Aufforderung, sich entweder draußen totschlagen oder inwendig verbrennen zu lassen. Die Flamme schlug schon zu dem Dache heraus, und Xenophon's Mannschaft, die mit Harnisch, Schild, Schwert und Helm versehen war, steckte inwendig. Endlich stieß Silanus aus Makistus, ein Jüngling von achtzehn Jahren in die Trompete, und sogleich stürzten die Soldaten auch aus den andern Häusern mit entblößtem Schwerte hervor. Die Thrazier flohen und warfen, ihrer Sitte gemäß, den Schild auf den Rücken herum. Als sie über die Pfähle sprangen, wurden Einige von ihnen, die mit den Schilden daran hängen blieben, gefangen, und Andere, welche die Ausgänge verfehlten, wurden niedergehauen. Die Griechen verfolgten den Feind bis zum Dorfe hinaus. Einige Thynier aber kehrten in der Dunkelheit zurück und schossen aus ihrem finstern Standorte auf diejenigen, die vor einem brennenden Hause vorbeiliefen, und so wurden Hieronymus und die Hauptleute Enodias und Theagenes, ein Lokreuser, doch keiner tödlich, verwundet. Manche verloren in dem Feuer ihre Kleider und Gerätschaften. Seuthes eilte, begleitet von den ersten sieben Reitern und dem thrazischen Trompeter zu Hilfe, und sobald er den Vorfall begriff, ließ er unterwegs bis zur Stelle in die Trompete stoßen; ein Umstand, der auch dazu beitrug, den Feind in Furcht zu setzen. Bei seiner Ankunft begrüßte er freundlich die Griechen und äußerte, er hätte besorgt, viele Tote zu finden. Hierauf ersuchte ihn Xenophon, ihm die Geiseln zu übergeben, und entweder zugleich mit ihm den Berg anzugreifen oder ihm dies Geschäft allein zu überlassen.

Am folgenden Tage lieferte Seuthes die Geiseln aus, Männer, die schon ein beträchtliches Alter hatten, und bei den Bergbewohnern, wie man versicherte, im größten Ansehen standen, und stieß mit seiner Armee, die jetzt schon dreimal so stark war, weil viele Odrysen auf den Ruf von seinen Unternehmungen herabgekommen waren, um den Krieg mitzumachen, zu den Griechen. Als die Thynier vom Gebirge herab die zahlreiche Menge von Hopliten, Peltasten und Reitern erblickten, kamen sie herab, baten demütig um Frieden, versprachen, alle Bedingungen zu erfüllen und verlangten, auf dieses Versprechen vereidet zu werden. Seuthes ließ Xenophon kommen, eröffnete ihm ihren Antrag und versicherte, er wollte jeden Vergleich ausschlagen, wenn Xenophon wegen des Überfalles sich an ihnen zu rächen wünschte. Allein dieser erwiderte: »Ich glaube, sie werden jetzt schon genug gestraft, wenn sie, statt unabhängig zu bleiben, sich unterwerfen müssen. Inzwischen rate ich dir, in der Folge diejenigen als Geiseln aufzuheben, welche am meisten zu schaden vermögen, und die Alten nach Hause zu schicken.« Alle Thrazier also in dieser Gegend verpflichteten sich zum Gehorsam.

5. Schlechte Soldzahlung. Xenophon's schwere

Stellung

Hierauf rückten sie gegen die oberhalb Byzanz wohnenden Thrazier in das sogenannte Delta, das nicht mehr zu dem Gebiete des Mäsades gehörte, sondern unter dem Teres, einem gewissen ehemaligen Fürsten der Odrysen, gestanden hatte. Hier war Heraklides mit dem aus der Beute gelösten Gelde angekommen. Seuthes ließ Ochsen- und Mauleselgespanne – von letzteren waren aber nur drei vorhanden – vorführen, rief Xenophon herbei und sagte ihm: er solle sich hier nach Belieben nehmen und das Übrige unter die Heerführer und Hauptleute verteilen. Xenophon aber erwiederte: »Ich für meine Person bin zufrieden, wenn ich auch erst hinterher etwas erhalte; verteile es nur unter die Heerführer und Hauptleute, die mir gefolgt sind.« Ein Gespann Maulesel empfing also Timasion aus Dardanum, eins Kleanor aus Orchomenus, und eins der Achäer Phryniskus; die Ochsenjoche verteilte er unter die Hauptleute, an Solde aber vergütete er nur zwanzig Tage, obgleich schon ein ganzer Monat verflossen war, denn Heraklides gab vor, nicht mehr Geld aus der Beute gelöst zu haben. Xenophon sagte entrüstet zu ihm: »Heraklides, du scheinst für Seuthes' Vorteil eben nicht pflichtmäßig besorgt zu sein; denn wäre dies, so hättest du, um nur den vollen Sold zu bringen, wenn es kein anderes Mittel gab, lieber Geld aus Zinsen genommen und deine Kleider verkauft.« – Heraklides nahm dies sehr übel, und aus Besorgnis, aus Seuthes' Gunst verdrängt zu werden, verkleinerte er Xenophon bei ihm von diesem Tage an nach allem Vermögen. Die Soldaten legten es Xenophon zur Last, daß ihnen der Sold verkürzt wurde, und Seuthes war verdrießlich auf ihn, weil er mit Nachdruck für die Soldaten um den Sold anhielt. Bis dahin hatte Seuthes immer noch geäußert, ihm, wenn sie an die Küste kämen, Bisanthe, Ganum und Neontichos zu übergeben; seitdem aber erwähnte er nichts mehr davon, denn Heraklides hatte, auch hierin Verleumder, die Vorstellung gemacht, es sei gefährlich, dem Befehlshaber eines Armeecorps feste Plätze zu schenken. Nun überlegte Xenophon, ob man den Seuthes auf seinem bevorstehenden Zuge nach Oberthrazien begleiten sollte oder nicht. Heraklides aber führte die andern Heerführer zum Seuthes und suchte sie zu der Erklärung zu vermögen, sie könnten eben so gut als Xenophon die Truppen anführen und versprach ihnen, wenn sie den Feldzug mitmachten, binnen wenigen Tagen den vollen Sold von zwei Monaten. Timasion erwiderte hierauf: »Und wenn ich für fünf Monate besoldet würde, so möchte ich wenigstens ohne Xenophon dem Feldzuge nicht beiwohnen.« Phryniskus und Kleanor traten seiner Erklärung bei. Hierauf schalt Seuthes den Heraklides, daß er nicht auch Xenophon eingeladen hätte. Dieser wurde nun besonders gerufen. Allein er merkte die tückische Absicht des Heraklides, ihn dadurch bei den andern Heerführern verdächtig zu machen, und kam daher in ihrer und aller Hauptleute Begleitung. Da nun Alle sich bereitwillig fanden, wurde der Kriegszug gemeinschaftlich unternommen. Sie marschirten, den Pontus zur Rechten, durch die thrazische Landschaft der sogenannten Melinophagen, nach Salmydessus. Viele Schiffe, die in den Pontus segeln wollen, geraten hier in Untiefen und stranden; denn das Meer ist hier größtenteils seicht. Die anwohnenden Thrazier haben die Gegend durch Grenzsäulen in Bezirke abgeteilt, und Jeder bekommt das zur Beute, was in seinen Bezirk verschlagen wird. Man erzählte, daß vor Einrichtung dieser Abteilungen viele Thrazier beim Plündern einander ums Leben brachten. Es wird hier eine Menge von Ruh- und Bettgestellen, Kästchen und kleinen Schränken, Bastpapier und Büchern und anderen Waren, welche die Schiffer in hölzernen Behältnissen mitführen, erbeutet. Nachdem die Armee diese Landschaft unterworfen hatte, rückte sie weiter. Jetzt waren Seuthes' Truppen schon zahlreicher als die griechischen, denn von den Odrysen waren noch immer Mehrere herabgekommen, und aus allen Gegenden, die sich unterwarfen, erhielt seine Armee immer neue Verstärkung. Das Lager stand in der Ebene oberhalb Selybria, etwa fünfzig Stadien von der Küste entfernt. Allein noch immer erschien keine Löhnung. Alle Soldaten waren gegen Xenophon mißgestimmt, und auch Seuthes zog sich zurück und wendete, sobald ihn jener zu sprechen wünschte, überhäufte Geschäfte vor.

6. Erwägungen über das fernere Schicksal des Heeres

So waren beinahe zwei Monate verflossen, als die Lacedämonier Charminus und Polynikus, vom Thimbron abgeschickt, ankamen und sagten: »Die Lacedämonier hätten gegen Tissaphernes Krieg beschlossen; Thimbron sei in dieser Absicht mit der Flotte schon ausgelaufen; er bedürfe der Dienste der Armee und verspreche Jedem einen Dareiken monatliche Löhnung, den Hauptleuten doppelt, den Heerführern viermal so viel.« Sobald Heraklides die Ankunft der Abgeordneten und ihren Zweck, die Armee abzuholen, erfuhr, da sagte er zum Seuthes: »Unsere Sache nimmt jetzt eine bessere Wendung; denn die Lacedämonier bedürfen des Heeres, und du brauchst es nicht mehr: übergibst du es ihnen also, so machst du sie dir verbindlich, und die Soldaten werden keinen Sold von dir fordern, sondern dein Gebiet verlassen.« Seuthes trug ihm nun auf, die Gesandten zu ihm zu führen. Sie kamen und eröffneten ihre Absicht, das Heer abzuholen. Er erklärte ihnen hierauf seine Einwilligung und seinen Wunsch, ihr Freund und Bundesgenosse zu sein; zog sie darauf zur Tafel und bewirtete sie in glänzendster Weise. Weder Xenophon noch ein anderer Heerführer wurden mit eingeladen. Auf die Frage der Lacedämonier, was denn Xenophon für ein Mann wäre? antwortete er: »Übrigens ist er kein unbrauchbarer Mann, nur daß er die Soldaten zu sehr begünstigt, und daher sich manchmal selbst im Lichte steht.« Die Gesandten fragten weiter: »Versteht der Mann auch die Truppen durch Rednerkünste an sich zu ziehen?« – »Allerdings«, versetzte Heraklides. »Wird er nicht also«, fuhren sie fort, »unserem Plane, die Armee abzuführen, Schwierigkeiten entgegensetzen?« – »O wenn ihr«, sagte Heraklides, »die Soldaten versammelt und ihnen Löhnung versprecht, so marschiren sie, ohne weiter auf ihn zu achten, mit euch im Fluge davon.« – »Wie sollen wir sie aber«, sagten sie, »sich unsertwegen zu versammeln vermögen?« – »Morgen will ich euch«, versetzte Heraklides, »der Armee vorstellen, und sie werden, wie ich überzeugt bin, bei euerm Anblick zusammenströmen.« – So wurde dieser Tag beschlossen.

Am folgenden führte Seuthes und Heraklides die Lacedämonier in das Lager, und die Armee versammelte sich. Die Abgeordneten sagten: »Die Lacedämonier haben gegen Tissaphernes, der euch ungerecht behandelte, den Krieg beschlossen: zieht ihr nun mit uns, so rächt ihr euch an eurem Feinde und bekommt monatlich einen Dareiken Löhnung, der Hauptmann doppelt, die Heerführer viermal so viel.« Mit Vergnügen hörten sie den Antrag und sogleich stand ein gewisser Arkadier auf, um Xenophon zu verklagen. Seuthes, der auf den Ausgang der Sache begierig war, stand in der Nähe, wo er Alles hören konnte, und hatte einen Dolmetscher bei sich, wiewol er selbst größtenteils das Griechische verstand. Der Arkadier also sagte: »Schon längst, Lacedämonier, wären wir bei euch, wenn uns nicht Xenophon durch seine Versprechungen hierher gelockt hätte. Hier haben wir nun einen harten Winterfeldzug ausgestanden und Tag und Nacht keine Ruhe gehabt, er aber trägt den Preis unsrer Mühseligkeiten davon, und Seuthes, der uns den Sold entzieht, hat ihn nur bereichert. Ich, der ich zuerst gegen ihn zeuge, würde daher, wenn ich ihn zur Strafe dafür, daß er uns so herumgeführt hat, gesteinigt sehen könnte, nicht nur meinen Sold erhalten zu haben glauben, sondern auch die überstandenen Beschwerlichkeiten für nichts achten.« – Mit ähnlichen Äußerungen traten nach ihm noch einige Andre auf. Nun hielt Xenophon folgenden Vortrag: »Nun, so gibt es doch nichts, worauf sich nicht ein Mensch gefaßt machen müßte, da ihr mich jetzt anklagt über ein Verfahren, wodurch ich gerade den größten Eifer für euer Wohl bewiesen zu haben mir bewußt bin. Schon auf der Heimreise begriffen, kehrte ich, so wahr Zeus lebt, bewogen durch Nachrichten, nicht etwa von eurem Wohlsein, sondern vielmehr von eurer traurigen Lage, zurück, um wo möglich euch nützlich zu werden. Als nach meiner Ankunft dieser Seuthes mehrere Botschaften an mich abschickte und mir Vieles versprach, wenn ich euch vermöchte, zu ihm zu stoßen, so ließ ich mich, wie ihr selbst wißt, gar nicht darauf ein: sondern führte euch dahin, wo ihr die Überfahrt nach Asien, die mir für euch am vorteilhaftesten schien, und wie ich wußte, euren eignen Wünschen gemäß war, in der kürzesten Zeit bewerkstelligen konntet. Da aber Aristarch, der mit Triremen herbeikam, uns die Überfahrt verwehrte, so ließ ich euch, was ich natürlich tun mußte, zusammen kommen, um über die Maßregeln zu beratschlagen, die zu ergreifen wären. Bekannt mit dem Befehle Aristarchs, in den Chersones zu marschiren, unterrichtet von Seuthes' Antrage, mit ihm zu Felde zu ziehen, erklärtet ihr euch nicht Alle für die Kriegsdienste des Letztern, wähltet ihr sie nicht Alle durch einen förmlichen Beschluß? Sagt also, ob ich darin gefehlt habe, daß ich euch an den Ort eurer einmütigen Wahl führte? Freilich, wenn ich Seuthes' Verfahren, seitdem er in Rücksicht auf Sold seine Zusage brach, gebilligt hätte, so hättet ihr ein Recht, mich anzuklagen, mich zu fassen; da ich aber, vorher unter Allen sein wärmster Freund, jetzt unter Allen sein erklärtester Gegner bin, mit welchem Rechte könnt ihr mich, nachdem ich euch dem Seuthes vorzog, dann noch aus dem Grunde anklagen, aus welchem ich mit diesem in Spannung lebe? Aber, werdet ihr sagen, vielleicht ist dein Betragen gegen Seuthes nur Verstellung, und du hast dennoch das von ihm erhalten, was uns gebührte. Allein, ist es nicht einleuchtend, daß Seuthes, wenn er mich bestach, dabei doch wahrlich nicht die Absicht gehabt haben kann, sich nicht nur der mir bestimmten Summe zu berauben, sondern auch außerdem noch andre Summen an euch abzuliefern? Sondern, wenn er mir etwas gab, so gab er es, denk' ich, deswegen, um sich durch eine kleinere Zahlung an mich von einer größern an euch loszumachen. Glaubt ihr nun, daß sich dies so verhält, so könnt ihr ja augenblicklich diesen verabredeten Unterschleif uns Beiden vereiteln, wenn ihr das Geld von ihm einfordert. Natürlich wird Seuthes, wenn ich von ihm etwas empfing, es wieder zurückfordern, und zwar mit Recht, da ich ihm den Vorteil nicht verschaffe, um dessenwillen er mich bestach. Aber, weit entfernt, euern Sold zu unterschlagen, schwöre ich euch bei allen Göttern, daß ich nicht einmal das bekommen habe, was Seuthes mir für meine Person versprach. Er ist selber hier, hört es und weiß, ob ich falsch schwöre. Zu eurer noch größern Verwunderung aber schwöre ich zugleich, daß ich nicht so viel, als die andern Heerführer, ja nicht einmal so viel, als Einige von den Hauptleuten empfangen habe. Und warum handelte ich wol so? Soldaten, ich hoffte, je mehr ich den damaligen Mangel mit ihm gemeinschaftlich trüge, einen desto größern Freund an ihm für die Zeit zu gewinnen, wenn er in einer glücklichern Lage sein würde: nun sehe ich ihn freilich im Wohlsein, lerne aber auch nun erst seinen Charakter kennen. Vielleicht sagt Mancher: »Schämst du dich aber nicht, so einfältig hintergangen zu sein?« – »Beim Zeus! ja, ich würde mich schämen, wenn mich ein Feind so hintergangen hätte; einem Freunde aber, glaub' ich, bringt es mehr Schande, zu betrügen, als betrogen zu werden. Denn alle mögliche Vorsicht, die man in Rücksicht auf Freunde anzuwenden hat, habt ihr, wie ich weiß, beobachtet, um ihm keinen gerechten Vorwand zur Nichterfüllung der euch gegebenen Zusage zu lassen: wir haben ihm keine Beleidigung zugefügt, wir haben seine Vorteile nicht durch Nachlässigkeit verraten und keine Furcht hielt uns ab, seine Aufträge auszuführen. Allein, könntet ihr einwenden, man hätte sich sollen damals Unterpfänder geben lassen, damit es ihm, wo nicht am Willen, doch am Vermögen, uns zu hintergehen gefehlt hätte. Vernehmt hierauf etwas, was ich in Gegenwart dieses Mannes nie würde gesagt haben, wenn ich euch nicht entweder für durchaus unüberlegte oder gegen mich sehr undankbare Menschen halten müßte: erinnert euch nämlich nur, wie eure Umstände beschaffen waren, als ich euch zum Seuthes führte. Verwehrte euch nicht der Lacedämonier Aristarch den Einmarsch in Perinth, indem er die Tore verschloß? Mußtet ihr nicht außerhalb der Stadt unter freiem Himmel euch lagern? War's nicht mitten im Winter? Fandet ihr nicht die Lebensmittel nur in unzureichender Menge auf dem Markte, ohne zu deren Ankauf hinlänglich mit Geld versehen zu sein? Und doch waren wir gezwungen, in Thrazien zu bleiben, denn die Triremen standen auf ihren Posten, um uns die Überfahrt zu verwehren; blieben wir also, so konnte dies nur auf feindlichem Gebiet geschehen, wo eine zahlreiche Reiterei und leichtes Fußvolk uns entgegen stand. Wir hingegen hatten zwar schweres Fußvolk, das sich vielleicht, wenn es mit starken Haufen in die Dörfer eindrang, einige Lebensmittel, aber auch wahrlich nur einige, würde verschafft haben, und um Sklaven oder Schafe zu erbeuten, dazu besaßen wir keine Mittel; denn ich habe noch kein gehöriges Corps, weder Reiterei, noch leichter Truppen bei euch gesehen. Hätte ich euch nun in dieser Lage, auch ohne den geringsten Sold zu bedingen, blos den Seuthes zum Bundesgenossen verschafft, ihn, der gerade mit dem, was euch fehlte, mit Reiterei und leichten Truppen versehen war, würdet ihr mir haben vorwerfen können, schlecht für euch gesorgt zu haben? Denn in der Vereinigung mit diesen Truppen fandet ihr in den Dörfern mehr Lebensmittel, weil die Thrazier gezwungen waren, eiliger zu flüchten und nahmt auch Anteil an den erbeuteten Schafen und Sklaven. Seitdem Reiterei zu uns gestoßen war, sahen wir auch keinen Feind mehr; da uns vorher die Feinde mit berittnen und leichten Truppen kühn nachfolgten und uns überall hinderten, in kleinere Abteilungen getrennt die Lebensmittel in größerer Menge zusammenzubringen. Wenn nun auch der Mann, der euch diese Sicherheit verschaffte, außerdem keinen sehr beträchtlichen Sold für euch auswirkte, sind dadurch eure Umstände denn so traurig geworden, daß ihr deshalb glaubt, mir das Leben nehmen zu müssen? Und in welcher Verfassung nehmt ihr jetzt euren Abmarsch? Habt ihr nicht den Winter hindurch euer reichliches Auskommen gehabt, so daß ihr das, was Seuthes euch etwa außerdem gab, zurücklegen konntet? Denn ihr lebtet auf Kosten des Feindes und verlort dabei keinen Mann von euch, weder durch den Tod noch durch Gefangenschaft. Habt ihr nicht endlich den in Asien gegen die Barbaren erfochtenen Ruhm nicht nur behauptet, sondern auch dadurch vermehrt, daß ihr die europäischen Thrazier, gegen die ihr zu Felde zogt, besiegtet? Nach meiner Vorstellung also seid ihr verpflichtet, eben das, was euch zum Unwillen gegen mich reizt, als eine Wohltat der Götter dankbar zu erkennen. So stehen eure Verhältnisse. Nun, bei den Göttern! werft einmal einen Blick auf die meinigen. Als ich im Begriff war, nach Hause zu reisen, segelte ich ab, begleitet von eurer ganzen Achtung, im Besitze des Ruhms, den ich mir durch euch bei andern Griechen erworben hatte und im Genusse des Vertrauens, das die Lacedämonier auf mich setzten, weil sie mich sonst gewiß nicht wieder zu euch würden zurückgeschickt haben. Jetzt aber gehe ich ab, verkleinert von euch bei den Lacedämoniern, mit dem Seuthes euretwegen verfeindet, mit ihm, bei dem ich für die Verdienste, die ich mir durch euch um ihn erwarb, für mich und meine Kinder, die ich etwa haben möchte, eine ehrenvolle Zuflucht zu finden hoffte. Ihr aber, um derentwillen ich bei Personen, die mächtiger sind als ich, in Ungunst stehe, ihr, für deren Wohlfahrt ich noch immer nach meinen Kräften tätig bin, ihr fällt also dieses Urteil über mich. Wohlan, ich bin ja hier, von euch weder auf der Flucht eingeholt noch im Fortschleichen ergriffen. Führt ihr eure Drohung aus, so wißt, daß ihr einen Mann umbringt, der für euch viele Nächte durchwachte; der mit euch viele Mühen und Gefahren ertrug, die teils im Kreise seiner Pflichten, teils außerhalb desselben lagen; der, durch Hilfe der Götter, mit euch viele Denkmäler der über die Barbaren erfochtenen Siege errichtete; einen Mann endlich, der Alles aufbot, um jede Feindseligkeit zwischen euch und den Griechen zu verhüten. Nun könnt ihr daher vorwurfsfrei und sicher, wohin ihr wollt, zu Lande oder zu Wasser abreisen. Jetzt also, da sich die Aussicht eröffnet, gut versorgt zu werden und dahin abzusegeln, wohin ihr euch schon längst sehntet; jetzt, da die mächtigsten Griechen eurer bedürfen, da euch Sold geboten wird, diejenigen, denen die öffentliche Meinung das größte Ansehen zusichert, als eure Feldherrn gegenwärtig sind, jetzt also haltet ihr es auch für den rechten Zeitpunkt, mich so schnell als möglich aus dem Wege zu räumen? O über euer treffliches Gedächtnis! So dachtet ihr nicht, da wir in Not waren: da war ich vielmehr euer Vater, da verspracht ihr, euch meiner stets als eures Wohltäters zu erinnern. Doch ich traue den Männern, die jetzt zu euch gekommen sind, keine unbillige Denkungsart zu und glaube, daß euer Betragen gegen mich euch bei ihnen nicht zur Empfehlung gereichen wird.« – Mit diesen Worten schloß er.

Der Lacedämonier Charminus stand nun auf und sagte: »Allerdings, Soldaten, glaube ich wenigstens, daß ihr keinen Grund habt, gegen diesen Mann aufgebracht zu sein. Ich selbst kann für ihn zeugen. Denn als ich und Polynikus uns über den Charakter Xenophon's erkundigten, so hatte Seuthes weiter nichts gegen ihn einzuwenden, als daß er die Soldaten so sehr begünstige und dadurch sich selbst, sowol bei uns Lacedämoniern als bei ihm, Schaden zufüge.« Nach ihm stand Eurylochus aus Lusis in Arkadien, auf und sagte: »Mein Rat, Lacedämonier, ist dieser, daß ihr euern Oberbefehl über uns damit beginnt, uns vom Seuthes die Löhnung zu verschaffen, er mag wollen oder nicht, und uns nicht eher von dannen zu führen.« Auch der Athenienser Polykrates stand auf und sprach für Xenophon: »Wie ich sehe, Soldaten, so ist ja auch Heraklides gegenwärtig, er, der die von uns erkämpften Güter in Empfang nahm und nach dem Verkaufe derselben die daraus gelöste Summe weder dem Seuthes noch uns ablieferte, sondern unterschlug und sich damit bereicherte. Die Klugheit gebietet nun, uns an ihn zu halten: zumal, da er kein Thrazier ist, sondern, selbst ein geborner Grieche, Griechen betrogen hat.« – Sehr bestürzt über diese Äußerung ging Heraklides zum Seuthes und sagte. »Wir handeln klug, wenn wir uns hier der Gewalt dieser Leute entziehen.« Sie bestiegen ihre Pferde und ritten in ihr Lager zurück. Von da aus schickte Seuthes den Abrozelmes, seinen Dolmetscher, zum Xenophon, mit der Aufforderung, nebst tausend Hopliten bei ihm zu bleiben und dem Versprechen, ihm die Seeplätze und alles Andre, was er ihm zugesagt habe, zu geben. Zugleich ließ er ihm als ein Geheimnis eröffnen, er habe vom Polynikus gehört, Thimbron würde ihn, wenn er in der Gewalt der Lacedämonier wäre, unfehlbar hinrichten lassen. Eben dasselbe hinterbrachten ihm auch viele andre seiner Freunde, mit dem Bedeuten, man habe ihn verleumdet, und er bedürfe der größten Vorsicht. Hierauf nahm er zwei Opfertiere und opferte sie Zeus dem Könige, um zu erforschen, ob es ihm besser und vorteilhafter sei, unter den angebotenen Bedingungen beim Seuthes zu bleiben, oder mit der Armee abzumarschiren.

Die Gottheit befahl das Letztere.

7. Xenophon überredet Seuthes zur Soldzahlung

Hierauf verlegte Seuthes sein Lager weiter abwärts: die Griechen aber bezogen die Dörfer, von wo aus sie, nach reichlich eingesammeltem Proviante, an die Küste marschiren wollten. Medosates, dem Seuthes diese Dörfer geschenkt hatte, und der bei der Wahrnehmung, wie sie von den Griechen ausgezehrt wurden, sich sehr entrüstete, kam mit einem Odrysen, dem Vornehmsten unter denen, die aus Oberthrazien herabgekommen waren und ungefähr fünfzig Reitern vor das griechische Lager und ließ Xenophon herausrufen. Dieser kam mit einigen Hauptleuten und andern hierzu tauglichen Personen, heran, worauf Medosates Folgendes sagte: »Es ist ungerecht, Xenophon, daß ihr unsere Dörfer verwüstet. Wir gebieten euch daher, ich vom Seuthes und dieser vom Medokus, Könige in Oberthrazien, hierzu bevollmächtigt, dieses Gebiet zu verlassen, wo nicht, so werden wir Maßregeln dagegen ergreifen und die fortgesetzte Verheerung an euch, als Feinden, zu rächen wissen.« – Xenophon erwiederte hierauf: »Dir auf diesen Antrag nur zu antworten, ist mir widerlich; doch dieses jungen Mannes wegen werde ich sprechen, damit er euch und uns kennen lernt. Ehe wir mit euch das Bündnis schlossen, durchzogen wir diese Landschaft, wo wir wollten, und verheerten sie nach Gutbefinden, hier durch Plünderung, dort durch Feuer. Du selbst, als Gesandter an uns abgeordnet, schliefst in unserm Lager, ohne irgend einen Feind zu fürchten. Ihr im Gegenteil kamt nicht in diese Landschaft, oder geschah es einmal, so standet ihr des Nachts mit aufgezäumten Pferden in Bereitschaft, wie auf dem Gebiete eines euch überlegenen Feindes. Jetzt aber, nachdem ihr unsre Bundesgenossen geworden seid, nachdem ihr durch unsre Hilfe diese Landschaft in Besitz genommen habt, jetzt wollt ihr uns aus ihr vertreiben, aus ihr, die wir eroberten und dann euch gutwillig abtraten; denn der Feind war, wie du selbst weißt, nicht im Stande, uns daraus zu vertreiben. Du aber, weit entfernt, uns für unsre Verdienste um dich mit Geschenken und Beweisen des Wohlwollens zu entlassen, versprachst uns, so viel auf dich ankommt, sogar die Erlaubnis, auf dem Marsche hier das Lager aufzuschlagen. Du verläugnest bei deinen Äußerungen jede Scheu vor den Göttern und diesem Manne, der dich jetzt im Wohlstande sieht, während du vor dem Bündnisse mit uns, deinem eignen Geständnisse nach, dein Leben vom Raube erhieltest. Doch warum trägst du deinen

Antrag mir vor? Ich führe ja nicht mehr den Oberbefehl; denn die Armee habt ihr, um sie wegführen zu lassen, den Lacedämoniern übergeben, und zwar, ihr unvergleichlichen Leute, ganz hinter meinem Rücken, da ich sonst, wenn ich selbst ihnen das Heer übergab, eben so ihre Gunst wieder gewinnen konnte, als ich sie dadurch verlor, daß ich es euch zuführte.«

Als der Odryse dies hörte, sagte er: »Ich wenigstens, Medosates, möchte bei dieser Eröffnung vor Scham in die Erde sinken, und hätte ich es zuvor gewußt, so würde ich dich nicht hierher begleitet haben. Jetzt gehe ich ab, denn Medokus, mein König, würde es sehr mißbilligen, wenn ich zur Vertreibung unsrer Wohltäter beitrüge.« Mit diesen Worten schwang er sich aufs Pferd und ritt fort, und mit ihm auch die andern Reiter, vier oder fünf ausgenommen. Medosates aber, den es schmerzte, daß die Landschaft so mitgenommen wurde, ersuchte den Xenophon, die beiden Lacedämonier zu rufen. Dieser ging mit einigen hierzu besonders passenden Personen zum Charminus und Polynikus und sagte ihnen: Medosates lasse sie rufen, um ihnen den die Wegführung der Armee betreffenden Antrag, den er ihm schon gemacht hätte, zu wiederholen. »Ihr könnt nun«, fuhr er fort, »wie ich glaube, die der Armee gebührende Löhnung durchsetzen, wenn ihr ihm eröffnet, die Armee habe euch ersucht, ihr vom Seuthes, er möge wollen oder nicht, den Sold zu verschaffen; nach dem Empfange desselben wolle sie euch gern und willig folgen; ihr hieltet diese Forderung für gerecht, und hättet ihr versprochen, sie nicht eher wegzuführen, bis sie das, was ihr gebühre, würde empfangen haben.« Die Lacedämonier versicherten hierauf, sie würden ihm diese und andre wirksame Vorstellungen machen. Sie gingen auch sogleich mit den hierzu tauglichen Personen dahin ab. Charminus sagte nun: »Hast du, Medosates, uns etwas zu eröffnen, so sage es, wo nicht, so haben wir es.« Medosates erwiederte in dem sanftesten Tone: »Ich und Seuthes halten es für billig, daß die mit uns vereinigten Thrazier von euch nicht feindlich behandelt werden; denn die Bedrückung, die ihr ihnen zufügt, trifft jetzt uns selbst, weil sie uns angehören.« – »Wir werden«, versetzten die Lacedämonier, »sogleich abziehen, sobald die Männer, die euch dies Land eroberten, ihren Sold werden empfangen haben: wo nicht, so sind wir jetzt da, um ihnen beizustehen und diejenigen zu bestrafen, die mit Verletzung des beschwornen Vertrags ihnen Unrecht tun. Seid ihr nun auch von der Art, so werden wir bei euch den Anfang machen, unser Recht zu suchen.«

– Xenophon setzte hinzu: »Wolltet ihr wol, Medosates, diesen Thraziern, in deren Lande wir stehen, und die ihr eure Freunde nennt, die Entscheidung überlassen, ob es euch oder uns gebühre, dies Gebiet zu räumen?« Allein er wollte sich darauf nicht einlassen, sondern sagte: das beste Mittel wäre, wenn die beiden Lacedämonier des Soldes wegen sich selbst zum Seuthes verfügten, der ihnen, wie er hoffte, Gehör geben würde: wollten sie dies aber nicht, so möchten sie Xenophon mit abschicken und er verspräche, sich selbst dafür zu verwenden; doch bäte er, die Dörfer nicht in Brand zu stecken. Sie schickten hierauf den Xenophon nebst andern Personen ab, die sich zu diesem Geschäfte am besten zu eignen schienen. Bei seiner Ankunft sprach er zum Seuthes:

»Ich komme, Seuthes, nicht von dir etwas zu erbitten, sondern um dich nach meinen Kräften zu überzeugen, daß du keinen gerechten Grund hattest, auf mich zu zürnen, weil ich für die Soldaten den Sold forderte, den du ihnen so bereitwillig versprachst: denn es schien mir eben so vorteilhaft für dich, die Löhnung zu geben, als für jene, sie zu empfangen. Sie machten dich doch, nächst den Göttern, zum Könige über ein ausgedehntes Land und eine zahlreiche Menschenmenge und stellten dich dadurch, wie ich überzeugt bin, auf eine Höhe, wo du bemerkt wirst und wo es nicht verborgen bleiben kann, wenn du eine gute oder eine schlechte Tat begehst. Einer solchen Person muß, meiner Meinung nach, viel daran liegen, nicht das Ansehn zu haben, als schicke sie Männer, die ihr Gutes getan haben, mit Undank fort; viel, von sechstausend Menschen vorteilhaft beurteilt zu werden, und hauptsächlich, sich nie in dem, was sie spricht, als einen unzuverlässigen Mann zu zeigen, denn ich weiß aus der Erfahrung, daß die Reden unzuverlässiger Menschen, leer, unwirksam und ungeschätzt, ihren Zweck verfehlen: Personen aber, deren Wahrheitsliebe anerkannt ist, richten bittweise nicht weniger aus als Andre durch Gewalt; wollen sie Jemand zur Pflicht zurückführen, so erreichen sie diesen Zweck, wie mich auch die Erfahrung belehrt, durch bloße Drohung eben so gut, als Andre durch wirkliche Strafe; versprechen sie Jemand etwas, so gilt ihr Wort so viel, als bei Andern bare Bezahlung. Nun denke einmal zurück, welche Vorausbezahlung uns zu deinen Bundesgenossen machte: keine, so viel ich weiß, sondern im Vertrauen auf die Wahrhaftigkeit deiner Zusage standen so viele Menschen auf, um dir im Kriege beizustehen und dir ein Gebiet zu erwerben, daß nicht nur eine Summe von fünfzig Talenten diese jetzt von dir fordern zu können glauben, sondern ungleich mehr.

Wolltest du also das öffentliche Vertrauen, das man auf dich setzte und das dir ein Königreich erwarb, um eine solche Summe verkaufen? Wohlan, so erinnere dich, wie hoch du es schätztest, das zu erhalten, was du jetzt hast. Ich bin überzeugt, daß dir der Erwerb deiner jetzigen Besitzungen wol mehr am Herzen lag, als der Gewinn einer ungleich größern Summe. Nach meiner Vorstellung wäre es im gleichen Grade ein größerer und schimpflicherer Verlust, die jetzigen Vorteile nicht zu behaupten, als sie gar nicht erhalten zu haben, wie es peinlicher wäre, aus einem reichen Manne ein armer zu werden, als von Anfang an nicht reich gewesen zu sein, oder von einem Königsthron in den Privatstand herabzusteigen, als vorher gar nicht geherrscht zu haben. Ist es dir aber unbekannt, daß deine neuen Untertanen nicht aus Freundschaft für dich, sondern aus Not sich zur Unterwerfung bequemten und daß sie wol versuchen würden, sich wieder in Freiheit zu setzen, wenn nicht die Furcht sie abhielte? Auf welche Art glaubst du nun wol sie besser in Furcht und auf deiner Seite zu erhalten, wenn sie sehen, daß der Soldat sich willig zeigt, jetzt dazubleiben, wenn du befiehlst, oder auch nötigen Falls bald wieder zu kommen, und daß andre Truppen, die bei jenen von dir viel Gutes gehört haben, zu beliebigen Diensten dir zuströmen: oder wenn sie von dir die nachteilige Meinung haben, daß keine andren Truppen, aus Mißtrauen wegen der jetzigen Vorfälle, zu dir kommen mögen und daß die gegenwärtigen gegen sie vorteilhafter, als gegen dich selbst gesinnt seien? Sie unterwarfen sich dir auch nicht, weil wir ihnen etwa an Truppenzahl überlegen waren, sondern weil sie keine Anführer hatten. Mußt du daher nicht jetzt auch den nachteiligen Fall besorgen, daß sie Einige von denen, die sich von dir für übervorteilt halten, zu Anführern wählen? Oder auch noch mächtigere als diese – die Lacedämonier selbst? Die Armee dürfte diesen nur versprechen, mit desto größerem Diensteifer ihnen in den Krieg zu folgen wenn sie dich jetzt nötigten, ihre Forderung zu befriedigen, und die Lacedämonier dürften nur, weil sie die Truppen nötig haben, ihnen dieses Ansuchen bewilligen. Daß aber die jetzt dir unterworfnen Thrazier viel bereitwilliger gegen dich als für dich kämpfen würden, ist gar nicht zu bezweifeln: denn trägst du den Sieg davon, so bleiben sie deine Untertanen, und wirst du bezwungen, so werden sie frei. Da es jetzt ferner deine Pflicht ist, für das Beste der Landschaft als deines Eigentums zu sorgen, auf welche Art glaubst du wol sie mehr vor Drangsalen zu bewahren, wenn du die Forderungen der Armee befriedigst und diese dann friedlich ihren

Abmarsch nimmt, oder wenn sie wie in Feindes Land stehen bleibt und du genötigt bist, ein andres zahlreicheres Truppencorps gegen sie aufzustellen, das doch auch Lebensmittel bedarf? In welchem Falle würde dein Aufwand größer sein, wenn du an die Griechen deine Schuld abträgst, oder wenn du diesen schuldig bleibst und eine noch stärkere Truppenzahl besolden müßtest? Doch Heraklides hält ja, wie er gegen mich äußerte, diese Summe für außerordentlich hoch: allein es muß dir doch wahrlich jetzt viel leichter fallen, diese Summe aufzubringen und abzutragen als vorher, ehe wir zu dir kamen, nur den zehnten Teil derselben. Denn nicht die Zahl bestimmt das Viel oder Wenig, sondern das Vermögen dessen, der da gibt oder empfängt: nun aber betragen deine Einkünfte von einem einzigen Jahre mehr als Alles zusammen, was du vorher besaßest. Bei meinem Eifer in dieser Angelegenheit hatte ich, mein Seuthes, die doppelte Absicht, teils daß du als mein Freund dich der Wohltaten, die dir die Götter verliehen haben, würdig zeigtest, teils daß ich mein Unglück in der Armee verhüte. Denn wisse, mit diesen Truppen könnte ich jetzt, wenn ich es wünschte, eben so wenig einen Feind züchtigen, als dir, ungeachtet aller Bereitwilligkeit, wieder zu Hilfe kommen; so nachteilig ist die Armee gegen mich gestimmt. Aber ich rufe dich nebst den allwissenden Göttern zum Zeugen auf, daß ich von dir nie etwas, der Armee wegen, erhielt; daß ich nie das Ihrige für meinen Gebrauch verlangte, daß ich auch das nicht eingefordert habe, was du mir versprachst. Und ich schwöre dir, ich würde es nicht einmal von dir angenommen haben, wenn nicht die Soldaten das Ihrige zugleich mit empfangen hätten: denn es wäre mir schimpflich gewesen, zwar für meinen Vorteil gesorgt zu haben, aber um ihre nachteilige Lage mich nicht zu bekümmern; zumal da sie mir so viele Ergebenheit bewiesen hatten. Zwar dem Heraklides schien dies Alles nur Kleinigkeit, wenn er sich nur auf jede Art Geld machen konnte: allein, Seuthes, kein Gut ist, wie ich glaube, für einen Mann, zumal für einen Fürsten, so schön, so rühmlich als Tapferkeit, Gerechtigkeit und Großmut. Denn wer diese besitzt, ist reich durch den Genuß der Freundschaft vieler Menschen und durch den Wunsch vieler Andern, in seine Freundschaft aufgenommen zu werden: im Glück hat er Teilnehmer seiner Freude, und im Unglück findet er Beistand. Doch haben dich weder meine Handlungen, noch meine jetzige Rede von meiner Freundschaft gegen dich überzeugen können, so beherzige nun, was die Soldaten sagten; du warst gegenwärtig und hörtest die Reden jener

Menschen, die mich tadelhaft darstellen wollten. Denn sie beschuldigten mich vor den Lacedämoniern, als wenn ich dich den Letztern vorzöge; sie beklagten sich, daß ich mehr auf deinen Vorteil als auf den ihrigen gesehen hätte: ja, sie sagten sogar, ich hätte mich von dir bestechen lassen. Glaubst du nun wol, daß sie mir diesen Vorwurf der Bestechung machten, weil sie übelwollende Gesinnungen gegen dich bei mir merkten, oder vielmehr, weil sie sahen, daß ich es sehr gut mit dir meinte? Ich wenigstens glaube, daß jeder Mensch gegen denjenigen, von dem er Geschenke nimmt, sich wohlwollend beweisen muß. Du hingegen nahmst mich, ehe ich dir noch irgend einen Dienst geleistet hatte, mit einem Vergnügen auf, das sich in Blicken, Stimme und Gastlichkeit äußerte, und du wurdest gar nicht müde, mir für die Folge deine Erkenntlichkeit zu versichern; jetzt nun, nachdem deine Absicht erreicht ist, nachdem ich deine Macht auf den höchsten Grad gebracht habe, der mir möglich war, jetzt bist du fähig, mich, dessen Ansehen bei der Armee ohnedem schon dahin ist, so auffallend zu vernachlässigen? Doch ich hoffe von der Zeit selbst die Überzeugung für dich, wie pflichtmäßig diese Zahlung ist; ich hoffe, der Gedanke, daß deine größten Wohltäter sich über dich beklagen, wird dir einst unerträglich sein. Ich ersuche dich daher um die Verwendung, um mir, wenn du das Geld zahlst, den Grad von Achtung wieder zu verschaffen, welchen ich bei unserer ersten Bekanntschaft genoß.«

Hierauf verwünschte Seuthes den Mann, an dem es läge, daß er den Sold nicht schon längst abgezahlt hätte. Alle dachten sich unter diesem den Heraklides. »Denn mir«, fuhr er fort, »ist es nie eingefallen, euch denselben zu entziehen; ich werde ihn auszahlen.« – »Da du dich also«, sagte Xenophon, »zur Löhnung versiehst, so bitte ich dich ferner, sie durch mich auszahlen zu lassen und dadurch zu verhüten, daß ich nicht deinetwegen bei der Armee unter das Ansehn sinke, in welchem ich stand, als ich zu dir kam.« – »Durch mich«, erwiederte jener, »sollst du bei den Soldaten nichts an deinem Ansehen verlieren, und wenn du nur mit tausend Hopliten bei mir bliebst, so wollte ich dir die Schlösser und das Übrige, was ich dir versprochen habe geben.« – »Unter dieser Bedingung«, versetzte Xenophon, »kann ich von deinem Anerbieten keinen Gebrauch machen; laß uns nur ziehen.« – »Und doch«, sagte Seuthes, »weiß ich, daß es für dich sicherer wäre, bei mir zu bleiben, als abzureisen.« – »Ich bin dir«, erwiederte dieser, »für deine Sorgfalt verbunden, allein es steht nicht in meiner Macht, zu bleiben; gelange ich aber wieder, wo es auch sei, zu größerem Ansehen, so soll es, überzeuge dich davon, auch für dich gut sein.« Seuthes sagte hierauf: »Geld habe ich nicht, eine kleine Summe ausgenommen, die ich dir geben will, ein Talent; ich habe aber sechshundert Ochsen, ungefähr viertausend Schafe und an hundertzwanzig Sklaven, diese nimm nebst den Geiseln derer, die dich ungerechter Weise angriffen und ziehe fort.« Lachend sagte Xenophon: »Wenn nun dies zur Löhnung nicht zureicht, wem soll ich dann das Talent bestimmen? Ist es nicht besser, da es für mich gefährlich ist, fortzugehen, mich vor den Steinen zu hüten? Denn ihre Drohungen hast du ja gehört.« Hierauf blieben sie da. Am folgenden Tage übergab ihnen Seuthes, was er versprochen hatte, und ließ die Heerden durch seine Leute treiben. Inzwischen sagten die Soldaten, Xenophon wäre zum Seuthes gegangen, um bei ihm zu bleiben und die ihm versprochenen Geschenke in Empfang zu nehmen: als sie ihn aber ankommen sahen, liefen sie ihm voll Freude entgegen. Da Xenophon den Charminus und Polynikus erblickte, sagte er zu ihnen: »Dies, was ich euch hiermit übergebe, ist durch euch für die Armee erhalten worden; verkauft es nun und verteilt es unter die Soldaten.« Sie nahmen Alles in Empfang, ließen die Güter durch besonders dazu angestellte Händler verkaufen und zogen sich einen starken Verdacht und viele Vorwürfe zu. Xenophon kam gar nicht dazu, sondern traf öffentlich Anstalten, in sein Vaterland zu reisen; denn noch war in Athen kein Vorschlag, ihn zu verweisen, gegen ihn geschehen und beschlossen worden. Allein seine Freunde in der Armee kamen zu ihm und baten ihn, nicht abzureisen, ehe er die Armee abgeführt und dem Thibron übergeben hätte.

8. Übergang nach Troas. Xenophon verläßt reich beschenkt das Heer, welches Thibron übernimmt

Sie fuhren hierauf nach Lampsakus über. Xenophon traf hier den Seher Euklides aus Phlius an, den Sohn des Kleagoras, der im Lyceum die »Träume« gemalt hat. Dieser äußerte gegen ihn freundschaftliche Teilnahme an seiner glücklichen Rückkunft und fragte ihn, wie viel Geld er hätte. Xenophon versicherte ihm eidlich, daß er nicht so viel besitze, um nur nach Hause reisen zu können, wenn er nicht sein Pferd und Alles, was er bei sich hätte, verkaufte. Er wollte es ihm nicht glauben. Als aber Xenophon, nach dem Empfange von Gastgeschenken, die ihm die Lampsakener machten, dem Apoll opferte und den Euklides der Opferung beiwohnen ließ, so sagte dieser, nachdem er die Eingeweide besehen hatte: »Nun glaube ich dir, daß du kein Geld hast und bemerke zugleich, daß dir für den Fall, wo du einmal Geld erwerben könntest, etwas im Wege steht, und ist es nichts Anderes, – du selbst.« Xenophon pflichtete ihm hierin bei. »Dir ist«, fuhr Euklides fort, »Zeus Meilichius[46] entgegen. Hast du ihm schon einmal auf die Art geopfert, wie ich zu Hause für euch zu opfern, und das ganze Opfer zu verbrennen pflegte?« Auf Xenophon's Antwort, seit seiner Abreise aus der Vaterstadt habe er dieser Gottheit kein Opfer gebracht, riet er ihm, es zu tun, und zwar auf die gebräuchliche Art, wovon er ihm einen glücklichen Erfolg versprach. Als Xenophon am folgenden Tage nach Ophrynium kam, opferte er, verbrannte nach heimischer Sitte Schweine und erhielt glückversprechende Vorbedeutungen. An diesem Tage kam Biton, und mit ihm Euklides an, um der Armee Gelder auszuzahlen. Sie kehrten beim Xenophon, als ihrem Gastfreunde, ein und gaben ihm das Pferd, das er in Lampsakus um fünfzig Dareiken verkauft hatte, zurück, ohne den Preis desselben annehmen zu wollen: in der Vermutung nämlich, daß ihn die Not dazu zwang, und auf die Nachricht, daß ihm das Pferd sehr lieb sei, hatten sie es wieder eingelöst.

Von hier aus marschirten sie durchs Trojanische, überstiegen den Ida und langten erstlich bei Antandrus an; dann zogen sie an der Küste Lydiens hin, bis in die Ebene bei Theben. Als sie hierauf durch Atra-

46   Der Versöhner

myttium und Certonium, neben Atarneus vorbei, bis an die Ebene Kaikus marschirt waren, erreichten sie Pergamus in Mysien. Hier fand Xenophon bei der Hellas, Gattin des Gongylus, eine gastliche Aufnahme. Sie benachrichtigte ihn, es hielte sich ein gewisser Perser Asidates in der Ebene auf; diesen könnte er, wenn er des Nachts mit dreihundert Mann hinzöge, nebst Frau, Kindern und einem sehr ansehnlichen Vermögen aufheben. Ihren Vetter und den Daphnagoras, auf den sie sehr viel hielt, bestimmte sie ihm zu Wegweisern. Als diese zu ihnen kamen, stellte er ein Opfer an. Der Seher Agasias aus Elis, der dem Opfer beiwohnte, versicherte, die Vorbedeutungen wären sehr glücklich, und er würde sich des Persers bemächtigen. Nach dem Abendessen brach Xenophon auf und nahm diejenigen Hauptleute mit sich, die ihm am meisten ergeben waren und deren Treue immer Probe gehalten hatte, um ihnen einige Vorteile zuzuwenden. Es marschirten auch noch an sechshundert Andre, ohne dazu commandirt zu sein, mit aus: die Hauptleute aber trieben sie zurück, um von den Schätzen, die sie weg-nehmen zu dürfen glaubten, nichts an sie abgeben zu müssen. Als sie um Mitternacht an Ort und Stelle kamen, ließen sie die Sklaven, die sich rings um den Turm befanden und sehr viele Beute entwischen, um sich des Asidates selbst und seines Eigentums zu bemächtigen. Sie bela-gerten den Turm: da sie ihn aber wegen seiner Höhe und Größe, und weil er mit Vormauern und einer zahlreichen und streitbaren Mann-schaft versehen war, nicht einnehmen konnten, so unternahmen sie es, ihn zu durchbrechen. Die Mauer war acht Ziegel stark; doch mit An-bruch des Tages war sie durchbrochen. Durch die erste Öffnung, welche gemacht worden war, stieß einer der Feinde mit einem großen Spieße heraus und durchstach dem Nächststehenden den Schenkel; Andre schossen mit Pfeilen hervor und machten jede Annäherung gefährlich. Auf das Geschrei und die Feuerzeichen der Belagerten kamen ihnen Itabelius mit seiner Mannschaft und von Komania schwerbewaffnete Besatzungstruppen, nebst ungefähr achtzig hyrkanischen Reitern, die im Solde des Königs standen, und noch an achthundert Mann leichtes Fußvolk zu Hilfe; auch von Parthenium, Apollonia und andern benach-barten Plätzen eilten leichte Truppen zu Fuß und zu Pferde heran. Nun war es Zeit, auf den Rückzug bedacht zu sein. Sie schlossen daher ein Viereck, nahmen Alles, was sie an Ochsen, Schafen und Sklaven erbeutet hatten, in die Mitte und zogen ab. Ohne an die Schätze zu denken, nahmen sie doch diese Beute mit, um nicht, wenn sie Alles zurückließen, ihren Abzug einer Flucht ähnlich zu machen und dadurch die Kühnheit des Feindes und die Mutlosigkeit der Soldaten zu vermehren; denn jetzt zogen sie mit dem Entschlusse zurück, für ihre Habe zu kämpfen. Als Gongylus die geringe Anzahl der Griechen und die zahlreiche Menge ihrer Verfolger sah, marschirte er wider Willen der Mutter mit seiner Mannschaft heraus, entschlossen an dem Gefecht Teil zu nehmen; auch Prokles, des Damaratus Sohn, führte Hilfstruppen aus Halisarne und Teuthrania herbei. Da Xenophon's Leute durch die Bogenschützen und Schleuderer sehr gedrängt wurden, schlossen sie einen Kreis, um ihre Schilde dem Geschoß entgegen zu halten, und nur mit Mühe vermochten sie, beinahe zur Hälfte verwundet, über den Kaikus zu setzen. Hier wurde auch der Stymphalier Agasias, der immer mit dem Feinde im Gefecht war, verwundet. So kamen sie endlich ohne weitern Verlust mit ungefähr zweihundert Sklaven und so viel Vieh, als man zu den Opfern brauchte, in Sicherheit.

Nach Verrichtung der Opfer am folgenden Tage marschirte Xenophon zur Nachtzeit mit der ganzen Armee aus, um so weit als möglich in Lydien vorzurücken, und dadurch den Feind, der sich in der Nähe in Acht nahm, sorglos zu machen. Als Asidates vernahm, daß Xenophon wieder über einen gegen ihn zu unternehmenden Kriegszug geopfert habe und mit der ganzen Armee anrücken würde, verlegte er sein Hauptquartier in die an die Stadt Parthenium stoßenden Dörfer. Hier stießen Xenophon's Truppen auf ihn und nahmen ihn mit Frau und Kindern, Pferden und Allem, was er hatte, gefangen. Jetzt wurde also die Deutung des ersten Opfers erfüllt. Hierauf kehrten sie nach Pergamus zurück. Nun erkannte Xenophon mit Dank die Gnade jener Gottheit: denn die Lacedämonier, die Hauptleute und Heerführer und die Soldaten betrieben es, daß er unter den Pferden, Gespannen und der übrigen Beute die Auswahl erhielt und nun im Stande war, auch Andern wohl zu tun. Hierauf kam Thibron an, übernahm die Truppen, und nach ihrer Vereinigung mit der übrigen griechischen Armee zog er gegen Tissaphernes und Pharnabazus zu Felde. Hier ist ein Verzeichnis der Statthalter, die in den Provinzen des Königs, durch die wir unsern Marsch nahmen, angestellt sind: in Lydien Artimas, in Phrygien Artakames, in Lykaonien und Kappadozien Mithridates, in Cilicien Syennesis, in Phönizien und Arabien Dernes, in Syrien und Assyrien Belesis, in Babylonien Rhoparas, in Medien Arbakas, über die Phasianen und Hesperiten Teribazus – die Karduchen, Chalyben, Chaldäer, Makronen, Kolchier, Mossynöken, Köten und Tibarener aber leben nach ihrer eignen Verfassung – in Paphlagonien Korylas, in Bithynien Pharnabazus, und über die Thrazier in Europa Seuthes. Die Größe des ganzen Weges, den die Griechen auf dem Hin- und Rückmarsche durchzogen, betrug an Märschen vierhundertfünfzehn, an Parasangen elfhundertfünfundfünfzig, an Stadien vierunddreißigtausendsechshundertfünfzig;[47] der Zeitraum des ganzen Feldzuges aber betrug ein Jahr und drei Monate.

Ende.

47   Also ungefähr siebenhundertachtzig geographische Meilen.

Erzählungen der Frühromantik

1799 schreibt Novalis seinen Heinrich von Ofterdingen und schafft mit der blauen Blume, nach der der Jüngling sich sehnt, das Symbol einer der wirkungsmächtigsten Epochen unseres Kulturkreises. Ricarda Huch wird dazu viel später bemerken: »Die blaue Blume ist aber das, was jeder sucht, ohne es selbst zu wissen, nenne man es nun Gott, Ewigkeit oder Liebe.«

Tieck Peter Lebrecht **Günderrode** Geschichte eines Braminen **Novalis** Heinrich von Ofterdingen **Schlegel** Lucinde **Jean Paul** Des Luftschiffers Giannozzo Seebuch **Novalis** Die Lehrlinge zu Sais
ISBN 978-3-8430-1878-4, 416 Seiten, 29,80 €

Erzählungen der Hochromantik

Zwischen 1804 und 1815 ist Heidelberg das intellektuelle Zentrum einer Bewegung, die sich von dort aus in der Welt verbreitet. Individuelles Erleben von Idylle und Harmonie, die Innerlichkeit der Seele sind die zentralen Themen der Hochromantik als Gegenbewegung zur von der Antike inspirierten Klassik und der vernunftgetriebenen Aufklärung.

Chamisso Adelberts Fabel **Jean Paul** Des Feldpredigers Schmelzle Reise nach Flätz **Brentano** Aus der Chronika eines fahrenden Schülers **Motte Fouqué** Undine **Arnim** Isabella von Ägypten **Chamisso** Peter Schlemihls wundersame Geschichte **Hoffmann** Der Sandmann **Hoffmann** Der goldne Topf
ISBN 978-3-8430-1879-1, 408 Seiten, 29,80 €

Erzählungen der Spätromantik

Im nach dem Wiener Kongress neugeordneten Europa entsteht seit 1815 große Literatur der Sehnsucht und der Melancholie. Die Schattenseiten der menschlichen Seele, Leidenschaft und die Hinwendung zum Religiösen sind die Themen der Spätromantik.

Brentano Die drei Nüsse **Brentano** Geschichte vom braven Kasperl und dem schönen Annerl **Hoffmann** Das steinerne Herz **Eichendorff** Das Marmorbild **Arnim** Die Majoratsherren **Hoffmann** Das Fräulein von Scuderi **Tieck** Die Gemälde **Hauff** Phantasien im Bremer Ratskeller **Hauff** Jud Süss **Eichendorff** Viel Lärmen um Nichts **Eichendorff** Die Glücksritter
ISBN 978-3-8430-1880-7, 440 Seiten, 29,80 €

Erzählungen aus dem Biedermeier

Biedermeier - das klingt in heutigen Ohren nach langweiligem Spießertum, nach geschmacklosen rosa Teetässchen in Wohnzimmern, die aussehen wie Puppenstuben und in denen es irgendwie nach »Omma« riecht.

Zu Recht. Aber nicht nur.

Biedermeier ist auch die Zeit einer zarten Literatur der Flucht ins Idyll, des Rückzuges ins private Glück und der Tugenden. Die Menschen im Europa nach Napoleon hatten die Nase voll von großen neuen Ideen, das aufstrebende Bürgertum forderte und entwickelte eine eigene Kunst und Kultur für sich, die unabhängig von feudaler Großmannssucht bestehen sollte.

Georg Büchner Lenz **Karl Gutzkow** Wally, die Zweiflerin **Annette von Droste-Hülshoff** Die Judenbuche **Friedrich Hebbel** Matteo **Jeremias Gotthelf** Elsi, die seltsame Magd **Georg Weerth** Fragment eines Romans **Franz Grillparzer** Der arme Spielmann **Eduard Mörike** Mozart auf der Reise nach Prag **Berthold Auerbach** Der Viereckig oder die amerikanische Kiste

ISBN 978-3-8430-1884-5, 444 Seiten, 29,80 €

Erzählungen aus dem Biedermeier II

Annette von Droste-Hülshoff Ledwina **Franz Grillparzer** Das Kloster bei Sendomir **Friedrich Hebbel** Schnock **Eduard Mörike** Der Schatz **Georg Weerth** Leben und Taten des berühmten Ritters Schnapphahnski **Jeremias Gotthelf** Das Erdbeerimareili **Berthold Auerbach** Lucifer

ISBN 978-3-8430-1885-2, 440 Seiten, 29,80 €

Erzählungen aus dem Biedermeier III

Eduard Mörike Lucie Gelmeroth **Annette von Droste-Hülshoff** Westfälische Schilderungen **Annette von Droste-Hülshoff** Bei uns zulande auf dem Lande **Berthold Auerbach** Brosi und Moni **Jeremias Gotthelf** Die schwarze Spinne **Friedrich Hebbel** Anna **Friedrich Hebbel** Die Kuh **Jeremias Gotthelf** Barthli der Korber **Berthold Auerbach** Barfüßele

ISBN 978-3-8430-1886-9, 452 Seiten, 29,80 €